BITCOINSTANDARDEN

BITCOINSTANDARDEN

DET DECENTRALISERADE ALTERNATIVET TILL CENTRALBANKER

Saifedean Ammous

På svenska av:
Björn Tisjö
Stellan
Rickard
Linnea Rosenbaum
Linus J.
Mattias Börjesson

KONSENSUS NETWORK

Till min fru och dotter som ger mig anledning att skriva.
Och till Satoshi Nakamoto som gav mig något värt att skriva om.

INNEHÅLL

OM FÖRFATTAREN

Saifedean Ammous är en oberoende akademiker, som undervisar och forskar inom bitcoin och den österrikiska skolans ekonomiska tradition. Läs mer på www.saifedean.com.

SVENSKT FÖRORD AV
KNUT SVANHOLM

Jag minns fortfarande första gången jag hörde Saifedean Ammous. Det var under en intervju med The Epoch Times 2017, bara några månader innan boken du nu håller i dina händer publicerades för första gången, den 23 mars 2018. Professor Ammous dök upp på bitcoinscenen i precis rätt tid och med precis rätt argument. Under hösten 2017 var "blockkedjeteknik" och "krypto" ord man ofta hörde i media, och de mer tekniskt orienterade bitcoinmänniskorna hade svårt att förklara varför tekniken inte var så värst användbar till något annat än just bitcoin. Det man hörde oftare var att "blockchainteknik" kunde användas till i stort sett vad som helst. Saifedean Ammous var förmodligen den som räddade flest bitcoiners från shitcoin-fällan under den här epoken. Han förklarade bitcoins värdeproposition från ett perspektiv som för de flesta bitcoinentusiaster under perioden var helt främmande. Låg tidspreferens, NgU-teknologi och Stock-to-Flow ratio var koncept som de flesta inte hade hört talas om än. Ingen hade, på ett lättförståeligt sätt, förklarat de ekonomiska principer som bitcoin bygger på, så Saifedean och hans bok var ett väldigt välkommet tillskott till bitcoinlitteraturen som hösten 2017 nästan uteslutande bestod av Andreas Antonopoulos böcker.

The Bitcoin Standard var en ögonöppnare och hade stort inflytande på mig och mina egna böcker. Första gången jag träffade Saifedean var under Baltic Honeybadger-konferensen 2019 i Riga, där jag fick ge honom ett exemplar av min första "riktiga" bok, *Bitcoin: Sovereignty Through Mathematics*. Men framförallt var Saifs bok en inkörsport till praxeologi, Ludwig von Mises och den österrikiska skolans läror. Jag trillade djupt ner i det här kaninhålet och har ännu inte kunnat ta mig ur det. Praxeologi, eller läran om mänskligt handlande, var otroligt fascinerande. Att lära sig om praxeologi var som att lära sig matematik och fysik för att förstå den objektiva verkligheten, fast med utgångspunkt i individen och dennes subjektiva värderingar. I takt med min ökade förståelse av praxeologin ändrades min världsbild totalt. Idag har jag en helt annan syn på ekonomi, politik, demokrati och till och med yttrandefrihet, än innan jag upptäckte praxeologin. *The Bitcoin Standard* var inkörsporten till en betydligt bredare förståelse av världen.

Idag är Saifedean en institution i bitcoinkretsar. Han skräder aldrig orden i sin brutala kritik mot det rådande systemet och dess falskheter. Detta beteende har gett honom många fans men även en hel del kritiker. Saifedean räds inte heller att blockera folk på Twitter, vilket har upprört många av hans meningsmotståndare genom åren. Meningsmotståndare som säger sig tycka att Saif inte är värd att lyssna på, men som ändå reagerar starkt på att han i sin tur inte vill lyssna på dem. Oavsett om folk håller med eller inte håller med Saifedean verkar alla ha en åsikt om honom. Vi som varit verksamma på "bitcoin-twitter" under en längre tid vet bättre. Vi vet att en människas twitter-personlighet inte alltid utgör en rättvis representation av vem de egentligen är. Jag kan varmt rekommendera professor Ammous kurser i ekonomi som han lär ut online via sin webbsida, saifedean.com. Här kommer en mer rättvisande bild av vem han är fram, och varför han har de åsikter han har. I grunden är Saifedean en utbildare, med en passion för att lära ut vad han kan till andra människor.

Senaste gången jag träffade Saifedean var över en bit grillad wagyu picanha i Michael Saylors trädgård i Miami. Jag nyper fortfarande mig själv i armen då och då för att kolla så att jag inte bara drömde alltihop. Det som fascinerade mig mest med Saifedean under The Bitcoin Conference i Miami 2022 var hans snudd på extrema arbetsmoral. Under tio timmar fördelade över tre dagar signerade han runt 1 800 böcker, både *The Bitcoin Standard* och uppföljaren, *The Fiat Standard*. Utan pauser. Saif är målmedveten och dedikerad till sitt kall på en sällsynt nivå. *The Bitcoin Standard* är vid det här laget Bitcoinboken med stort **B** som alla bör ha i sin samling. Boken du nu håller i dina händer har utbildat, upprört och omskakat människor i fem år i sträck. Ingen som läst den har lämnats oberörd. Den kommer att vara en viktig ingrediens i folks orangea pillerburk även i framtiden, det är jag övertygad om. Jag är stolt över att ha varit en del av det här översättningsprojektet och hoppas att denna bok kan hjälpa fler svenskar att uppgradera sina psyken till det nya monetära paradigmskifte vi står inför.

Knut Svanholm
31 oktober 2022

Författarens förord till 2021 års uppdatering

Bitcoinstandarden publicerades första gången 2018 och sedan dess har intresset för boken ökat stadigt. De första tre månaderna av 2021 innebar nya försäljningsrekord och översättningsrättigheter för 25 språk såldes. Den ökande efterfrågan gjorde att jag övervägde att ge ut en andra utgåva. I denna skulle jag kunna rätta mindre fel som smugit sig in i den första utgåvan och även uppdatera med data och händelser från de gångna tre åren, samt lägga till två nya kapitel med mer ingående analyser av bitcoins skalning och energiförbrukning. Men mycket har hänt i bitcoins värld under de senaste tre åren och att presentera denna data och dessa händelser skulle innebära stora ändringar i texten. *Bitcoinstandarden*, med dess analyser och slutsatser, är en produkt av sin tid och en ögonblicksbild av en specifik tidpunkt i bitcoins historia. Boken skrevs strax efter att striden om blockstorlek avgjorts på ett sätt som cementerade bitcoins roll som hårdvaluta med förprogrammerad och opåverkbar utgivningstakt. Vid denna tidpunkt var bitcoins marknadsvärde ungefär 100 miljarder dollar och bitcoin stod på tröskeln till sitt andra årtionde, under vilket världsledande finansiella institutioner och företag började attraheras till bitcoin som investeringstillgång. Även om inget hänt de gångna tre åren som gör att den ursprungliga bokens analyser och slutsatser blir ogiltiga, så skulle valet att inkludera dem resultera i en helt annan bok och bli en produkt av en annan epok i bitcoins liv.

Istället för att ge ut en avsevärt ändrad andra utgåva av boken beslutade jag i samråd med min redaktör att låta *Bitcoinstandarden* leva vidare i sin ursprungliga form, med bara ett fåtal mindre justeringar för att rätta till misstag. Vissa av dessa misstag var uppenbara även om de var oviktiga för resonemanget och slutsatserna i boken. De senaste årens händelser och de tillägg jag övervägde kommer istället att inkluderas i en uppföljare: *Fiatstandarden*. Denna uppföljare kommer att analysera bitcoins framväxt genom att studera det monetära fiat-systemet med samma metodik och terminologi som används för att studera bitcoin i *Bitcoinstandarden*.

När jag skrev *Bitcoinstandarden* kunde jag inte ana att boken skulle bli populär bland företag och finansiella institutioner som tagit plats på bitcoinscenen. Den mest häpnadsväckande komplimangen boken fick var när Michael Saylor, VD för mjukvaruföretaget Microstrategy, beslutade att införa en bitcoinstandard för sitt företag genom att använda bitcoin som sin huvudsakliga finansiella reservtillgång. Michael Saylor har tydligt visat sin övertygelse om bitcoin. Han har investerat både sina egna och företagets pengar i bitcoin och dessutom blivit en ledande tänkare och analytiker samt en av bitcoins mest framträdande förespråkare. Övertygelsen, modet och tydligheten som Michael Saylor uppvisat i sin strävan efter en bitcoinstandard har varit inspirerande och det är en ära för mig att han tackade ja till att skriva förordet till denna uppdaterade upplaga, med syfte att sätta i sitt sammanhang och betona vikten av denna bok för framväxten av en global bitcoinstandard.

Med uppdateringarna på plats och med ett nytt förord från den mest banbrytande ledaren i världen när det gäller att anamma en bitcoinstandard, hoppas jag att läsarna känner att denna bok är värd en plats i bokhyllan och att de vill rekommendera den till familj, vänner och kollegor, långt in i framtiden.

Saifedean Ammous
Amman, Jordan
27 april, 2021

FÖRORD

AV MICHAEL J. SAYLOR

I mars 2020 drabbades världen av en pandemi som medförde att stora delar av vår ekonomi stannade av. Beteendemönster som etablerats under generationer förändrades dramatiskt. Kontor och skolor stängdes, resor stoppades och fysiska möten blev i praktiken omöjliga. Affärer slogs igen, fabriker gick på tomgång, flygplan blev stående på marken, fartyg låg för ankar, vägar blockerades och gränser stängdes.

De penningpolitiska åtgärder som vidtogs till följd av denna ekonomiska chock saknar historiskt motstycke. Penningmängden expanderade i den snabbaste takten i modern historia när alla länder tillämpade offensiva tillgångsköp, ekonomiska stimulanser samt insatser med mål att trycka ner marknadsräntorna. Resultatet blev en K-formad återhämtning, där företag med stora tillgångar snabbt blev mer lönsamma än någonsin, medan mindre bolag med operativ verksamhet såg sina intäkter kollapsa och vinster rinna ut i sanden.

De motsägelsefulla budskapen var förbryllande och likaså den stora omfördelningen av förmögenhet. Företag vars verksamhet var helt digital såg sin efterfrågan öka explosionsartat. Butiksbaserad handel, rese- och hotellbranschen samt nöjesbranschen såg sina intäkter sjunka och fick kämpa för att hålla sig flytande. Vårt företag, MicroStrategy, befann sig i mitten av denna ekonomiska skala och bolaget ägnade hela det andra kvartalet åt att digitalisera verksamheten. Detta gjordes genom att omstrukturera försäljning, marknadsföring och tjänster kring företagets webbsida. Dessutom infördes videomöten, molntjänster och distansarbete.

När vi gick in i juni månad hade vi ställt om och anpassat verksamheten, och även bildat oss en samlad uppfattning om läget samt våra förutsättningar framöver. Vi kunde då dra slutsatsen att kassan på femhundra miljoner dollar, som vi sparat för kristider, inte skulle behövas eller ens kunna användas i den nya virtuella verklighet bolaget nu befann sig i. Genom besparingar på grund av digitaliseringen skulle vi troligen generera ytterligare femhundra miljoner i kassaflöde. Detta var naturligtvis goda nyheter. Vi hade en stor kassa och goda förutsättningar till högt kassaflöde i framtiden. De dåliga nyheterna var att den monetära inflationstakten hade tredubblats och att tillgångspriserna ökade snabbare än någon av oss tidigare upplevt. Vi insåg att våra kassatillgångar var en snabbt smältande iskub och att vi behövde agera fort om vi inte ville se dess värde tyna bort.

Detta utlöste ett intensivt sökande efter en lösning på vårt problem. Hur kan ett modernt företag skydda sina tillgångar i en omgivning med monetär inflation, där valutan tappar 15 % av sin köpkraft varje år och där den effektiva avkastningen, efter skatt, hos traditionella obligationer är nästan noll? Ett företag som genererar sjuttiofem miljoner dollar per år i kassaflöde och som har femhundra miljoner dollar på sin balansräkning med en reell avkastning på minus femton procent, förstör lika mycket värde för aktieägarna som det skapar. Det är som att springa så fort man kan, men ändå stå still.

Vi övervägde att placera våra tillgångar i obligationer, fastigheter, aktier, terminer, konst, råvaror och samlarobjekt, men avfärdade alla dessa. Våra återstående placeringsalternativ var ädelmetaller och kryptovalutor. Det var vid denna punkt i min jakt på en lösning som jag upptäckte *Bitcoinstandarden* av Saifedean Ammous, och det var denna bok som mer än någon annan gav mig det holistiska ekonomiska ramverk jag behövde för att kunna tolka de makroekonomiska krafter som omformade vår värld och förvrängde marknaderna.

Bitcoinstandarden borde vara obligatorisk läsning i dagens moderna samhälle. Den ger en koncis och sammanhängande beskrivning av penning-teori, pengars historia, praktisk ekonomi och dess inverkan på företagande, kultur och samhällsekonomi. Boken ger den kanske bästa beskrivningen hittills av vikten av sunda pengar och av farorna förknippade med svaga valutor. *Bitcoinstandarden* avlivar på ett skickligt sätt myterna om modern penningteori och de defekta idéer som dominerat den fiat-ekonomiska skolan sedan nittonhundratalets början.

I maj 2020 var denna bok avgörande för min slutsats att bitcoin är lösningen på hur vårt företag borde placera sina kassatillgångar. Efter överläggningar beslutade företaget sedan att investera sina kassatillgångar i bitcoin, i augusti 2020. Under de följande sex månaderna köpte vi bitcoin för 2,2 miljarder dollar, vilket därmed utgjorde vår primära kassatillgång. *Bitcoinstandarden* hjälpte oss inse att den bästa affärsstrategin, för vårt företag, var att endast hålla ett mindre arbetskapital i form av fiatvaluta, medan huvuddelen av vårt kassaflöde placerades som en kassatillgång i form av bitcoin. I skrivande stund är 99 % av våra tillgångar lagrade i bitcoin. Återstående 1 % utgörs av lokala valutor, nödvändiga för den dagliga verksamheten. Det innebär att Microstrategy i grund och botten har anammat en bitcoinstandard.

Bitcoinstandarden är min primära rekommendation till den som söker en holistisk förståelse för ekonomisk teori, politisk historia och de teknolo-giska framsteg som drivit framväxten av bitcoinnätverket. Boken är lämplig för individer, investerare, företagsledare, politiker, journalister och akade-miker, oavsett agenda. Bitcoin är världens första digitala monetära nätverk. Bitcoin är också det första tekniskt konstruerade monetära tillgångsslaget. Tillsammans representerar dessa egenskaper den mest omvälvande tekno-login i världen, den bästa möjligheten för de som vill skapa något nytt och underbart samt lösningen på problemet med hur 7,8 miljarder människor ska kunna spara pengar som bevarar sitt värde och hur över 100 miljo-ner företag ska kunna bevara värdet av investeringskapital motsvarande hundratals biljoner dollar.

Jag hoppas att du får lika mycket glädje av denna bok som jag fick och att du kan dra nytta av de idéer som presenteras på dessa sidor.

Michael J. Saylor
Styrelseordförande & VD
MicroStrategy
Miami Beach, Florida, USA
24 mars 2021

PROLOG

Den 31 oktober 2008 skickade en programmerare, under pseudonymen Satoshi Nakamoto, ett mail till en e-postlista för kryptografientusiaster. I mailet står det att han skapat "ett nytt elektroniskt betalningssystem för användning person-till-person utan någon betrodd tredje part".[1] Mailet innehåller en kort beskrivning av det nya betalningssystemet samt en länk till en rapport som i detalj beskriver systemet. Bitcoin beskrivs som ett protokoll för ett betalningsnätverk med en egen valuta, där medlemmarna själva kan verifiera alla transaktioner utan att behöva förlita sig på en central part i nätverket. Valutans utgivningstakt är förutbestämd och belönar de medlemmar som verifierar transaktioner i nätverket genom att tillhandahålla processorkraft för detta ändamål. Det mest häpnadsväckande med denna uppfinning, jämfört med tidigare försök att lösa detta problem, var att den faktiskt fungerade.

Även om det var tydligt att det nya protokollet var välkonstruerat och verkade fungera var det nästan ingen utanför kretsen av kryptografientusiaster som visade intresse i början. De första månaderna deltog endast några dussin användare i nätverket. De ägnade sig åt utvinning av bitcoin

---

1 Mailet finns i sin helhet i Satoshi Nakamoto Institutes arkiv över alla kända skrifter från Satoshi, www.nakamotoinstitute.org "Re: Bitcoin P2P e-cash paper" 31 oktober 2008.

via mining och skickade bitcoin till varandra. I detta skede hade valutan endast uppnått en viss status som ett digitalt samlarobjekt.

Men i oktober 2009, på en internetbaserad marknadsplats[2], såldes 5050 bitcoin till ett totalt pris av 5,02 dollar. Detta var det första köpet av bitcoin med pengar.[3] Priset sattes genom att beräkna kostnaden för den elektricitet som behövdes för produktionen av bitcoin vid denna tid. Ur ekonomisk synvinkel var denna transaktion den viktigaste i protokollets historia. Bitcoin hade därmed gått från att vara ett sorts onlinespel som spelades inom en smal krets av programmerare, till att bli en handelsvara med ett pris. Den 22 maj 2010 betalade en annan person 10 000 bitcoin för två pizzor, värda 25 dollar. Det var första gången bitcoin användes som bytesmedel. Det tog alltså sju månader för bitcoin att utvecklas från en handelsvara till en form av pengar.

Sedan dess har bitcoinnätverket vuxit i antal användare och antal transaktioner samtidigt som värdet av dess valuta ökat kraftigt, till mer än 7 000 dollar per bitcoin i november 2017.[4] Efter åtta år är det tydligt att uppfinningen inte längre bara är ett onlinespel, utan en teknologi som testats av marknaden och vars pris rapporteras av media och följs med intresse över hela världen.

Bitcoin kan lättast förstås som en distribuerad programvara som ger sina användare möjlighet att lagra och överföra värde, med en valuta vars inflation är låg och förutbestämd. Användarna kan göra direkta transaktioner med varandra utan att behöva förlita sig på någon tredje part. Man kan säga att bitcoin automatiserar de funktioner som en modern centralbank har, men på ett sätt som är förutsägbart, decentraliserat och därmed omöjligt för en enskild central enhet att ta kontrollen över. Detta gör bitcoin till den första fungerande formen av digitala kontanter och digitala hårda pengar. Även om bitcoinprotokollet är en ny uppfinning, i den digitala eran, erbju-

---

2 Den numera stängda *New Liberty Standard*, newlibertystandard.wikifoundry.com/

3 Popper, Nathaniel. *Digital Gold: Bitcoin and the Inside Story of the Misfits and Millionaires Trying to Reinvent Money.* HarperCollins, 2015.

4 Under de åtta år bitcoin haft ett marknadspris har dess pris ökat nästan åtta miljoner gånger, från 0,000994 dollar till rekordhöga 7 888 dollar i skrivande stund.

der bitcoin en funktion som efterfrågats sedan urminnes tider – nämligen funktionen av hårda pengar som kan kontrolleras fullt ut av sin ägare och som behåller sitt värde över tid. Denna bok beskriver hur funktionen hårda pengar lösts med olika teknologier genom tiderna. Min slutsats kanske förvånar de som ser bitcoin som ett lurendrejeri eller något som endast kan användas för spekulation. I stället visar jag hur bitcoin innebär en lösning – i den digitala tidsåldern – som tillgodoser det uråldriga behovet av hårda pengar för att lagra värde. Detta kan komma som en överraskning för skeptiker.

Historien kan ibland tjäna som en vägledning för framtiden, särskilt när den undersöks noga. Tiden får utvisa om den tes som läggs fram i denna bok är korrekt. I den första delen av boken förklaras vad pengar är, såväl dess funktion som egenskaper. Som ekonom med ingenjörsbakgrund har jag alltid försökt förstå hur olika tekniker fungerar utifrån de problem som de försöker lösa. På så sätt kan man identifiera de essentiella funktionerna och särskilja dem från kosmetiska eller i övrigt oviktiga egenskaper. Med en grundläggande förståelse av det problem som pengar försöker lösa blir det möjligt att klargöra vad som är hårda respektive mjuka pengar. Man kan också förstå hur och varför olika varor, som snäckor, pärlor, metaller och statsvalutor, har använts som pengar och varför de också ibland inte uppfyllt sitt syfte för lagring och utbyte av värde.

I den andra delen av boken diskuteras de historiska konsekvenserna av hårda och mjuka former av pengar för både individer och för samhället i stort. Med hårda pengar uppmuntras människor att tänka långsiktigt, spara och investera för framtiden. Det resulterar i ackumulation av kapital, vilket driver den mänskliga civilisationen framåt. Pengar fungerar som informationsbärare och måttstock i det ekonomiska systemet. Hårda pengar möjliggör handel och välgrundade investeringar medan mjuka pengar sätter käppar i hjulet för dessa processer. Hårda pengar är också en essentiell byggsten för ett fritt samhälle, eftersom de begränsar hur mycket ekonomisk makt som kan centraliseras till stater.

I den tredje delen av boken förklaras hur bitcoinnätverket fungerar och där analyseras även hur bitcoin kan användas som hårdvaluta. I denna del diskuteras också vanliga missuppfattningar samt exempel där bitcoin inte är den mest lämpliga lösningen.

Denna bok skrevs för att hjälpa läsaren förstå de ekonomiska aspekterna av bitcoin. Boken förklarar hur bitcoin är en digital inkarnation av de många teknologier som utgjort pengar genom historien. Avsikten är inte att marknadsföra bitcoin eller uppmuntra till investeringar i valutan. Marknadspriset för bitcoin kommer troligtvis vara volatilt under överskådlig framtid. Nätverket kan fortfarande fallera, av skäl som ej kan förutses idag. Att använda nätverket kräver viss teknisk kompetens och innebär risker som gör det olämpligt för vissa. Boken ger inga investeringsråd, utan är bara avsedd att belysa nätverkets ekonomiska egenskaper så att läsaren kan besluta huruvida denne vill använda det eller inte.

Endast med god förståelse av hur bitcoin fungerar och insikt i de praktiska aspekterna av ägandeskap och förvaring, bör man överväga att använda nätverket. Även om bitcoins historiska prisökning är lockande för investerare finns det många exempel på konton som hackats eller ägare som förlorat sina bitcoin genom slarv eller bedrägerier. Det finns heller ingen garanterad vinst inom bitcoin. Om du, efter att ha läst denna bok, drar slutsatsen att bitcoin är något du vill äga, bör du börja med att lära dig hur man köper och lagrar bitcoin på ett säkert sätt. Det ligger i bitcoins natur att sådan kunskap inte kan delegeras till någon annan. Det finns inget alternativ till kunskap och personligt ansvar om du är intresserad av att använda nätverket. Det är den verkliga investeringen som behövs för att börja med bitcoin.

KAPITEL 1

PENGAR

Bitcoin är den senaste teknologin som tillgodoser funktionen pengar. Det är en uppfinning som drar nytta av den digitala erans tekniska möjligheter för att lösa ett problem lika gammalt som mänskligheten själv: hur man flyttar ekonomiskt värde över tid och rum. Den som vill förstå bitcoin måste först förstå pengar, och för att förstå pengar behöver dess historia och funktion studeras.

Det primitivaste sättet att utbyta värde är att byta varor med varandra. Den här processen av direkt utbyte är det vi kallar för *byteshandel*. Byteshandel är bara praktiskt gångbart i mindre kretsar där endast ett fåtal varor och tjänster är aktuella att handla med. I en hypotetisk ekonomi bestående av något dussin människor isolerade från omvärlden finns inget större behov av specialisering och handel, och man kan då tänka sig att ansvaret för att producera det som krävs för att överleva fördelas mellan gruppens individer för att sedan fördelas genom byteshandel. Byteshandel har alltid existerat i våra samhällen och fortsätter göra det än idag, men det är högst opraktiskt och förekommer främst i speciella situationer och vanligen mellan människor som känner varandra sedan tidigare.

I en större och mer sofistikerad ekonomi uppstår möjligheten för individer att specialisera sig inom produktionen av varor och att handla med ett långt större nätverk av människor som de inte har någon personlig relation till. Där blir det ytterst opraktiskt att hålla koll på avräkningen av varor, tjänster och gentjänster. Ju större marknaden är, desto större blir möjligheterna till specialisering och handel. Men desto större blir också problemet med *sammanfallande önskningar* – det du önskar produceras förmodligen av en person som inte önskar sig det du kan erbjuda i gengäld. Problemet är mer komplext än faktumet att olika varor har olika egenskaper och det finns tre viktiga aspekter att belysa.

För det första kan det brista vad gäller skalbarhet: Det du vill ha kanske inte har samma värde som det du erbjuder, och att dela upp någon av varorna i mindre enheter kan vara opraktiskt eller t.o.m. omöjligt. Tänk dig att du vill byta ett par skor mot ett hus. Du kan inte dela upp huset i mindre delar som svarar mot värdet av ett par skor, och personen som äger huset har inget intresse av att äga så många par skor som skulle motsvara husets värde. För det andra kan det bli problem med tidsaspekten: Det du har kanske försämras över tid medan det du vill åt är mer beständigt, vilket gör det svårt för dig att vid ett givet tillfälle erbjuda tillräckligt mycket av det du har i utbyte mot den mer beständiga varan. Det är inte lätt att samla ihop tillräckligt många äpplen för att kunna byta mot en bil eftersom äpplena kommer hinna ruttna innan affären är klar. För det tredje kan avståndet mellan köpare och säljare innebära problem: Du kanske vill sälja ett hus på en viss plats för att köpa ett annat hus på en annan plats, och de flesta hus kan inte transporteras. Dessa tre bekymmer gör att direkt byteshandel är mycket opraktisk och resulterar i att människor tvingas använda sig av andra former av handel för att kunna tillgodose sina ekonomiska behov.

Den enda vägen runt problemen är *indirekt byteshandel*. Du får försöka hitta en vara som personen du vill göra affär med vill ha, och sedan försöka hitta någon som vill ge dig denna vara i utbyte mot det som du själv har att erbjuda. Den mellanliggande varan blir ett *bytesmedel*. Även om vilken vara som helst kan användas som bytesmedel blir det i en större ekonomi opraktiskt att ständigt leta efter olika varor som ens motpart kan tänkas vara intresserad av och att behöva göra ett flertal utbyten inför den utväxling man egentligen vill åt. Istället kommer en mer effektiv lösning att växa fram naturligt, främst för att de som anammar den lösningen kommer konkurrera ut de som inte gör det. Det utvecklas ett gemensamt bytesmedel (eller möjligen ett fåtal olika bytesmedel) som alla deltagare i ekonomin kan använda sig av. Den vara, vilken får rollen som allmänt accepterat bytesmedel, är det vi kallar pengar.

Den absolut viktigaste egenskapen hos pengar är att de ska fungera som bytesmedel. Med andra ord är det en vara som inte främst är till för att konsumeras (en konsumtionsvara) och inte heller något som ska användas vid produktion av andra varor (en investering eller kapitalvara) utan en vara som huvudsakligen ska användas för att byta till sig andra varor. En investering används förvisso också för att producera intäkter som sedan kan användas för att byta till sig andra varor, men en investering skiljer sig från pengar på tre sätt: Investeringen erbjuder en avkastning, vilket pengar inte gör. Investeringen riskerar alltid att misslyckas, vilket pengar är tänkta att inte göra. Slutligen är investeringen mindre likvid än pengar, vilket innebär betydande transaktionskostnader om den ska spenderas. Med detta i åtanke förstår vi varför det alltid kommer finnas en efterfrågan på pengar och varför investeringar aldrig helt kan ersätta pengar. Att leva innebär för alla människor ett visst mått av osäkerhet och det går därför inte att säkert veta när en viss summa pengar kan komma att behövas.[1]

Det får sägas vara sunt förnuft, och en allmänt praktiserad visdom inom i princip alla kulturer, att man bör inneha en del av sina tillgångar i form av pengar. Detta eftersom pengar med sina likvida egenskaper snabbt kan omsättas ifall det skulle behövas och eftersom pengar innebär mindre risker än investeringar. Priset för att inneha pengar utgörs av utebliven

---

1 Se Ludwig von Mises "Human Action", sid. 250, för en diskussion om hur osäkerhet kring framtiden är den största drivkraften bakom efterfrågan på pengar. Utan osäkerhet kring framtiden hade människan kunnat planera intäkter och utgifter på ett optimalt sätt så att man aldrig behövde ha tillgång till pengar. Eftersom osäkerhet är en oundviklig del av livet, strävar människan efter tillgång till pengar för att på ett tryggare sätt kunna möta en okänd framtid.

konsumtion. Det kan också innebära utebliven avkastning på kapital, då en väl avvägd investering kunnat generera avkastning.

Genom att studera den här typen av mänskligt beteende på marknaden formulerade Carl Menger (den österrikiska ekonomiska skolan och marginal-analysens fader) vad som utgör den främsta egenskapen hos en vara som ska fungera som pengar, nämligen *säljbarhet*. Säljbarheten är ett mått på hur lätt en vara kan säljas på marknaden närhelst innehavaren så önskar, med minsta möjliga förlust.[2]

Det finns inga direkta regler som bestämmer vad som lämpar sig att använda som pengar. Var och en som köper något i syfte att byta till sig något annat snarare än att använda det för egen del skapar de facto pengar. Eftersom vi människor är olika varierar också våra åsikter om, och val av, pengar. Genom mänsklighetens historia har vi sett många varianter av betalmedel. Kanske främst guld och silver, men även koppar, snäckskal, stora stenar, salt, boskap, statliga värdepapper, ädelstenar och – under vissa omständigheter – alkohol och cigaretter. Valen är subjektiva, det finns inget "rätt" eller "fel" val. Våra val av vad vi använder som pengar medför dock konsekvenser.

Den relativa säljbarheten hos varor kan bedömas utifrån hur väl de står sig mot de tre aspekterna av problemet med sammanfallande önskningar som beskrevs ovan: varans säljbarhet över kvantitet, säljbarhet över avstånd och säljbarhet över tid. En vara som är säljbar över kvantitet kan enkelt fördelas i mindre enheter eller slås ihop till större enheter, så att säljaren kan avyttra den önskade mängden. Säljbarhet över avstånd indikerar att en vara lätt kan transporteras eller bäras med på en resa, vilket generellt sett kräver att pengarna har ett högt värde per enhet. Det finns en stor mängd varor som uppfyller dessa två egenskaper och därigenom skulle fungera väl som pengar, men det är den tredje aspekten – säljbarhet över tid – som är den mest kritiska.

Säljbarhet över tid handlar om en varas förmåga att behålla sitt värde in i framtiden så att den som innehar varan kan "förvara" värde i den. Att

---

2 Menger, Carl. "On the Origins of Money." Trans. C. A. Foley. Economic Journal, vol. 2, 1892, sid. 239–55.

fungera som värdebevarare är pengars andra viktiga funktion. För att en vara ska vara säljbar över tid måste den vara immun mot röta, rost och andra typer av förfall. Den som långsiktigt placerar sin privata förmögenhet i fisk, äpplen eller apelsiner lär sig snart den hårda vägen att dessa lämpar sig mindre bra som värdebevarare. Det räcker inte heller med att varan står sig fysiskt för att något ska vara säljbart över tid; en vara kan tappa värde även om den är fysiskt intakt.

För att en vara ska behålla sitt värde krävs att utbudet av den inte ökar avsevärt efter att den köpts. Historiskt sett har pengar haft någon form av mekanism som begränsar produktionen av nya enheter, vilket bevarat värdet av de redan existerande enheterna. Den relativa svårigheten att producera nya monetära enheter bestämmer pengarnas hårdhet: Pengar vars utbud är svårt att utöka är *hårda pengar*, medan *mjuka pengar* är pengar vars totala mängd lätt kan utökas. I denna svenska översättning används även begreppet *sunda pengar* när det handlar om hårdvaluta, vars utbud är stabilt och svårt att skapa fler av.

Pengars hårdhet utgörs av två mått på en varas utbud. *Lagret* (1) är det befintliga utbudet av en viss vara och utgörs av allt som producerats minus allt som har konsumerats eller förstörts. *Inflödet* (2) är den ytterligare produktion som tillkommer inom nästa tidsperiod. Lager/inflödes-kvoten är ett bra mått på en varas hårdhet och hur den lämpar sig att användas som pengar. En vara med låg lager/inflödes-kvot är en vara vars utbud drastiskt kan utökas och som därmed lämpar sig dåligt som värdebevarare. Ju högre lager/inflödes-kvot, desto mer sannolikt är det att en vara behåller sitt värde och därmed är mer säljbar över tid.[3]

Om folk väljer en hård typ av pengar för värdebevarande, det vill säga en med en hög lager/inflödes-kvot, kommer deras inköp av varan öka efterfrågan på den. Ökad efterfrågan får värdet på varan att stiga, och därmed förstärks incitamenten att producera mer av den. Eftersom de hårda pengarnas inflöde i relation till det befintliga utbudet är så litet skulle det dock behövas en mycket stor nyproduktion av ytterligare enheter för att

---

3 Fekete, Antal. Whither Gold? Vinnare av 1996 ”International Currency Prize”, sponsrat av Bank Lips, 1997 professorfekete.com/articles/AEFWhitherGold.pdf

kunna trycka ner priset på ett påtagligt sätt. Om folk istället väljer en mjuk typ av pengar, med en låg lager/inflödes-kvot, vore det lätt för en producent att producera nya enheter i stor mängd och därigenom trycka ner varans pris så att dess säljbarhet över tid går förlorad.

Jag kallar detta för *de mjuka pengarnas fälla*. När en vara börjar användas som värdebevarare ökar efterfrågan på den, och eftersom det är lätt att öka tillgången på varan kommer den höjda efterfrågan att leda till just det. Utbudet ökar, värdet sjunker och de som använt varan till värdebevarare förlorar helt eller delvis sina besparingar. Den naturliga följden av denna fälla är att de varor som är mest lämpade att vara pengar har någon form av naturlig eller artificiell mekanism som begränsar inflödet av nya likadana varor till marknaden, så att dess värde håller sig över tid. Det är således viktigt att det är kostsamt att producera nya enheter av det som är tänkt att fungera som pengar, annars kommer frestelsen att skapa mer pengar till slut bli övermäktig. Besparingar, såväl incitament för att använda mediet för framtida sparande, kommer att sakta men säkert gå upp i rök.

Naturliga, tekniska och politiska förändringar har genom historien gett upphov till ökat utbud av varor som använts som pengar, vilket inneburit att de tappat sin monetära status. Istället har användarna övergått till något annat bytesmedel med en stabilare och högre lager/inflödes-kvot, vilket beskrivs närmare i nästa kapitel. När snäckskal var svåra att hitta användes de som pengar. I fängelser är cigaretter svåra att göra och få tag i och kan därmed fungera som pengar i just den miljön. Ju långsammare en nationell valutas penningmängd utökas, desto större är sannolikheten att den behåller sitt värde över tid.

När ny teknik gjorde det lättare att anskaffa och importera snäckskal övergavs de som pengar och man gick istället över till metall- eller papperspengar. När de styrande sedan i sin tur utökade utbudet av dessa produkter tvingades invånarna gå vidare till utländska valutor, guld eller något annat med bättre monetära egenskaper. 1900-talet är fullt av tragiska exempel på den här typen av skeenden, särskilt i utvecklingsländer. De pengar som överlevt längst är de med starka mekanismer som begränsat utbudsökningar

– alltså de *hårda pengarna*. Olika former av pengar konkurrerar hela tiden med varandra och vinnaren kan förutspås genom att studera vilken effekt den tekniska utvecklingen har på de tävlande varornas lager/inflödes-kvot.

Även om det generellt står människor fritt att använda vilken typ av pengar de vill kommer de som använder hårda pengar att gynnas över tid, eftersom den begränsade utbudsökningen gör att värdeminskningen av deras bytesmedel blir försumbar. De som istället väljer mjuka pengar kommer se sina pengar sjunka i värde till följd av den icke försumbara utbudsökningen. Med tiden kommer majoriteten av den samlade förmögenheten att koncentreras hos de hårdaste och mest säljbara pengarna, oavsett om detta sker till följd av rationella kalkyler eller som ett resultat av tidigare lärdomar. Men en varas hårdhet och säljbarhet är inte statisk, den kan förändras över tid. Genom historien kan man se hur samhällets tekniska kapacitet påverkar pengars hårdhet och säljbarhet. Faktum är att det visat sig vara just varje tidsepoks tekniska möjligheter som avgjort vilken vara som är mest lämpad att användas som pengar. Det är därför ekonomer tillhörande den österrikiska ekonomiska skolan sällan pekar ut en viss vara som särskilt lämplig, utan istället definierar sunda pengar som de pengar marknadens aktörer har valt att genomföra sina transaktioner i, snarare än de pengar som ett visst styre har bestämt.[4]

Fri konkurrens mellan olika pengar på marknaden är en oerhört effektiv mekanism för att få fram sunda pengar, eftersom det innebär att bara de som väljer rätt typ av pengar kan behålla sin förmögenhet över tid. Det finns ingen anledning för de som styr ett samhälle att officiellt peka ut de hårdaste pengarna, eftersom samhället självt skulle ha kommit fram till rätt val långt innan de styrande ens utsetts. Om något, skulle ett officiellt utpekande snarare ha en hindrande effekt på konkurrensen i denna urvalsprocess.

De individuella och samhälleliga konsekvenserna av valet mellan hårda och mjuka pengar är långt större än bara ekonomisk vinning eller förlust. Det är ett centralt tema i den här boken och det diskuteras närmare i kapitel 5, 6 och 7. Den som kan spara sin förmögenhet i en god värdebevarare

---

4 Salerno, Joseph.Money: Sound and Unsound. Auburn, AL, Ludwig von Mises Institute, 2010, sid.. xiv–xv.

planerar sannolikt för framtiden mer än den som använder sig av en sämre sådan. Sundheten hos en viss typ av pengar, definierad som dess förmåga att behålla sitt värde över tid, utgör en avgörande faktor för hur mycket individer värdesätter nuet framför framtiden – alltså deras *tidspreferens*. Tidspreferens är ett annat centralt koncept i den här boken.

Utöver lager/inflödes-kvoten är pengars allmänna acceptans en viktig aspekt. Ju fler som accepterar ett monetärt medium, desto mer likviditet har det och kan då lättare köpas och säljas utan större förluster. I sociala sammanhang med många individuella kontakter blir det naturligt att vissa standarder för utbyten växer fram, vilket vi till exempel ser i olika nätverksprotokoll. Fördelarna med att ansluta sig till ett nätverk ökar nämligen exponentiellt då nätverket växer. Det är därför Facebook och en handfull andra sociala medier fullständigt dominerar marknaden trots att hundratals nästan identiska nätverk lanserats utan framgång. På samma sätt använder alla enheter IMAP/POP3-protokollet för att ta emot e-post och SMTP-protokollet för att skicka e-post. Många andra protokoll med samma syfte skapades och fungerar alldeles utmärkt, men få använder dem eftersom det skulle utesluta kontakt med nästan alla dagens e-postanvändare, som använder sig av IMAP/POP3 och SMTP. Pengar fungerar på samma sätt och det var därför oundvikligt att en eller ett fåtal varor skulle komma att dominera som bytesmedel, eftersom det är själva egenskapen att handla med dem som har störst betydelse. Som nämnts tidigare införskaffas inte ett bytesmedel för dess egna inneboende egenskaper, utan för sin säljbarhet.

Med ett allmänt accepterat *bytesmedel* kan alla priser uttryckas i relation till detta medium. Detta är pengars tredje viktiga funktion: att vara en *beräkningsenhet*. I en ekonomi utan ett allmänt accepterat bytesmedel måste varje vara prissättas i relation till alla andra varor, vilket leder till att marknaden kommer ha en stor mängd olika priser. Detta skapar en oöverskådlig situation som omöjliggör ekonomiska beräkningar. I en ekonomi som har ett gemensamt bytesmedel kan istället samtliga varor prissättas utifrån en och samma beräkningsenhet. I ett sådant samhälle fungerar pengar som en måttstock att använda för att mäta mellanmänskliga värden; den belönar producenter utifrån hur mycket värde de erbjuder andra och signalerar för konsumenter hur mycket de behöver betala för att införskaffa en viss vara. Bara med ett gemensamt bytesmedel vilket används som beräkningsenhet kan komplexa ekonomiska beräkningar utföras. Med detta följer möjligheten att utföra komplexa tjänster, ackumulera kapital och öppna upp för större marknader. Funktionen hos en marknadsekonomi är beroende av priser, och priser i sin tur är beroende av ett gemensamt bytesmedel som reflekterar den relativa bristen på en vara. Om detta bytesmedel är mjuka pengar har utgivaren möjlighet att ständigt öka utbudet och på så vis hindra det från att korrekt återspegla olika alternativkostnader. Alla oförutsägbara förändringar av penningmängden kommer störa dess roll som värdemätare och kanal för ekonomisk information.

Med ett gemensamt bytesmedel kan en ekonomi växa sig lika stor som antalet människor som använder sig av bytesmedlet. Ju större ekonomin blir, desto större blir också möjligheterna att dra nytta av handel och specialisering och – kanske ännu viktigare – desto längre och mer sofistikerade kan produktionsstrukturerna bli. Producenter kan specialisera sig inom olika kapitalvaror. Det tar därmed en viss tid att färdigställa konsumentprodukten, men fördelen blir att både produktiviteten och kvaliteten på produkterna ökar. I en mindre, primitiv ekonomi kan en produktionsstruktur bestå av ett fåtal individer som går till vattnet och fångar fisk med sina bara händer; en process som från start till mål sträcker sig över ett par timmar. När ekonomin växer kan mer sofistikerade verktyg och kapitalvaror utnyttjas och dessa verktyg sträcker ut produktionsprocessen markant, samtidigt som produktiviteten ökar. Nu för tiden fångas fisk med avancerade fiskebåtar som tar åratal att bygga men med en livslängd på flera decennier. Dessa båtar når vatten som mindre båtar inte kommer åt och kan därför "producera" fisk som annars inte skulle vara tillgänglig. Båtarna kan trotsa svåra väderförhållanden och fortsätta producera i situationer där mindre kapitalintensiva båtar hade varit fast i hamnen. I takt med att ackumuleringen av kapital sträcker ut produktionsprocessen blir varje arbetsenhet mer produktiv. Det resulterar i att överlägsna produkter kan skapas. Produkter som håller en kvalitet vilken inte vore möjlig i en primitiv ekonomi, där endast enkla verktyg finns att tillgå och där det inte finns något kapital. Inget av detta vore möjligt utan pengar som på en och samma gång fungerar dels som bytesmedel för att möjliggöra specialisering, dels som värdebevarare för att skapa ett framtidstänk samt incitament att investera istället för att konsumera, och dels som beräkningsenhet för att möjliggöra ekonomiska beräkningar av vinster och förluster.

Genom historien har en mängd olika varor använts som pengar, alla med varierande grad av hårdhet och sundhet beroende på den tekniska kapaciteten vid varje given tidpunkt. Från snäckskal till salt, boskap, guld, silver, och statliga pengar uppbackade av guld, till dagens i princip universellt accepterade statliga betalningsmedel. Varje tekniskt framsteg har lett till nya former av pengar med nya fördelar, men också med nya nackdelar. Genom att studera vilka verktyg och material som använts genom tiderna, kan vi dra slutsatser om vilka egenskaper som bäddar för bra respektive dåliga pengar. Det här är bakgrundsinformation som behövs för att förstå bitcoin och dess roll som monetärt medium.

I nästa kapitel undersöker vi en rad vitt skilda objekt som genom historien använts som pengar. Från Raistenarna på ön Yap i Mikronesien, till snäckskal i Amerika, glaspärlor i Afrika och antikens boskap och salt. Vart och ett av dessa bytesmedel användes under perioder då det för den aktuella befolkningen inte gick att hitta någon annan vara med högre lager/inflödeskvot, och slutade sedan användas när kvoten minskade. Att förstå detta är helt avgörande för att kunna ana vart pengars utveckling kommer ta vägen i framtiden och vilken roll bitcoin kan komma att spela i detta. I kapitel 3 analyseras monetära metaller och anledningen till att guld kom att dominera världen under guldstandarden i slutet av 1800-talet. I kapitel 4 analyseras övergången till statliga pengar och hur det har fallit ut. Efter att vi i kapitel 5, 6 och 7 gått igenom vilka ekonomiska och sociala implikationer som olika typer av pengar har haft ska vi i kapitel 8 introducera bitcoin och dess monetära egenskaper.

KAPITEL 2

PRIMITIVA PENGAR

Den valuta genom tiderna som mest påminner om bitcoin är ett system med stora runda kalkstenar som användes för länge sedan på ön Yap, numera en del av Mikronesiska federationen. Insikt i hur deras monetära system med Raistenar fungerade som pengar underlättar förståelsen av bitcoin, när vi senare kommer till det i kapitel 8. Genom berättelsen om hur Raistenarna kom att förlora sin status som pengar lär vi oss hur pengar, när de blir av med sin hårdhet, tappar sin monetära roll.

Raistenar var uppresta, cirkulära diskar av kalksten med hål i mitten. Storleken varierade; de största kunde väga upp till fyra ton. De var inte tillverkade på Yap, som överhuvudtaget inte hade någon kalksten, utan hämtades från de intilliggande öarna Palau eller Guam. Stenarnas skönhet och sällsynthet gjorde dem eftertraktade på Yap, men att anskaffa dem var mycket svårt och involverade dels en slitsam brytningsprocess och dels en utmanande transport med hjälp av flottar och kanoter. Transporten av vissa av dessa stenar krävde hundratals människor, och när en sådan sten anlänt till Yap placerades den på någon prominent plats där alla öns invånare kunde se den. Stenens ägare kunde sedan använda den som betalning utan att behöva flytta den: allt som krävdes var att ägaren proklamerade för samtliga invånare på ön att ägarskapet av stenen nu hade övergått till köparen. Hela byn rättade sig efter detta och den som köpt stenen kunde nu i sin tur använda den som betalning när han så ville. I praktiken kunde stenen inte stjälas eftersom alla invånare visste vem som var den rätta ägaren.

I århundraden, eller kanske till och med årtusenden, fungerade detta system utmärkt för invånarna på Yap. Trots att stenarna aldrig flyttades hade de säljbarhet över avstånd, då de kunde användas som betalning varsomhelst på ön. Stenarnas olika storlek och möjligheten att betala med delar av en sten gav ett visst mått av säljbarhet över kvantitet. Säljbarheten över tid säkrades under hundratals år genom den arbetsinsats och de kostnader som var förenade med att anskaffa nya stenar. Det fanns ju ingen kalksten alls på Yap, och det var inget litet projekt att först bryta fram nya stenar på Palau och sedan frakta dem därifrån. Denna stora anskaffningskostnad innebar att det befintliga utbudet av stenar alltid var betydligt högre än inflödet av nytt utbud, varför stenarna lämpade sig väl som betalningsmedel. Raistenarna hade alltså en mycket hög lager/inflödes-kvot. Oavsett hur efterfrågade de var kunde ingen på något enkelt sätt öka tillgången genom att hämta hem fler stenar. Så såg det i vart fall ut fram till 1871, då en skeppsbruten irländsk-amerikansk kapten vid namn David O'Keefe räddades av lokalbefolkningen vid Yaps stränder.[1]

O'Keefe såg en affärsmöjlighet i att exportera kokosnötter från Yap till producenter av kokosolja, men han hade svårt att få lokalbefolkningen att arbeta för honom. De boende på Yap var nöjda med sin tillvaro på paradisön och hade inget intresse av de utländska pengar som O'Keefe erbjöd dem. O'Keefe lät sig dock inte nedslås av detta utan seglade till Hongkong, där han köpte sprängämnen och en stor båt. Seglatsen fortsatte vidare till Palau, där sprängämnena och andra moderna verktyg användes för att bryta fram ett flertal stora Raistenar. Slutligen återvände han till Yap för att erbjuda

---

1 Historien om O'Keefe stod som inspiration till novellen "His Majesty O'Keefe" från 1952 av Laurence Klingman och Gerald Green, vilken 1954 filmatiserades under samma namn med Burt Lancaster i huvudrollen.

invånarna dessa stenar som betalning mot deras kokosnötter. I motsats till vad O'Keefe hade förväntat sig blev lokalbefolkningen dock inte särskilt glad över det nya tillskottet. Öns hövding förbjöd befolkningen från att arbeta i utbyte mot O'Keefes stenar eftersom dessa stenar hade anskaffats alldeles för enkelt. Endast de stenar som brutits på traditionellt vis med blod, svett och tårar från Yaps befolkning skulle accepteras på Yap. Andra invånare på ön höll dock inte med och försåg O'Keefe med de kokosnötter han efterfrågade. En konflikt uppstod på ön som med tiden kom att leda till slutet för Raistenarnas roll som pengar. Idag spelar stenarna enbart en ceremoniell och kulturell roll på Yap och den dominerande formen av pengar på ön utgörs av de moderna, statligt utfärdade pengarna som vi är vana vid.

Det går att läsa in mycket symbolik i historien om O'Keefe, men i realiteten var han bara ett förebud om det ofrånkomliga slutet för Raistenarnas roll som pengar. Förr eller senare hade omvärldens industriella civilisation ändå trängt sig på Yap och dess invånare. I takt med att moderna verktyg och industriell kapacitet anlände till regionen sjönk produktionskostnaderna för stenarna avsevärt. Det anlände många besökare som i likhet med O'Keefe hade möjlighet att förse Yap med ett växande inflöde av nya stenar. Den moderna tekniken gjorde att lager/inflödes-kvoten för Raistenarna minskade dramatiskt och i takt med att fler och fler stenar fördes till ön minskade deras värde.

Detaljerna skiljer sig åt, men den underliggande dynamiken som sänker lager/inflödes-kvoten är densamma för varje typ av pengar som genom historien tappat sin monetära roll, inklusive den för tillfället kollapsande venezuelanska bolivaren.

En liknande händelse inträffade med aggry-pärlorna vilka använts som pengar i Västafrika. Pärlornas ursprung är höljt i dunkel; teorierna om deras uppkomst sträcker sig från att de skapats av meteoritstenar till att de fördes till Afrika av europeiska eller feniciska handelsmän. Det vi med säkerhet kan säga är att de var mycket eftertraktade i ett område där teknik för att tillverka glas var dyr och ovanlig, vilket gav pärlorna en hög lager/inflödes-kvot och en säljbarhet över tid. De små och värdefulla pärlorna var säljbara över kvantitet genom att de kunde sättas ihop till kedjor, halsband eller armband. Förvisso var detta inte optimalt då det fanns en mängd olika typer av pärlor och inte en standardiserad enhet. Eftersom pärlorna var enkla att bära med sig var de också säljbara över avstånd. I Europa däremot var glaspärlor billiga att tillverka och spelade inte heller någon monetär roll. Där var tekniken för att tillverka glas vida spridd, och hade pärlorna använts som pengar i Europa skulle en producent lätt kunnat översvämma marknaden med nya enheter. Här hade alltså glaspärlor en låg lager/inflödeskvot.

När europeiska handelsmän och upptäcktsresande besökte Västafrika på 1500-talet noterade de vilket högt värde dessa glaspärlor hade och började därför importera dem i stora mängder. Det som därefter följde liknar historien med O'Keefe, men eftersom pärlorna var små och befolkningen stor, smög sig processen gradvis på och fick därmed betydligt större och sorgligare konsekvenser. Sakta men säkert kunde européerna köpa upp Afrikas värdefulla resurser mot betalning med de glaspärlor som de införskaffat för en spottstyver hemma i Europa.[2] Genom européernas intåg i Afrika övergick pärlorna långsamt från att vara hårda pengar till att bli mjuka. Deras säljbarhet förstördes och köpkraften utarmades hos de afrikaner som ägde pärlor. I praktiken överförde européerna därför afrikanernas samlade förmögenhet till sig själva. Aggry-pärlorna kom senare att kallas slavpärlor på grund av den roll de skulle spela i handeln med slavar som fraktades till Europa och Nordamerika. En plötslig kollaps av ett monetärt medium är tragisk men går i vart fall över någorlunda fort, varpå människorna kan börja handla, spara och räkna med hjälp av ett nytt medium. När det däremot handlar om en långsam värdeminskning överförs förmögenheter sakta men säkert från pengarnas innehavare till de som har möjlighet att billigt producera mer pengar. Detta är en läxa att ha i minnet när vi senare i boken ska lära oss mer om hur dagens statliga pengar fungerar.

Ett annat monetärt medium som tidigare använts på en mängd platser

---

2 För att maximera vinsten brukade européerna fylla upp hela skroven på sina båtar med pärlor, vilket samtidigt stabiliserade båten på ett bra sätt.

jorden runt, från Nordamerika till Afrika och Asien, är snäckskal. De snäckskal som var mest säljbara har visat sig vara de som var sällsynta och svåra att komma över, eftersom dessa kunde behålla sitt värde bättre än de mer vanligt förekommande varianterna.[3] Nordamerikanska urinvånare och tidiga europeiska nybyggare använde i stor utsträckning wampum-snäckor av samma anledning som gjorde aggry-pärlorna populära: de var svåra att hitta, vilket gav dem en hög lager/inflödes-kvot, kanske högre än alla andra tillgängliga och bestående varor vid den tidpunkten. Precis som aggry-pärlorna hade snäckskalen nackdelen att de inte var enhetliga, varför priser och förhållanden inte på ett jämförbart sätt kunde mätas i snäckskal. Detta medförde betydande svårigheter för ekonomin att växa och specialiseringen att öka. Europeiska nybyggare gjorde snäckskalen till lagligt betalningsmedel år 1636, men i takt med att fler brittiska guld- och silvermynt började flöda in ökade istället användningen av dessa på bred front. Mynten föredrogs som bytesmedel eftersom deras enhetlighet gjorde det lättare att prissätta varor på ett jämförbart sätt, vilket gav mynten en högre säljbarhet. Dessutom innebar mer avancerade båtar och tekniska framsteg att snäckskal kunde skopas upp ute till havs. Utbudet av snäckskal ökade kraftigt, varpå de tappade i värde och förlorade sin säljbarhet över tid. År 1661 upphörde snäckskal att vara ett lagligt betalningsmedel och med tiden tappade snäckskalen helt sin monetära roll över hela kontinenten.[4]

Snäckskalens roll som pengar gick samma öde till mötes på fler platser än i Nordamerika. När samhällen där snäckskal använts som pengar fick tillgång till enhetliga metallmynt, övergick de till dessa och gynnades också av bytet. Vidare innebar den industriella revolutionen med sina fossildrivna båtar att snäckskal alltmer effektivt kunde hämtas från haven, med följden att lager/inflödes-kvoten snabbt sjönk.

Boskap har också haft rollen som pengar. Med sin fördel att kunna mätta magar i många sammanhang har kreatur ansetts som det mest åtrå-värda man överhuvudtaget kan äga. Tack vare sin rörlighet är de dessutom

---

3 Szabo, Nick. "Shelling Out: The Origins of Money." Satoshi Nakamoto Institute, 2002, nakamotoinstitute.org/shelling-out/
4 Ibid.

säljbara över avstånd. Än idag spelar boskap en viss roll som pengar på en del håll, särskilt i form av hemgift. Eftersom boskap tar upp stor plats och inte kan delas på något enkelt sätt är de dock inte särskilt säljbara över kvantitet, vilket är förklaringen till att ytterligare en vara ofta har samexisterat med boskapen, nämligen salt. Salt kunde bevaras över lång tid och lätt fördelas till önskvärd mängd. Spår av boskapens och saltets monetära roll återfinns i engelskans *pecuniary* (penningrelaterad), som härstammar från latinets *pecus* och betyder kreatur eller boskap, liksom *salary* (lön), som härstammar från det latinska ordet för salt, *sal.*[5]

Med mänsklighetens tekniska framsteg, särskilt inom metallframställning, skapades former av pengar som var bättre än dessa tidigare föremål. Metallerna visade sig vara bättre bytesmedel än snäckskal, stenar, pärlor, boskap och salt eftersom de kunde formas till enhetliga och värdefulla små enheter som kunde flyttas runt på ett betydligt lättare sätt. En annan spik i kistan för de tidigare föremålens monetära roll var användandet av kolvätebränslen, som markant ökade produktionskapaciteten och därmed utbudet (inflödet) av dessa föremål som tidigare haft en hög lager/inflödeskvot. Med moderna kolvätebaserade bränslen kunde Raistenar brytas med lätthet, aggry-pärlor kunde tillverkas till låg kostnad och snäckskal kunde samlas in i stora mängder av moderna båtar. När dessa pengar tappade sin hårdhet följde för användarna stora ekonomiska förluster och snart rasade hela deras samhällsstruktur samman. Den hövding på Yap som vägrade acceptera O'Keefes billiga Raistenar förstod något som de flesta av dagens ekonomer inte förstår: att pengar som är lätta att producera inte är pengar överhuvudtaget, och att en stor mängd pengar inte skapar rikare samhällen utan tvärtom utarmar det samlade välståndet.

---

5 Fekete, Antal. "Whither Gold?" Vinnare av 1996 International Currency Prize, Sponsored by Bank Lips, 1997,professorfekete.com/articles/AEFWhitherGold.pdf

Kapitel 3

Monetära metaller

I takt med att både produktionskapaciteten och användandet av metaller och råvaror ökade, började många metaller tillverkas i tillräckligt stora mängder, och hade en tillräckligt hög efterfrågan, för att de skulle bli ordentligt säljbara och därmed lämpade att användas som monetära medel. Genom sin höga densitet och sitt relativt höga värde var metallerna lätta att bära med sig – lättare än kreatur och salt – vilket innebar en bra säljbarhet över avstånd. Att producera metaller var till en början inte särskilt lätt, vilket gjorde att deras utbud inte kunde utökas enkelt och de hade därmed även en god säljbarhet över tid.

Eftersom metallerna har varierande egenskaper och förekommer i varierande mängd i jordskorpan ansågs vissa metaller mer värdefulla än andra. Järn och koppar som det fanns gott om kunde produceras i allt större volymer. Den ökande produktionen av dessa metaller, och deras tendens att rosta, gjorde att de fick ett relativt lågt marknadsvärde och användes mest för mindre transaktioner. Mer sällsynta metaller som guld och silver var däremot både hållfasta och mindre rostbenägna och lämpade sig väl för att behålla värde över tid eller, annorlunda uttryckt, mer säljbara över tid.

Guldet visade sig vara särskilt slitstarkt och kunde behålla sitt värde över flera generationer, vilket möjliggjorde ett mer utsträckt framtidstänk.

Till en början handlades metallerna i lösvikt[1], men allt eftersom metallurgin utvecklades blev det möjligt att prägla enhetliga mynt med givna vikter. Det innebar att metallerna inte behövde vägas i tid och otid. De tre dominerande metallerna var guld, silver och koppar. Mynt av dessa slag var det som i huvudsak användes som pengar under ca 2 500 år, från grekernas kung Krösus, som var den första kända regenten att prägla guldmynt, fram till tidigt 1900-tal. Förutom att vara den mest säljbara varan över tid var guldmynten också den mest säljbara varan över avstånd; de små mynten motsvarade ett högt värde och kunde transporteras utan bekymmer. Silvermynten passade bra som handelsmedel för medelstora affärsuppgörelser, medan bronsmynt användes för de allra minsta transaktionerna. Genom en värdestandardisering till enheter som lätt kunde identifieras öppnades stora marknader upp och globala handelsmöjligheter skapades. Även om detta var det bästa monetära systemet vid den här tidpunkten fanns två betydande nackdelar. Den första var att denna metallstandard innebar problem för innehavarna av mynten på grund av metallernas fluktuerande värde, som varierade med metallernas tillgång och efterfrågan. Särskilt silver råkade emellanåt ut för kraftiga värdeminskningar till följd av produktionstoppar och sjunkande efterfrågan. Den andra, mer bekymrande nackdelen var att stater och falskmyntare inte drog sig för att minska metallmängden i mynten, vilket urholkade köpkraften i dem och istället placerade den i händerna på nämnda stater och falskmyntare.

När det moderna banksystemet växte fram på 1800-talet behövde individer inte längre byta guld med varandra, utan hade möjlighet att handla med papperspengar och checkar som backades upp av guld, vilket förvarades i bankernas och centralbankernas bankvalv. Denna utveckling innebar att man kunde dra nytta av guldet även vid små transaktioner och därmed försvann silvrets användningsområde som pengar, till förmån för denna nya

---

1 Szabo, Nick. "Shelling Out: The Origins of Money." Satoshi Nakamoto Institute, 2002, nakamotoinstitute.org/shelling-out/

guldstandard. Guldstandarden öppnade upp för en aldrig tidigare skådad global handel och kapitalackumulation. Huvuddelen av världsekonomin baserades nu på en gemensam, sund, marknadsbaserad typ av pengar. Nackdelen med detta var att förmågan att skapa pengar hade centraliserats till bankerna och sedermera till centralbankerna när det mesta av guldet förvarades i deras kassavalv. Detta ledde i sin tur till möjligheten för dem att utöka penningmängden bortom den mängd guld de faktiskt besatt. Med denna manöver tappade pengarna sitt egentliga värde. Det överfördes från pengarnas rättmätige ägare till bankerna och staterna.

Varför guld?

För att förstå hur råvarupengar uppstår ska vi återvända till de mjuka pengarnas fälla, som berördes i det första kapitlet. Vi börjar med att studera skillnaden mellan en varas *marknadsefterfrågan* – efterfrågan att konsumera eller äga en vara för dess egna egenskaper – och en varas *monetära efterfrågan* – efterfrågan att använda en vara som bytesmedel och värdebevarare. När någon väljer att använda en vara som värdebevarare ökar hon i praktiken varans efterfrågan bortom den ordinarie marknadsefterfrågan, vilket får priset på varan att öka. Ta till exempel koppar, vars normala marknadsefterfrågan utifrån industriella användningsområden är ungefär 20 miljoner ton om året, vilket med ett värde om 5 000 dollar per ton ger ett totalt marknadsvärde på 100 miljarder dollar. Föreställ dig nu en miljardär som bestämmer sig för att placera 10 miljarder dollar av sin förmögenhet i koppar. När miljardärens ekonomer får i uppdrag att köpa upp 10 % av den årliga kopparproduktionen kommer priset på koppar oundvikligen att stiga. Initialt kan tyckas att miljardärens strategi är framgångsrik, då tillgången han valt som värdebevarare börjar stiga i pris redan innan han är klar med sitt inköp. Kanske tänker han att prisökningen kommer få fler att följa hans exempel, varför priset lär stiga ännu mer. Men även om fler investerare skulle köpa koppar kommer miljardären få problem. Det stigande priset skapar en lukrativ marknad för arbete och kapital världen över. Jordskorpan innehåller mer koppar än vi ens kan mäta, och definitivt mer än vad vi kan komma åt med gruvdrift, så i praktiken är det enda som håller tillbaka kopparproduktionen mängden arbete och kapital som tillägnas den. Mer koppar kan alltid tas fram vid högre prisnivåer och såväl priset som mängden koppar kommer fortsätta stiga tills investerarnas monetära efterfrågan har stillats. Låt säga att detta sker vid en produktionsökning på ytterligare 10 miljoner ton och vid ett pris på 10 000 dollar per ton. Förr eller senare kommer den monetära efterfrågan att vika och en del nyblivna investerare kommer vilja avyttra delar av sitt lager till förmån för andra varor, vilket trots allt var hela poängen med att köpa koppar från första början.

Efter att den monetära efterfrågan har lagt sig och alla andra parametrar är lika, kommer kopparmarknaden att återgå till sin ursprungliga nivå av tillgång och efterfrågan med en årlig produktion om 20 miljoner ton och ett pris på 5 000 dollar per ton. Men eftersom investerarna säljer sina innehav kommer priset tryckas ner ännu lägre. Miljardären i vårt exempel kommer i slutänden att ha förlorat pengar eftersom han köpt merparten av sitt innehav dyrare än 5 000 dollar per ton. Det var ju han som drev upp kursen från första början, och nu är hans sammanlagda innehav värt mindre än 5 000 dollar per ton. De som började investera efter miljardären har betalat ännu mer för sin koppar och kommer följaktligen att förlora ännu mer pengar.

Den här modellen är applicerbar på alla råvaror som främst konsumeras och förstörs snarare än lagras, exempelvis koppar, zink, nickel, mässing och olja. Den globala lagerhållningen för dessa råvaror vid varje given tidpunkt är i samma storleksordning som den årliga produktionen. Nytt utbud skapas kontinuerligt i syfte att konsumeras. Om folk skulle börja placera sina besparingar i någon av dessa råvaror skulle de bara komma över en bråkdel av den årliga produktionen innan priset ökade dramatiskt, eftersom de konkurrerar mot de industriella inköparna. Producenterna kan använda sina nya inkomster till att öka produktionen med följden att priset på råvaran återigen rasar och spararnas insatta värde minskar markant. Nettoeffekten av hela proceduren är att förmögenhet flyttas från de investerare som missbedömt situationen till de som producerar råvaran i fråga.

Detta är marknadsbubblornas anatomi. En ökad efterfrågan leder till en kraftig prisökning, vilket driver på ytterligare efterfrågan och fortsatt prisökning, vilket i sin tur skapar incitament för att öka produktionen och utbudet. Den oundvikliga följden blir att priserna rasar och alla som köpt in sig högre än det vanliga marknadsvärdet bestraffas. Investerarna ruineras medan producenterna belönas. Så har det fungerat för koppar liksom för i princip alla andra råvaror genom historien. De som väljer dessa råvaror som pengar blir av med sina besparingar i det långa loppet och råvarorna återfår till slut sin naturliga roll som marknadsvara snarare än bytesmedel.

För att något ska fungera som en god värdebevarare behöver denna fälla besegras: värdet ska stiga när efterfrågan på varan ökar, men varans producenter måste på något sätt hindras från att öka utbudet så mycket att priserna rasar. En sådan tillgång kommer i det långa loppet belöna de som väljer varan som värdebevarare. De som väljer andra råvaror kommer ställas inför valet att antingen byta till den mer framgångsrika varianten eller se sina besparingar försvinna.

Den överlägsna vinnaren i den här tävlingen har historiskt sett varit guld. Guld har lyckats behålla sin monetära roll tack vare två unika fysiska egenskaper som skiljer det från de flesta andra råvaror. För det första är guld så kemiskt stabilt att det i princip är oförstörbart, och för det andra kan guld inte framställas utifrån andra material (oavsett vad alkemisterna påstår), utan måste raffineras ur speciella malmer som är extremt sällsynta på vår planet.

Guldets kemiska stabilitet innebär att mer eller mindre allt guld som någonsin utvunnits fortfarande ägs av människor världen över. Mänskligheten har samlat på sig en ständigt växande mängd guld i form av smycken, mynt och tackor, vilka aldrig kommer konsumeras och som aldrig kommer rosta eller brytas ner. Att det inte går att framställa guld ur andra material innebär att det enda sättet att öka utbudet är genom gruvdrift, vilket är en dyr, giftig och osäker process som människan ägnat sig åt i tusentals år med kontinuerligt minskande avkastning. Allt detta betyder att de befintliga lagren av guld som människor jorden runt sitter på är resultatet av tusentals

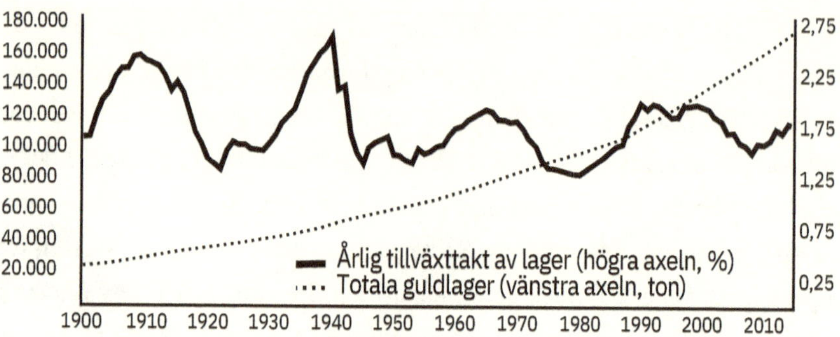

Figur 1: Globalt guldlager och dess årliga tillväxttakt[2]

år av guldproduktion och dessa lager är betydligt större än den nya årliga produktionen. Över de senaste sju decennierna har tillväxttakten av lagren hela tiden hållit sig runt 1,5 %, och har hittills aldrig överstigit 2 %. Se figur 1.

För att förstå skillnaden mellan guld och en konsumerbar råvara kan vi föreställa oss vilken effekt det skulle få om efterfrågan ökade så pass mycket att den årliga produktionen fördubblades. För konsumerbara råvaror skulle en fördubblad årlig produktion snabbt svämma över de befintliga lagren så att priserna sjönk dramatiskt. För guld däremot skulle en fördubbling innebära att befintliga lager utökades med 3 % om året istället för 1,5 %. Om den ökade produktionen höll i sig skulle de befintliga lagren växa och effekten av ytterligare ökningar skulle minska. I praktiken är det omöjligt för gruvbolag att bryta så stora mängder guld att priset påverkas nämnvärt.

Det enda som kommer i närheten av guld i detta avseende är silver, med en historisk genomsnittlig årlig tillväxttakt på 5–10%, och med en ökning till runt 20 % i modern tid. Tillväxten är högre än guldets av två anledningar. För det första rostar silver och kan konsumeras i industriella processer, vilket medför att de befintliga lagren är mindre i förhållande till den årliga produktionen. För det andra är silver inte lika sällsynt i jordskorpan och är dessutom lättare att raffinera. Eftersom silvret haft den näst bästa lager/inflödes-kvoten, och ett lägre värde per viktenhet

---

2 *Källa:* US Geological Survey. Global Gold Stockpiles and Annual Stockpile Growth Rate.

än guld, var det ett bra komplement till guld vid mindre transaktioner. När guldstandarden senare anammades var det möjligt att betala med papperspengar uppbackade av guld oavsett storlek på transaktionen, vilket beskrivs i kommande kapitel. Detta gjorde silvret som monetärt medium överflödigt och det övergick till att bli enbart en industriell metall, vilken tappade i värde i förhållande till guld. Som bekant representerar silver än idag andra plats i idrottssammanhang. Efter att 1800-talets tekniska framsteg gjort det möjligt att betala för produkter utan att behöva flytta det monetära mediet, innebar andraplatsen samma sak som att förlora tävlingen.

Detta är förklaringen till att silverbubblor har spruckit förr och kommer spricka på nytt om de blir uppblåsta igen. När betydande investeringar placeras i silver är det en enkel sak för producenterna att kraftigt öka utbudet och trycka ner priset och därmed tillskansa sig spararnas förmögenhet. Det mest kända exemplet på de mjuka pengarnas fälla handlar om silver. I slutet av 1970-talet bestämde sig de förmögna bröderna Hunt för att återupprätta silvrets status som pengar och köpte därför på sig enorma mängder silver, vilket drev upp priset. Deras plan var att i takt med ett stigande pris skulle ännu fler människor vilja köpa silver och på så vis öka priset ytterligare och därmed locka till sig än fler investerare. Brödernas tanke var att det skulle leda till att människor ville ta betalt i silver. Hur mycket bröderna Hunt än köpte upp visade det sig dock inte vara någon match för gruvbolag och andra innehavare att fortsätta dumpa silver på marknaden. Till slut kraschade priset och bröderna förlorade över en miljard dollar, sannolikt det högsta pris som någonsin betalats för en lektion i betydelsen av lager/inflödes-kvoten och varför allt inte är guld som glimmar.[3]

Som synes i figur 2 är det den konstant låga tillväxttakten som fått guld att behålla sin monetära roll genom mänsklighetens historia, en roll som det bibehåller än idag eftersom centralbanker har ett betydande guldinnehav för att skydda sina pappersvalutor. Officiella siffror visar att centralbanker innehar runt 33 000 ton guld, motsvarande en sjättedel av allt guld ovan jord.

---

3 Rudolph, Barbara. "Big Bill for a Bullion Binge." *TIME Magazine*, 29 Aug. 1988.

Figur 2: Befintligt lager i förhållande till den årliga produktionen [4]

Guldets höga lager/inflödes-kvot gör det till råvaran med lägst *priselastici-tet på utbudet*, vilket definieras som den procentuella ökningen av utbudet över den procentuella ökningen av priset. Eftersom det sammanlagda lagret av guld världen över är resultatet av tusentals års gruvdrift skulle ett ökat pris kunna leda till ökad gruvdrift, men ökningen hade varit försumbar i förhållande till det befintliga utbudet. Exempelvis steg guldpriset med 36 % år 2006, och för vilken annan råvara som helst skulle produktionen ha ökat avsevärt och svämmat över marknaden med prisras som följd. Istället blev 2006 års guldproduktion 2 370 ton, vilket var 100 ton mindre än under 2005, och minskade med ytterligare 10 ton under 2007. Det nya inflödet av guld var 1,67 % av befintligt utbud under 2005, 1,58 % av befintligt utbud under 2006 och 1,54 % av befintligt utbud under 2007. Priset på guld kan således stiga med 35 % utan att någon märkbar ökning av nytt utbud på marknaden nödvändigtvis inträffar. Enligt den amerikanska myndigheten US Geological Survey skedde den största årliga produktionsökningen år 1923, och ökade då med ungefär 15 %, vilket inte innebar en större ökning än 1,5 % av de redan befintliga lagren. Även om produktionen hade för-dubblats skulle de befintliga lagren inte ha utökats med mer än cirka 3–4 %. Den största årliga ökningen av befintliga lager inträffade 1940, då utbudet steg med omkring 2,6 %, och sedan 1942 har den årliga utbudsökningen aldrig varit över 2%.

---

4 Källa: Källa: US Geological Survey data for gold. Silver Institute data for silver. BP.com statistical review for oil. Författarens uppskattningar från mediekällor gällande koppar.

När konsten att producera metaller spred sig började forntida civilisationer i Kina, Indien och Egypten använda koppar som pengar. Även silver fick så småningom monetär status. Eftersom dessa metaller vid den tiden var svåra att tillverka gav det dem en god säljbarhet över tid och avstånd. Guld var hett eftertraktat i dessa civilisationer, men eftersom det var så pass sällsynt var säljbarheten vid transaktioner begränsad. Det var under antiken, i den moderna civilisationens vagga, som guld för första gången präglades till mynt under kung Krösus styre i riket Lydien, vilket vi numera känner som Turkiet. Guldets globala efterfrågan spred mynten kors och tvärs över jordklotet och blåste liv i den internationella handeln. Alltsedan dess har historiens skeenden varit tätt sammanbundna med pengarnas sundhet. Under tider och på platser där hårdvalutor dominerat har mänskliga civilisationer blomstrat, medan icke-hårdvalutor, det vill säga mjuka pengar, ofta har sammanfallit med civilisatoriska sammanbrott och samhälleliga kollapser.

Romarrikets gyllene år och kollaps

Det vanligast förekommande myntet i den romerska republiken var silvermyntet *denarius*, med en vikt på 3,9 gram. Samtidigt var guld alltjämt den mest värdefulla typen av pengar och guldmynt blev allt vanligare. Julius Caesar, den romerska republikens sista diktator, tog fram guldmyntet *aureus*, som bestod av drygt 8 gram guld. Mynten spreds och kom att accepteras i stora delar av Europa och runt Medelhavet, vilket bidrog till en ökad handel och specialisering. Den ekonomiska stabiliteten varade i 75 år, trots den politiska turbulens som följde i kölvattnet av mordet på Julius Caesar och som ledde till att republiken övergick till ett imperium under efterträdaren Augustus. Stabiliteten höll i sig ända tills den ökände kejsaren Nero kom till makten och började ägna sig åt så kallad "myntklippning"; en åtgärd som skulle komma att bli något av en romersk tradition. Detta innebar helt enkelt att kejsaren samlade in befolkningens mynt och präglade nya mynt med ett lägre guld- eller silverinnehåll.

Så länge romarna lyckades erövra nya landområden kunde soldater och kejsare leva gott på nya rikedomar och till och med köpa sig popularitet genom att besluta om artificiellt låga priser på säd och andra varor, eller rent av skänka bort dem gratis till befolkningen. Istället för att slita hårt på landsbygden valde många bönder att överge sina gårdar och flytta till Rom, där de helt gratis kunde åtnjuta en högre levnadsstandard. Med tiden tog dock ekonomiskt intressanta landområden slut och det krävdes nya inkomstkällor för att finansiera både lyxliv och militär. Samtidigt ökade hela tiden antalet icke-produktiva medborgare som levde på kejsarens generositet och prisregleringar. Nero regerade år 54–68 e.Kr. och han fann en formel lik den Keynes senare lade fram som lösning på USA:s och Storbritanniens problem efter andra världskriget. Båda genomförde en devalvering av valutan som i ett slag reducerade arbetarnas reallöner. Den tog också bort bördan alla statliga subventioner medfört och samtidigt förbättrades statsfinanserna

Aureusmyntets guldmängd reducerades från 8 till 7,2 gram och silvret i denariusmyntet minskade från 3,9 till 3,41 gram. Manövern gav förvisso ett tillfälligt andrum, men den satte också igång en destruktiv och självförstärkande ond spiral bestående av en arg befolkning, priskontroller, försämrad valuta och högre priser.[5]

Under Caracallas styre (211–217 e.Kr.) minskade guldhalten i aureusmynten ytterligare, ned till 6,5 gram, och under Diocletianus (284–305 e.Kr.) minskade den först till 5,5 gram innan det ersattes av solidusmyntet, som bara innehöll 4,5 gram guld. Under Diocletanius överinseende utarmades denariusmyntet, som till slut bara bestod av en bronskärna täckt av silver som försvann efter lite slitage. Därmed upphörde denarius tid som silvermynt. När denna typ av inflation eskalerade under 400- och 500-talen gjordes ett par misslyckade försök att dölja inflationen genom att reglera priset på vissa basvaror. När marknadskrafterna som svar på den nedvärderade valutan ville justera upp priserna satte olika maxtak stopp för detta,

---

5 Se Robert Schuettingers och Eamonn Butlers mycket underhållande verk *Forty Centuries of Price and Wage Controls: How Not to Fight Inflation.*

vilket ledde till att det inte längre var lönsamt att ägna sig åt produktion av dessa varor. Därmed avstannade produktionen fram till dess att nya lagar tillät en friare prissättning.

Denna minskning av pengarnas värde resulterade i imperiets långsamma undergång, genom en ond cirkel som kan tyckas bekant för dagens läsare: myntklippning, som minskade aureusmyntets verkliga värde jämte ökandet av penningmängden, så att kejsaren kunde fortsätta sitt vårdslösa spenderande. Det resulterade till slut i inflation och ekonomiska kriser som den oförståndiga kejsaren försökte komma till rätta med genom ytterligare myntklippning. Ferdinand Lips summerar den här processen med en läxa för vår tid:

> Det borde vara av intresse för moderna keynesianska ekonomer, liksom för den nuvarande generationen av investerare, att även om kejsarna i Rom frenetiskt försökte "hantera" sina ekonomier, lyckades de bara göra saken värre. Pris- och löneregleringar och lagar om godkända betalningsmedel antogs, men det var som att försöka hålla tillbaka tidvattnet. Upplopp, korruption, laglöshet och en galen aptit för spekulation och spel uppslukade imperiet som pesten. Med så pass otillförlitliga och försvagade pengar blev det mycket attraktivare att spekulera i råvaror än att producera dem.[6]

De långsiktiga konsekvenserna för Romarriket var förödande. Det fanns en mängd statliga hinder för ekonomisk aktivitet kvar och därför kunde Romarriket inte räknas som en ren kapitalistisk marknadsekonomi. Trots att aureusmyntets värde urholkats etablerades ändå den dittills största marknaden i mänsklighetens historia, med större och mer produktiv arbetskraft än världen någonsin tidigare skådat.[7] Medborgare i Rom och de stora städerna fick sina grundläggande förnödenheter genom handel med imperiets avlägsna hörn. Detta är en central insikt som behövs för att förklara välståndets tillväxt och den förödande kollaps som imperiet sedermera drabbades av när denna arbetsfördelning föll samman. När skatterna steg och inflationen ledde till att priskontroll inte fungerade började folket i städerna fly ut till

---

6 Lips, Ferdinand. *Gold Wars: The Battle Against Sound Money as Seen from a Swiss Perspective*. New York, Foundation for the Advancement of Monetary Education, 2001.
7 Mises, Ludwig von. *Human Action: The Scholar's Edition*. Auburn, AL, Ludwig von Mises Institute, 1998.

ödemarken, där de åtminstone kunde ha en chans att leva i självförsörjning. Deras brist på inkomst förskonade dem också från att behöva betala skatt. Romarrikets invecklade samhällsbyggnad och den stora arbetsfördelningen över hela Europa och Medelhavet började falla sönder, och rikets ättlingar blev utspridda som isolerade självförsörjande bönder. Senare hamnade många av dem i klorna på feodalherrar som gjorde dem livegna.[8]

Bysantinska riket och bezanten

Kejsare Diocletianus kommer för alltid associeras med tveksam finans- och penningpolitik; Romarriket nådde sin lägstapunkt under hans styre. Ett år efter att han abdikerat tog dock Konstantin den store över och lyckades vända utvecklingen genom att anamma en ansvarsfull finanspolitik och introducera ett flertal reformer. Konstantin, som var den första kristna kejsaren, beslutade att solidusmyntet skulle behålla sin guldhalt på 4,5 gram, utan någon myntklippning eller devalvering och lät år 312 e.Kr. mynta dessa i stor mängd. Han flyttade österut och grundade Konstantinopel där Asien mötte Europa, vilket lade grunden för det Östromerska riket, även kallat det Bysantinska riket. Där blev solidusmyntet det vanligaste betalningsmedlet. Medan Roms ekonomiska, sociala och kulturella förfall fortskred, för att slutligen kollapsa år 476 e.Kr., överlevde Bysantinska riket i över tusen år och solidusmyntet blev världshistoriens längst tjänande hårdvaluta.

Konstantins arv gällande att upprätthålla integriteten på solidusmyntet gjorde att det blev världens mest igenkända och allmänt accepterade valuta. Myntet kom att kallas *bezant*. Medan Rom stod i lågor under ledning av kejsare som saknade ekonomiska medel och inte kunde betala sina soldater växte och frodades Konstantinopel i många hundra år därefter, tack vare en ansvarsfull finans- och penningpolitik. Samtidigt som vandaler och

---

8 Livegenskap innebär en form av egendomsförhållande där en persons kropp tillhör en annan; en form av slaveri. Det används främst för att beteckna vissa bönders brist på frihet i förhållande till jordägarna i romartidens godssystem till medeltiden och senare tiders feodala Europa.

visigoter härjade fritt i Rom fortsatte Konstantinopels välstånd, och staden var fri från invasioner i hundratals år. Precis som Rom föll Konstantinopel samman först efter att de styrande började devalvera valutan, en process historikerna tror inleddes under Konstantin IX Monomachos (1042–1055).[9] I efterdyningarna av den monetära nedgången kom finansiella, militära, kulturella och andliga nedgångar. Riket kämpade sig genom olika kriser tills det år 1453 övertogs av ottomanerna.

Till och med efter att bezanten devalverats och dess imperium fallit, levde den vidare genom att inspirera en annan form av hårda pengar som fortsätter att cirkulera än idag trots att de inte längre är officiell valuta för någon nation. Det är den islamiska dinaren. När utövandet av islam ökade under Bysantinska rikets guldålder cirkulerade bezanten och mynt som liknade den i vikt och storlek i de regioner dit islam spridits. Kalifen av Umayyad, Abdul-Malik ibn Marwan, standardiserade år 697 e.Kr. den islamiska dinarens vikt och värde, och den präglades med den islamiska *shahada*-trosbekännelsen. Umayyad-dynastin föll och åtföljdes av flera andra islamiska stater, men ändå fortsatte dinaren att innehas och cirkulera allmänt i islamiska regioner med bezantens ursprungliga vikt- och storleksmått. Dinaren är än idag vanligt förekommande som hemgift eller gåva och används vid olika religiösa och traditionella ceremonier. Till skillnad från det Romerska och Bysantinska riket var de arabiska och muslimska civilisationernas kollapser genom tiderna inte kopplade till valutan, eftersom de i århundraden slog vakt om integriteten i sina valutor. Solidus, som först präglades av Diocletianus år 301, bytte namn till bezanten och sedan till den islamiska dinaren, men den fortsätter att cirkulera än idag. Människor världen över har använt detta mynt i mer än tusen år för transaktioner och det visar därmed tydligt på guldets säljbarhet över tid.

---

9 Luscombe, David, och Jonathan Riley-Smith. *The New Cambridge Medieval History: Volume 4, C.1024-1198*. Cambridge University Press, 2008, sid. 255.

Renässansen

Efter Romarrikets ekonomiska och militära kollaps blev feodalismen det dominerande sättet att organisera samhället. Förstörelsen av sunda pengar var avgörande när det kom till att förvandla de tidigare fria medborgarna i Romarriket till livegna bönder under lokala feodalherrar. Guldet koncentrerades till feodalherrarnas händer och de pengar som framförallt var tillgängliga för Europas bönder vid den här tiden var koppar- och bronsmynt. Dock var de sistnämnda valutorna lätta att skapa, och på grund av framsteg inom metallurgin kunde dessa överproduceras genom industriproduktion. Koppar- och bronsmynt fungerade därför synnerligen dåligt som värdebevarare. Detsamma gällde för silvermynten, vilka det ofta fuskades med och dessutom var de inte var standardiserade över kontinenten. De hade därför en sämre säljbarhet över avstånd, vilket begränsade den kontinentala handeln.

Den europeiska befolkningens förmögenheter och besparingar hade förstörts av beskattning och inflation. Nya generationer européer kom till världen utan något ansamlat kapital från sina äldre släktingar och frånvaron av en allmänt accepterad sund monetär standard begränsade kraftigt möjligheterna till handel. Samhällen avgränsades från varandra. En trångsynthet växte fram och välmående samhällen som tidigare ägnat sig åt civiliserad handel föll ner i ett mörker av feodalism, sjukdomar, inskränkthet och religiös förföljelse.

Att det var uppkomsten av stadsstater som drog upp Europa ur den mörka medeltiden och in i renässansen är allmänt erkänt. Att sunda pengar också spelade en viktig roll är inte lika vedertaget. Det var i stadsstaterna människor kunde leva med friheten att arbeta, producera, handla och frodas, och detta var till stor del ett resultat av att dessa stadsstater antog en sund monetär standard. Det hela började i Florens år 1252 då staden präglade florinmyntet, den första större sunda myntningen sedan Julius Caesars aureusmynt. Florens var Europas kommersiella centrum och florinen blev därför Europas huvudsakliga bytesmedel, vilket medförde att florentinska bankverksamheter kunde expandera över hela kontinenten.

Den första staden att följa Florens exempel var Venedig, som år 1270 präglade dukatmyntet med samma specifikationer som florinen, och vid slutet av 1300-talet hade mer än 150 europeiska stater och städer präglat mynt med florinens specifikationer. Detta gav medborgarna friheten att samla förmögenhet och handla med sunda pengar med god säljbarhet över tid och avstånd, och som vid behov kunde delas upp i mindre delar. Med de europeiska böndernas ekonomiska befrielse kom de politiska, vetenskapliga, intellektuella och kulturella framgångarna till de italienska stadsstaterna, och spred sig senare vidare över den europeiska kontinenten. Oavsett stad – Rom, Konstantinopel, Florens eller Venedig – visar historien att en sund monetär standard är en nödvändig förutsättning för mänsklig framgång och att samhällen i frånvaron av en sådan snart står på randen till en avgrund av barbari och förstörelse.

Trots att perioden som följde efter införandet av florinen innebar att fler européer fick tillgång till en pålitlig hårdvaluta som var baserad på guld och silver, att använda vid handel var situationen långt ifrån perfekt. Regelbundet uppstod perioder när de styrande devalverade folkets pengar i syfte att finansiera krig eller täcka upp för överdådiga utgifter. De fysiska guld- och silvermynten kompletterade varandra: guldets höga lager/inflödes-kvot gjorde det till en god värdebevarare på lång sikt och ett medel för större betalningar, medan silvrets lägre värde per viktenhet gjorde det lämpat för mindre transaktioner och för innehav under kortare perioder. Det här upplägget hade alltså sina fördelar, men också en stor nackdel: den fluktuerande växlingskursen mellan guld och silver skapade handels- och beräkningsproblem. De försök som gjordes att fixera de två valutornas kurser i förhållande till varandra var dömda att misslyckas. Till slut avgjorde guldets monetära egenskaper och guld blev den föredragna metallen.

När makthavarna fixerade kursen mellan de två metallerna förändrades incitamenten för sparande och spenderande. Denna situation var i Europa och resten av världen ett faktum i hundratals år, men precis som när salt, boskap och snäckskal övergavs till förmån för metaller, var det de tekniska framstegen som levererade lösningen på detta problem.

Särskilt två tekniska framsteg bidrog till att Europa och resten av världen övergav de fysiska mynten och att silvrets monetära roll upphörde. Dels tillkom telegrafen som rullades ut kommersiellt år 1837, och dels möjliggjorde det växande järnvägsnätet transporter över hela Europa. Med dessa två innovationer blev det möjligt för banker att kommunicera med varandra och effektivt skicka betalningar över längre avstånd samt att debitera konton istället för att behöva skicka fysiska betalningar. Detta ledde till en ökad användning av räkningar, checkar och papperskvitton som monetära medel istället för fysiska guld- och silvermynt.

Många länder övergick till en monetär standard byggd på papper uppbackade av ädelmetaller förvarade i bankvalv, som också kunde lösas in vid behov. Vissa valde guld och andra silver; ett ödesdigert beslut som skulle få enorma konsekvenser. Storbritannien var de första att år 1717 anta en modern guldstandard. Arbetet leddes av fysikern Isaac Newton, då direktör på det brittiska myntverket Royal Mint. Guldstandarden kom att spela en stor roll i främjandet av nationens globala handel över hela imperiet. Storbritannien höll fast vid guldstandarden fram till 1914, med undantag för en period under Napoleonkrigen mellan åren 1797 och 1821. Brittiska imperiets framgångar hade ett tydligt samband med denna överlägsna monetära standard, och andra europeiska länder skulle snart ta efter. Slutet av Napoleonkrigen markerade begynnelsen av Europas guldålder, då de stora europeiska nationerna en efter en antog guldstandarden. Ju fler länder som officiellt antog guldstandarden, desto mer säljbart blev guldet och incitamenten ökade ytterligare för andra länder att ansluta sig.

Istället för att handha guld- och silvermynt för stora och små transaktioner kunde folket nu lagra sitt guld och sin förmögenhet i bankvalv och använda papperskvitton, sedlar och checkar för att göra betalningar av alla storlekar. Mottagaren av ett papperskvitto kunde i sin tur använda det för vidare betalningar. Bankerna sinsemellan kvittade varandras utestående räkningar och sedlar vartefter de kom till banken igen och checkar kunde lösas in hos de banker som utfärdat dem. Detta löste problemet med guldets säljbarhet över kvantitet och guld blev då det bästa monetära mediet, så länge bankerna som förvarade guldet inte ökade utbudet av de papperskvitton de utfärdade.

När användandet av denna nya pappersmedia uppbackad av fysiskt guld i bankvalv kunde användas som betalning oavsett storlek på transaktionen, fanns det inte längre något egentligt behov av att använda silver för mindre betalningar. Dödsstöten för silvrets monetära roll kom under slutet på fransk-tyska kriget, då Frankrike tvingades betala skadestånd till Tyskland på 200 miljoner pund i just guld, vilket underlättade för tyskarna att ta steget över till guldstandarden. När Tyskland nu anslöt sig till Storbritannien, Holland, Schweiz, Belgien och andra användare av guldstandarden, hade den monetära pendeln tydligt svängt över till guldets fördel. Nationer och individer världen över som använde sig av silver fick följaktligen erfara en ständigt minskande köpkraft och ständigt ökande incitament att gå över till guld. Indien övergick från silver till guld 1898, medan Kina och Hongkong var de sista ekonomierna att överge silverstandarden år 1935.

Så länge guld och silver användes för direktbetalningar spelade de båda en monetär roll och deras inbördes prissättning var relativt konstant gentemot varandra över tid; kilopriset på guld var 12–15 gånger högre än priset på silver. Skillnaden korresponderade mot deras relativa förekomst i jordskorpan samt den relativa svårigheten, och därmed kostnaden, att extrahera dem. När papper och andra finansiella instrument som backades av dessa metaller ökade i popularitet fanns inget behov av silver. Nationers och individers övergång till guld innebar ett betydande prisras på silver, från vilket det aldrig skulle återhämta sig. Det genomsnittliga förhållandet mellan de två metallerna under 1900-talet var 47:1. År 2017 hade det ökat till 75:1. Medan guld fortfarande har en monetär roll att spela, vilket bevisas av centralbankernas hamstrande, har silver nu förlorat sin monetära roll. Se figur 3.

Avmonetiseringen av silver hade en markant negativ effekt på de nationer som vid denna tid använde det som monetär standard. Indien bevittnade

Figur 3: Pris på guld uttryckt i ounce silver, 1687-2017.[10]

en kontinuerlig devalvering av sin rupie jämfört med guldbaserade europeiska länder, vilket ledde till att det brittiska kolonialstyret ökade skatterna för att finansiera sin verksamhet, som i sin tur resulterade i ökat missnöje och förbittring gentemot den brittiska kolonialismen. När Indien övergick till att backa upp rupien med det gulduppbackade pundet år 1898 hade den silveruppbackade rupien tappat 56 % av sitt värde sedan slutet på fransktyska kriget. Kina, som höll fast vid silverstandarden fram till 1935, såg sitt silver (i olika namn och former) tappa 78 % av sitt värde över samma period. Det är författarens uppfattning att Kinas och Indiens historia, och deras misslyckande att komma ikapp västvärlden under 1900-talet, är direkt kopplad till denna massiva förstörelse av förmögenhet och kapital, orsakad av avmonetiseringen av metallen de använde som pengar. Avmonetiseringen av silvret innebar i praktiken att kineser och indier försattes i en situation liknande den de västafrikanska ägarna av aggry-pärlor hamnat i vid tiden för européernas entré. När inhemska hårda pengar var mjuka pengar för utlänningar, och dessa pengar drevs ut av utländska hårda pengar, blev det möjligt för utlänningar att kontrollera och äga allt större mängder av Kinas och Indiens kapital och resurser. Detta är en historielektion av enorma proportioner, som ska hållas i åtanke av den som tror att ett avfärdande av bitcoin innebär att man inte behöver bry sig om denna nya valuta som växer fram. Historien visar att det inte går att isolera sig från konsekvenserna

---

10 Källa: Officer, Lawrence H., och Samuel H. Williamson. *The Price of Gold, 1257–Present.* MeasuringWorth, 2017, measuringworth.com/gold

som följer av att omgivningen innehar hårdare pengar än en själv.

När guldet hamnade i händerna på alltmer centraliserade banker fick det säljbarhet över tid, kvantitet och avstånd, men förlorade sin egenskap som kontantpengar. Detta gjorde betalningar med guld beroende av finansiella och politiska myndigheters samtycke till att utfärda kvitton, godkänna checkar och att inneha guldet. Tragiskt nog kunde guldets problem med säljbarhet över kvantitet, tid och avstånd bara lösas genom centralisering, och därmed föll guldet offer för det huvudsakliga problem ekonomer fokuserat på under 1900-talet: det individuella självägarskapet och suveräniteten över pengar samt pengars motståndskraft mot staters centraliserade kontroll. Det är därför lätt att inse varför ekonomer som Menger på 1800-talet fokuserade sina studier om sunda pengar på pengarnas säljbarhet som marknadsgods, medan ekonomer på 1900-talet, likt Mises, Hayek, Rothbard och Salerno, fokuserade sina analyser av sunda pengar på pengarnas förmåga att inte kunna kontrolleras av en central makt. Då akilleshälen för 1900-talets pengar var deras centralisering i staternas händer kommer vi senare se hur pengar uppfunna på 2000-talet – bitcoin – utformats främst för att undvika centraliserad kontroll.

La Belle Époque

Slutet på det fransk-tyska kriget år 1871 och det efterföljande skiftet hos alla europeiska stormakter till en gemensam monetär standard, guldet, ledde till en period av framgång och välstånd som i efterhand framstår alltmer otrolig. Det kan nog hävdas att 1800-talet – i synnerhet dess andra halva – var den främsta period mänskligheten någonsin sett beträffande framgång, innovation och prestation. Guldets monetära roll var en helt avgörande faktor. När silver och andra bytesmedel successivt avmonetiserades och en majoritet av jordens befolkning anammade en och samma guldstandard, bidrog framstegen inom telekommunikation och transport till en global kapitalackumulation och handel världen aldrig tidigare skådat.

De olika valutorna motsvarade olika viktenheter av fysiskt guld och

Valuta	Period under guldstandarden	År
Fransk franc	1814–1914	100 år
Nederländska gulden	1816–1914	98 år
Brittiskt pund	1821–1914	93 år
Schweiziska franc	1850–1936	86 år
Belgisk franc	1832–1914	82 år
Svensk krona	1873–1931	58 år
Tysk D-mark	1875–1914	39 år
Italienska lira	1883–1914	31 år

Tabell 1: Stora europeiska ekonomier under guldstandarden.[11]

växlingskursen mellan två nationers valutor krävde inget mer än en konvertering av viktenheterna, lika lätt som att omräkna tum till centimeter. På samma sätt som vi idag använder olika längdmått i olika delar av världen, var nationella valutor bara olika sätt att mäta ekonomiskt värde i guld, som var den gemensamma värdebevararen. Vissa länders guldmynt var tämligen säljbara i andra länder eftersom de bara var just guld. Respektive lands penningmängd var inte någon variabel som bestämdes av centrala planeringskommittéer bestående av akademiker, utan det naturliga resultatet av marknaden. Människor sparade så mycket pengar de ville och spenderade så mycket de behagade på inhemsk eller utländsk produktion, och den faktiska penningmängden kunde inte ens mätas på något enkelt sätt.

Pengarnas hårdhet återspeglades i en växande global frihandel, men framförallt märktes det i form ett ökat sparande i majoriteten av de samhällen vilka antagit guldstandarden. Detta bäddade för en kapitalackumulation som finansierade industrialiseringen, urbaniseringen och de tekniska framsteg som format vår moderna värld. Se tabell 1.

År 1900 hade omkring 50 nationer officiellt anslutit sig till guldstandarden, däribland alla industrialiserade nationer. Nationer utan officiell

---

11 Källa: Lips, Ferdinand. *Gold Wars: The Battle Against Sound Money as Seen from a Swiss Perspective*. New York, Foundation for the Advancement of Monetary Education, 2001.

guldstandard använde sig ändå av guldmynt som sitt huvudsakliga bytesmedel vid handel. Några av mänsklighetens viktigaste tekniska, medicinska, ekonomiska och konstnärliga prestationer skedde under guldstandardens tid, vilket delvis förklarar varför perioden kallades *la belle époque*, den vackra eran, över hela Europa. Storbritannien bevittnade toppåren för Pax Britannica, då det brittiska imperiet expanderade över hela världen utan att vara engagerat i några stora militära konflikter. År 1899, när den amerikanska författaren Nellie Bly gav sig ut på sin rekordresa, jorden runt på 72 dagar, bar hon med sig brittiska guldmynt och sedlar från Bank of England.[12] Hon kunde resa runt hela jorden och överallt använda sig av en enda form av pengar.

I USA kallades denna period *Gilded Age* eller *Förgyllda åldern* och var tiden som följde efter att det amerikanska inbördeskriget tagit slut. Då återinfördes år 1879 guldstandarden och den ekonomiska tillväxten blomstrade. Friden stördes endast av en episod med monetär galenskap, när finansdepartementet försökte göra silver till giltigt betalningsmedel genom att lagstifta dess officiella status till att vara pengar. Detta blev dödsstöten för silvrets roll som pengar, vilket diskuteras närmare i kapitel 6. Finansdepartementets agerande orsakade en avsevärd ökning av penningmängden och det uppstod en bankrusning med folk benägna att sälja silver och statsobligationer i utbyte mot guld. Resultatet blev 1893 års finanskris, efter vilken den amerikanska tillväxten kunde fortsätta.

Med majoriteten av världen på en och samma sunda monetära standard följde en period av oöverträffad kapitalackumulation, global handel, statlig återhållsamhet och förbättrad levnadsstandard över hela världen. Det var inte bara västvärldens ekonomier som vid den här tiden åtnjöt ett stort mått av frihet, samhällena i sig var betydligt friare. De statliga byråkratier som ägnade sig åt detaljstyrning av medborgarnas liv var få. Ludvig von Mises uttryckte det så här:

---

12 Bly, Nellie. *Around the World in Seventy-Two Days*. New York, Pictorial Weeklies, 1890.

Guldstandarden var den standard som gällde i världen under kapitalismens tidsålder, med ökat välstånd, frihet och både politisk och ekonomisk demokrati. Enligt frihandlarna var guldstandardens största förtjänst just att den var en internationell standard, vilket krävdes för den internationella handeln och transaktioner på den internationella penning- och kapitalmarknaden. Det var med detta bytesmedel som västerländsk industrialism och kapitalism tog den västerländska civilisationen till jordens mest avlägsna platser. Överallt utplånade den gamla fördomar och vidskepligheter, sådde nytt liv och nytt välstånd, befriade sinnen och själar, och skapade rikedomar som aldrig tidigare hade skådats. Guldstandarden gick sida vid sida med de triumfartade framgångar som den västerländska liberalismen skördade, redo att förena alla länder till ett samfund av fria nationer som fredligt samarbetade med varandra. Det är lätt att förstå varför människor betraktade guldstandarden som symbolen för denna fantastiska historiska förändring.[13]

Denna värld kollapsade under det katastrofala året 1914, som inte bara var året då första världskriget utbröt, utan också året då världens stora ekonomier lämnade guldstandarden och ersatte den med statliga mjuka pengar. Endast Schweiz och Sverige, som förblev neutrala under första världskriget, höll fast vid guldstandarden in på 1930-talet. Därefter inleddes eran av statskontrollerade pengar, med katastrofala konsekvenser som följd.

Trots att 1800-talets guldstandard kan hävdas vara det närmsta världen har kommit en optimal form av sunda pengar, hade den ändå sina brister. För det första skapade regeringar och banker hela tiden mer värdepapper än vad som motsvarades av guldet i valven. För det andra var det många länder som inte bara hade guld i sina reserver, utan också utländska valutor. Storbritannien, den globala stormakten vid den här tiden, gynnades av att dess valuta användes som reservvaluta runt om i världen, vilket resulterade i att guldreserverna endast utgjorde en liten del av den utestående penningmängden. Den växande internationella handeln baserades på transaktioner med stora mängder pengar, och många betraktade då Bank of Englands sedlar som "lika bra som guld". Även om guldet var en väldigt hård form

---

13 Mises, Ludwig von. *Human Action: The Scholar's Edition*. sid. 472-473.

av pengar blev de instrument som centralbankerna använde för att flytta pengar mellan sig, trots att de var nominellt inlösbara i guld, i praktiken lättare att producera än guld.

Dessa två brister innebar att guldstandarden hela tiden riskerade en *guldrusning*, alltså att omständigheter skulle kunna leda till att en stor andel av befolkningen kräver inlösen av sina papperspengar mot guld. Den största svagheten hos guldstandarden som kan förklara båda dessa problem är att avräkningar i fysiskt guld är besvärliga, dyra och osäkra. En förutsättning för att guldstandarden skulle fungera var därför en centralisering av fysiska guldreserver på några få platser – banker och centralbanker – där de exponerades för risken att övertas av stater. Eftersom antalet betalningar och avräkningar i fysiskt guld var en oändligt liten del av det totala antalet betalningar, kunde bankerna och centralbankerna skapa pengar utan att inneha fysiskt guld. Nätverket för avräkningar blev så värdefullt att dess ägare i praktiken kunde skapa krediter vilka betraktades som pengar. När det blev uppenbart för myndigheter att bankverksamhet kom att innebära förmågan att skapa pengar började staterna luta mot att överta banksektorn via centralbankerna. Frestelsen blev alltför stor och den praktiskt taget oändliga rikedom som detta säkrade kunde inte bara tysta motståndare, utan också finansiera propaganda för främjandet av sådana idéer. Guld erbjöd ingen mekanism för att hålla tillbaka de styrande ledarna, utan förutsatte en tillit till att guldstandarden inte missbrukades och att befolkningen förhöll sig ständigt vaksam mot dem. Detta må ha varit möjligt hos en högutbildad befolkning som känner till farorna med osunda pengar, men för varje generation som passerar uppvisas en allt större intellektuell självbelåtenhet, vilket ofta hänger ihop med ökad rikedom och levnadsstandard.[14] Lurendrejare och gycklar-ekonomer skulle visa sig vara alltmer oemotståndliga i allmänhetens ögon. I denna övergång kämpade en minoritet av kunniga ekonomer och historiker i uppförsbacke med att övertyga folk om att rikedom inte kan skapas genom att manipulera penningmängden, att

14 Glubb, John. *The Fate of Empires and Search for Survival.* Edinburgh, Scotland, William Blackwood and Sons, 1978.

statskontrollerade pengar endast kommer leda till att staten utökar sin makt över allas liv och att den civiliserade människans själva väsen vilar på att pengarnas integritet ger en trygg grund för handel och kapitalackumulation.

Guld som centraliseras riskerar att utnyttjas av dess fiender och guld hade helt enkelt för många fiender, vilket Mises insåg:

> Nationalisterna bekämpar guldstandarden eftersom de vill skära av sina länder från världsmarknaden och upprätta ett nationellt självförsörjande, i så stor utsträckning som möjligt. Interventionistiska regeringar och intressegrupper bekämpar guldstandarden eftersom de anser att den är det största hindret för deras strävan att manipulera priserna och lönenivåerna. Men guldets mest fanatiska motståndare är expansionen av penningmängden. För dem är kreditexpansion ett universalmedel som botar alla ekonomiska sjukdomar.[...]
>
> Guldstandarden gör det omöjligt för politiker att påverka valutans köpkraft. Allmän acceptans för guldstandarden förutsätter kunskap om att människor inte kan göras rikare av att trycka pengar. Avskyn mot guldstandarden finner sitt stöd i den vidskepliga föreställningen att allsmäktiga regeringar kan skapa värde ur små papperslappar. [...] Människor bekämpar guldstandarden för att de vill byta ut frihandel mot nationell självförsörjning, fred mot krig och frihet mot totalitär statlig allsmäktighet.[15]

1900-talet inleddes med att stater tog kontrollen över sina medborgares guld genom inrättandet av den moderna centralbanken. När första världskriget startade kunde dessa stater utöka penningmängden bortom sina guldreserver, vilket minskade värdet på deras valutor. Ändå fortsatte centralbanker att konfiskera och samla på sig guld ända fram till 1960-talet, då övergången till en global standard med amerikanska dollar tagit form. Även om det påstås att guldet helt förlorade sin monetära roll 1971 fortsatte centralbankerna inneha betydande guldreserver och sålde bara av dem i långsam takt, fram tills att de under det senaste decenniet återigen började köpa in guld. Även om centralbanker vid upprepade tillfällen uttalat att guldets monetära roll upphört, talar deras fortsatta guldinnehav emot detta. Ur ett monetärt konkurrensperspektiv är det ett fullt rationellt beslut av bankerna

---

15 Mises, Ludwig von., *Human Action: The Scholar's Edition*. p. 473.

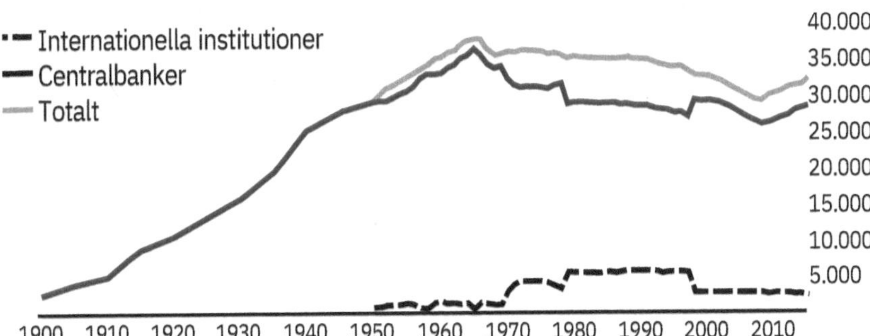

Figur 4: Centralbankers och internationella institutioners officiella innehav av guld, ton[16]

att behålla sina guldreserver. Att hålla reserver av utländska staters mjuka och inflationära pengar kommer bara leda till att värdet på den egna valutan devalveras tillsammans med reservvalutorna. Seignioraget, å andra sidan, vilket innebär att det går att tjäna pengar på att ge ut nya pengar och oftast bara gäller för nationalstater, tillfaller den som ger ut den utländska valutan – alltså inte den egna centralbanken. För övrigt skulle guldet troligtvis köpas upp snabbt utan något större pristapp om centralbankerna sålde sina guldinnehav, som uppskattas till 20 % av världens totala guldlager. Guld är nämligen mycket eftertraktat för sina industriella och estetiska användningsområden. Därmed skulle centralbankerna stå helt utan guldreserver. Den monetära konkurrensen mellan mjuka statliga pengar och hårt guld kommer troligen till slut leda till en ensam vinnare. Inte ens i en värld av statliga pengar har staterna lyckats lagstifta bort guldets monetära roll. Deras eget agerande talar sitt tydliga språk, vilket syns i figur 4.

---

16 Källa: World Gold Council. *Reserve Statistics* gold.org/goldhub/data/monthly-central-bank-statistics

KAPITEL 4

STATLIGA PENGAR

Första världskriget innebar slutet på eran där den fria marknaden valt det monetära mediet, och markerade början på eran av statliga pengar. Även om guld än idag spelar en roll i det monetära systemet är det framförallt statliga förordningar, beslut och penningpolitik som i allt väsentligt präglar dagens monetära verklighet snarare än individuella val. Det vedertagna namnet för statliga pengar är *fiatpengar*, som härrör från det latinska ordet för förordning eller bemyndigande. När man pratar om statliga pengar finns det två viktiga aspekter att känna till. För det första är det en enorm skillnad mellan statliga pengar som kan lösas in mot guld och statliga pengar som inte kan lösas in mot något alls, även om båda varianter styrs av staten. Under en guldstandard är guld pengar och statens ansvar är att prägla standardiserade enheter av metallen och trycka upp papperssedlar vars värde garanteras av guldet. Staten har då ingen makt över tillgången på guldet i ekonomin och befolkningen kan när som helst lösa in sina sedlar mot fysiskt guld eller använda sig direkt av guld i andra former, såsom guldtackor eller utländska mynt. Med icke-inlösbara statliga pengar däremot är det statens papper som är själva pengarna, och staten kan utöka penningmängden som den behagar. Den som väljer en annan typ av pengar att handla med, eller försöker tillverka mer statliga pengar, riskerar att bestraffas.

För det andra har, namnet till trots, inga fiatpengar tillkommit genom statliga *fiat*; (förordningar). Alla har ursprungligen varit inlösbara i guld, silver eller i andra valutor som i sin tur var inlösbara i guld eller silver. Endast genom möjligheten att vara inlösbara i säljbara former av pengar kunde de statliga pengarna själva bli säljbara. Stater kan lagstifta om att deras papperslappar ska användas som pengar, men ingen stat har hittills infört fiatpengar om de inte först varit inlösbara i guld och silver. Alla statliga centralbanker har än idag reserver för att backa upp värdet av sin nationella valuta. Majoriteten av världens länder håller en viss del guld i sina reserver, och de länder som inte har guldreserver upprätthåller reserver i form av andra länders fiatvalutor, vilka i sin tur stöds av guldreserver. Det existerar överhuvudtaget ingen ren fiatvaluta som helt saknar uppbackning. Enligt den allmänt vedertagna teorin om pengar var det staten som utsåg guld till pengar, vilket är helt felaktigt. Tvärtom var det tack vare att staterna ägde stora mängder guld som de kunde få folk att acceptera och lita på pengarna de utfärdade.

De tidigaste fiatpengarna man känner till var *jiaozi*, en pappersvaluta utfärdad av Songdynastin i 900-talets Kina. Ursprungligen var jiaozi en kvittens för guld och silver, men med tiden tog de styrande kontrollen över utfärdandet, upphävde inlösbarheten och tryckte mer pengar, tills valutan slutligen kollapsade. Även Yuandynastin utfärdade en fiatvaluta, kallad *chao*. Detta var år 1260. Precis som tidigare utökades penningmängden långt utöver den mängd metaller som backade upp valutan, med förutsägbart katastrofala följder. När värdet på befolkningens pengar kollapsade föll människorna ner i total fattigdom; så djupt att många bönder tvingades sälja sina egna barn till slaveri för att på så sätt betala av sina skulder.

Statliga pengar har vissa uppenbara likheter med de primitiva pengar som diskuterades i kapitel 2 i det att dess utbud snabbt kan utökas, vilket leder till att pengarna plötsligt tappar i säljbarhet, köpkraften utarmas och dess innehavare blir fattigare. I det avseendet skiljer sig statliga pengar från guld, vars utbud inte lätt kan utökas tack vare metallens fundamentala kemiska egenskaper. Eftersom stater kräver att skatter betalas med deras egen valuta bidrar det till en lång livslängd för den typen av pengar, men värdeminskningar kan bara undvikas i den mån staterna kan förhindra att penningmängden snabbt utökas. Vid en jämförelse av olika nationella valutor finner man att de viktigaste och mest använda valutorna har en lägre årlig ökning av penningmängden än de valutor som har lägre säljbarhet.

Monetär nationalism och slutet på den fria världen

I slutet av förra kapitlet citerades Mises där han visar på de många fienderna till hårdvalutor. En mindre konflikt i centraleuropa år 1914 utvecklades till att bli mänsklighetens första världskrig och var också det som slutligen besegrade guldstandarden. Knappast någon hade vid krigets början kunnat föreställa sig att det skulle pågå så pass länge och innebära så stora förluster som det faktiskt gjorde. Brittiska tidningar kallade kriget för *August Bank Holiday War* och såg framför sig en snabb och framgångsrik sommarutflykt för de egna trupperna. Känslan var att det handlade om en begränsad konflikt och årtionden med relativ fred på kontinenten hade skapat en ny generation européer oförmögna att inse de troliga konsekvenserna av att gå i krig. Än idag saknar historiker övertygande strategiska eller geopolitiska förklaringar till hur en konflikt mellan Österrike-Ungern och serbiska separatister kunde utlösa ett globalt krig som krävde miljontals människors liv och drastiskt ritade om världskartan.

I efterhand kan konstateras att den stora skillnaden mellan första världskriget och tidigare, mer begränsade krig, varken var geopolitisk eller strategisk, utan snarare monetär. När staterna befann sig på en guldstandard hade de direkt kontroll över sina valv med guldreserver, medan befolkningen handlade med papperskvitton som motsvarande guldet. Staternas möjlighet att ta fram mer pappperspengar innebar under det brinnande kriget en stor frestelse för ledarna, och det var betydligt enklare än att kräva in mer skatt från medborgarna. Inom ett par veckor från krigets början hade alla större deltagande nationer upphävt möjligheten att konvertera pengarna till guld och därmed i praktiken övergett guldstandarden. Befolkningen hänvisades därmed istället till en fiatstandard, där deras pengar bestod av statligt utfärdade papper som inte längre var inlösbara mot guld.

Genom den enkla åtgärden att upphäva inlösbarheten var staternas krigsmedel inte längre begränsade till den egna statskassan, utan utökades till att i praktiken omfatta hela befolkningens samlade förmögenhet. Så länge staterna kunde trycka mer pengar som accepterades av befolkningen säkrades krigets finansiering. Fram till dess, när pengarna bestod av guld som till stor del kontrollerades av folket, hade staterna varit tvungna att finansiera sin krigföring med skatter, obligationer och den egna statskassan. Detta satte en naturlig begränsning på omfattningen av uppkomna konflikter och är en viktig förklaring till de relativt långa fredsperioderna som varade fram till 1900-talets början.

Om Europas nationer hållit fast vid guldstandarden, eller om Europas invånare själva haft makten över sitt guld, skulle de styrande tvingats ta till beskattning istället för inflation och historien hade då tagit en annan vändning. Sannolikt hade första världskriget avvecklats redan efter ett par månaders militär konflikt, efter att kassakistorna på endera sida börjat sina och dess befolkning inte uppvisat någon större vilja att finansiera sin regims överlevnad med privata besparingar. I avsaknad av en guldstandard räckte det inte med att statens pengar tog slut för att stoppa kriget. Istället krävdes att hela befolkningens samlade förmögenhet beslagtogs genom inflation innan krigskassan verkligen sinade. På grund av att Europas länder devalverade sina respektive valutor kunde det blodiga dödläget fortsätta i fyra år utan vare sig upplösning eller framsteg. Den totala meningslösheten i allt detta undgick inte befolkningen i de krigförande länderna. Soldaterna riskerade sina liv utan någon uppenbar anledning, annat än att tillfredsställa sina fåfänga och maktgalna monarker. Det mest talande exemplet av krigets meningslöshet var julafton 1914 då franska, engelska och tyska soldater i frontlinjen trotsade ordern att kriga och lade ner sina vapen för

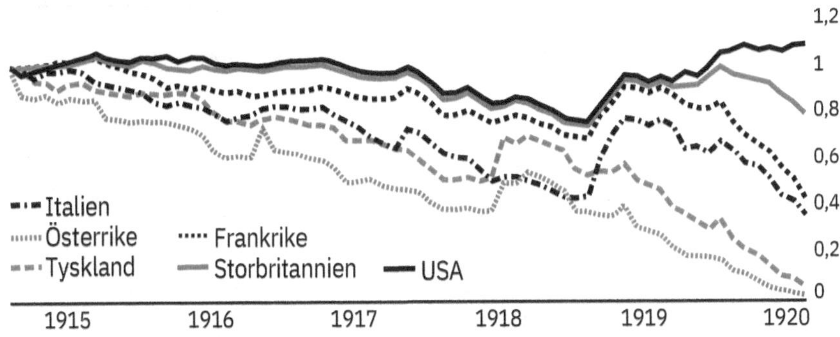

Figur 5: Nationella valutors kurs mot schweizerfranc under första världs-kriget. Första värdet i grafen (1) är juni 1914.[1]

att helt sonika traska över fiendens linjer för att mingla och socialisera med varandra.

Många tyska soldater kunde prata engelska efter att ha arbetat i England och de flesta soldaterna hade en förkärlek för fotboll, och det uppstod flera spontanmatcher länderna emellan.[2] Denna vapenvila illustrerar tydligt att soldaterna inte hade något att vinna på att utkämpa detta krig och soldaterna hade personligen inte något emot varandra. Därför såg de ingen anledning att fortsätta kriga. Ett mycket bättre utlopp för nationernas rivalitet skulle ha varit via fotboll, ett populärt spel där nationella tillhörigheter förstärks och landskamper kan utspelas på ett fredligt sätt.

Kriget skulle komma att fortsätta i ytterligare fyra år i princip utan några framsteg, till dess att USA ingrep år 1917 och ändrade riktning på kriget till förmån för den ena parten, på bekostnad av den andra, genom att skjuta till en stor mängd resurser som deras fiender inte kunde mäta sig med. Även om alla deltagande länder finansierade sina krigsmaskiner genom inflation, fick just Tyskland och Österrike-Ungern år 1918 se sina valutor tappa så mycket i värde att deras förlust i kriget var oundviklig. En jämförelse av värdet mellan de krigande ländernas valutor gentemot schweiziska franc,

---

1 *Källa*: Hall, George. "Exchange Rates and Casualties During the First World War." *Journal of Monetary Economics*, Elsevier, vol. 51(8), Nov. 2004, sid. 1711–1742.
2 Brown, Malcolm, och Shirley Seaton. *Christmas Truce: The Western Front, December 1914.* London, PanMacmillan, 2014.

Land	Ändring i valutans värde
USA	-4,49%
Storbritannien	-6,63%
Frankrike	-9,40%
Italien	-23,25%
Tyskland	-49,17%
Österrike	-68,81%

Tabell 2: Ändring i den nationella valutans värde i förhållande till schweizisk franc under första världskriget (juni 1914 till november 1918).[3]

som vid tidpunkten alltjämt höll sig kvar vid guldstandarden, ger en god fingervisning om respektive valutas värdeminskning under den aktuella perioden, vilket visas i figur 5.

Vid krigets slut hade samtliga krigförande europeiska länders valutor tappat i värde. Tyskland och Österrike som förlorade kriget kunde i november 1918 konstatera att deras valutor sjunkit till 51 % respektive 31% av värdet de hade i juni år 1914. Italiens valuta sjönk till 77 % av sitt ursprungliga värde. Mest värde behöll amerikanska dollarn med 96 %, jämte Storbritannien som behöll 93 % och Frankrikes valuta som behöll 91% av värdet den hade innan kriget.[4] Se tabell 2.

De geografiska förändringar som följde i krigets spår var knappast värda den enorma kostnad som uppstod i form av människoliv och förstörelse, då landvinningarna för de segrande nationerna var marginella. Österrike-Ungern delades upp i mindre nationer, men de fortsatte styras av sina respektive folk och övertogs inte av någon av krigets vinnare. Den största förändringen som kriget förde med sig var att ett antal monarkier gjordes

---

3 Källa: Hall, George. ”Exchange Rates and Casualties During the First World War.” *Journal of Monetary Economics*, Elsevier, vol. 51(8), Nov. 2004, sid. 1711–42.).
4 Jag har funderat på om närheten till Schweiz och de nära relationerna befolkningarna emellan ledde till att människor från Tyskland och Österrike i större utsträckning växlade sina valutor till schweizerfranc och därmed skyndade på dessa valutors kursfall. Detta skulle i så fall i sig möjligen ha påverkat statens resurser i sådan grad att det fick en avgörande effekt på krigets utgång. Jag har ännu inte stött på någon forskning på detta område men om du som läsare har det får du mer än gärna höra av dig.

om till republiker, en förändring till det bättre som dock bleknar i jämförelse med den ödeläggelse som ländernas befolkningar tvingades genomlida till följd av kriget.

När inlösen av guld liksom förflyttning av guld över landsgränser antingen förbjudits eller kraftigt begränsats kunde staterna upprätthålla fasaden av att deras valutor behöll sin kurs mot guldet, trots att priserna samtidigt steg. Efter krigets slut fanns det inte längre någon fungerande internationell guldstandard. Alla länder stod nu inför dilemmat huruvida de skulle kliva på guldstandarden igen och hur de i så fall skulle omvärdera sina valutor. En riktig marknadsvärdering av penningmängden i relation till guldlagren skulle innebära ett pinsamt avslöjande av hur mycket valutan faktiskt tappat i värde. En återgång till de gamla växlingskurserna skulle få medborgarna att efterfråga guld snarare än alla de nu vanligt förekommande papperspengarna, och guldet skulle efter hand leta sig utomlands där det inbringade ett mer korrekt pris.

Detta dilemma flyttade makten över pengarna från marknaden till händerna på politiker och deras beslut. Istället för att marknadsaktörerna fritt sållade fram vilken vara som var mest säljbar och alltså bäst lämpad som betalningsmedel, var det nu staten som bestämde pengarnas värde, mängd och räntesatser. Friedrich Hayek kallade detta system för monetär nationalism:

> Med monetär nationalism menar jag doktrinen att ett lands andel av den globala penningmängden inte får bestämmas enligt samma principer och mekanismer som de som bestämmer den relativa mängden pengar i dess olika regioner eller orter. Ett verkligt internationellt monetärt system skulle kunna vara ett där hela världen hade en homogen valuta precis som det fungerar inom nationerna idag, och vars flöde mellan olika regioner var resultaten av samtliga individers sammanlagda handlingar.[5]

Efter att centralbankerna genom sin monopolställning tvingat medborgarna att använda de statliga nationella valutorna upphörde guldets roll som homogen världsvaluta och skulle aldrig mer återfå sin status. Uppkomsten av

---

5 Hayek, Friedrich. *Monetary Nationalism and International Stability*. London, Longmans, Green and Company, 1937.

bitcoin, en valuta sprungen ur internet, som inte känner några landsgränser och inte kan kontrolleras av någon stat, erbjuder en spännande möjlighet till ett nytt internationellt monetärt system, vilket analyseras närmare i kapitel 9.

Mellankrigstiden

Under den internationella guldstandarden flödade pengar fritt mellan nationerna och växlingskursen mellan olika valutor innebar i praktiken bara konvertering mellan olika vikter av guld. Med monetär nationalism var det istället internationella avtal och möten som reglerade penningmängden i varje land och växlingskursen mellan de olika valutorna. Tyskland drabbades av hyperinflation efter att Versaillesfördraget inneburit stora skadeståndskrav som landet försökte betala av med inflation. Storbritannien hade problem med att guld flödade ut ur landet, främst till Frankrike och USA, till följd av att de övervärderat pundet och undervärderat guldet.

Det första stora fördraget under den monetära nationalismens sekel var Genua-fördraget, underskrivet år 1922. Enligt villkoren i detta fördrag skulle den amerikanska dollarn och det brittiska pundet betraktas som reservvalutor i andra länders reserver och på så sätt ta den roll guldet tidigare haft. Genom detta drag hoppades Storbritannien att problemen med det övervärderade pundet skulle lindras, eftersom andra länder då skulle tvingas köpa stora mängder av pundet för att placera i sina reservlager. Världens stormakter övergav därmed guldstandardens soliditet för att istället göra inflation till lösningen på de ekonomiska problemen. Galenskapen i detta arrangemang var att staterna försökte öka penningmängden samtidigt som växlingskurserna mot guldet skulle hållas stabila på de nivåer som gällde före kriget. Det här skulle uppnås genom koordinering: om alla deltagande länder devalverade sina valutor skulle kapitalet inte ha någonstans att fly. Planen var dömd att misslyckas och guld fortsatte att strömma ut ur Storbritannien till USA och Frankrike.

Utflödet av guld från Storbritannien är en sällan omtalad historia som hade långtgående konsekvenser. Liaquat Ahameds bok *Lords of Finance* handlar om den här episoden och beskriver dramatiken och de inblandade på ett bra sätt. Tyvärr utgår boken från den vedertagna keynesianska ståndpunkten där guldstandarden målas upp som boven i dramat. Trots sin omfattande forskning missar Ahamed att problemet inte var guldstandarden, utan att staternas regeringar efter första världskriget försökte återvända till guldstandarden med de växlingskurser som rådde före kriget. Om staterna hade varit ärliga mot befolkningen gällande omfattningen av den devalvering som ägt rum för att kunna betala för kriget – och fastställt nya och verkliga växlingskurser mot guld – hade de sannolikt istället fått se en kortare finanskris följd av en stark återhämtning under en sund monetär standard.

En mer rättvis beskrivning av denna period och dess konsekvenser återfinns i Murray Rothbards bok *America's Great Depression*. När det brittiska guldet skeppades iväg från dess kuster pressade Bank of Englands chef Sir Montagu Norman sina franska, tyska och amerikanska motsvarigheter att öka penningmängden och därmed devalvera sina pappersvalutor i hopp om att detta skulle stoppa guldflödet från England. De franska och tyska bankirerna stod emot dessa påtryckningar medan Benjamin Strong, ordförande för New York Federal Reserve, anammade en inflationistisk ekonomisk politik under 1920-talet. Den förda politiken lyckades förhindra guldutflödet till viss del, men samtidigt blåstes de amerikanska aktie- och bostadsmarknaderna upp till en gigantisk bubbla. Den amerikanska centralbankens inflationspolitik upphörde i slutet av 1928 och landets ekonomi var då mogen för den kollaps som inflationism oundvikligen leder till. Börskraschen 1929 följde och reaktionen från den amerikanska regeringen förvandlade kraschen till den längsta depressionen i modern tid.

Den vedertagna historieskrivningen om den stora depressionen antyder att president Herbert Hoover förhöll sig passiv inför krisen på grund av en felaktig tilltro till den fria marknaden och att den tillsammans med guldstandarden skulle lösa problemen. Gängse uppfattning är att först när

Hoover ersattes av Franklin D. Roosevelt, som drev en mer aktiv politik och avskaffade guldstandarden, kunde en återhämtning ske. Detta är, försiktigt uttryckt, rent nonsens. Hoover ökade inte bara statens utgifter för offentliga byggnadsprojekt i syfte att bekämpa depressionen, utan satte också press på Federal Reserve att utöka krediten och satsade allt på att upprätthålla höga löner, mot marknadens vilja. Vidare infördes prisregleringar för att hålla priserna på i synnerhet jordbruksprodukter på de höga nivåer marknaden ansåg rimliga före depressionen. USA liksom alla övriga större globala ekonomier anammade en protektionistisk handelspolitik, vilket spädde på problemen.[6]

Ett inte särskilt välkänt faktum är att Herbert Hoover gick till val 1932 på en högst interventionistisk politik. Franklin D. Roosevelt vann dock valet med en jordskredsseger. Hans valkampanj utgick från en plattform grundad på finanspolitisk återhållsamhet. Det amerikanska folket röstade med andra ord emot Hoovers interventionism, men när Roosevelt väl kom till makten fann han det mer bekvämt att tillgodose de intressen som påverkat Hoover och utvecklade därför denna politik ytterligare, genom det som kom att kallas *Den nya given*. Det är viktigt att inse att Den nya given inte innebar någonting nytt eller banbrytande, det var helt enkelt en förstärkning av den politik Hoover redan hade infört.

Alla med grundläggande ekonomisk kunskap känner till att prisregleringar alltid är kontraproduktiva. De problem den amerikanska ekonomin brottades med på 1930-talet har ett tydligt samband med den tidens försök att fixera såväl priser som löner. Lönerna sattes för högt, vilket resulterade i en mycket hög arbetslöshet som emellanåt uppgick till 25 %, medan prisregleringar skapade både brist och överskott på olika varor. Det gick så långt att vissa jordbruksprodukter fick brännas upp i syfte att upprätthålla de höga priserna. Detta ledde till den smått vansinniga situationen att människor var hungriga och desperata att få komma i arbete medan producenterna inte kunde anställa dem på grund av det höga löneläget,

---

6 En mer ingående beskrivning av Hoovers interventionistiska politik återfinns i Murray Rothbars bok America's Great Depression.

samtidigt som vissa producenter tvingades bränna sina grödor för att upprätthålla de höga priserna. Allt detta gjordes för att hålla priserna på en nivå motsvarande högkonjunkturen före 1929, samtidigt som en illusion målades upp om att dollarn fortfarande behållit sitt värde i förhållande till guldet. Inflationen under 1920-talet blåste upp stora tillgångsbubblor på bostads- och aktiemarknaderna och orsakade en artificiell ökning av löner och priser. Efter att bubblan sprack sökte marknadspriserna en justering genom en sjunkande dollar i relation till guld och en nedgång i reallöner och priser. Eftersom de styrande ville förhindra alla dessa mekanismer lamslogs istället ekonomin: dollarn, lönerna och priserna var övervärderade, vilket ledde till massiv arbetslöshet, minskad produktion och en befolkning som ville överge sin valuta och istället köpa guld. Inget av det här hade förstås hänt om sunda pengar använts, då alla händelser var en direkt konsekvens av en uppblåst penningmängd. Skulle den fria marknaden låtits omvärdera dollarn gentemot guldet hade konsekvenserna blivit mildare. Istället för att lära sig av den här läxan bestämde dåtidens ekonomer att problemet inte var inflationismen, utan den guldstandard som förhindrade inflationism. För att bli av med den gyllene fotbojan knuten till inflationism signerade därför Roosevelt en presidentorder som förbjöd allt privat ägande av guld. Den amerikanska befolkningen tvingades därmed att sälja sina guldinnehav till ett fast pris om 20,67 dollar per ounce. Efter att folket hade berövats sin hårdvaluta och tvingades göra sina affärer i dollar, omvärderade Roosevelt dollarn på den internationella marknaden från 20,67 dollar per ounce guld till 35 dollar per ounce, vilket innebär en devalvering av dollarn om 41% mätt i guld. Den inflationära miljön inleddes i och med skapandet av Federal Reserve år 1914 och som även finansierade USA:s inträde i andra världskriget.

Övergången från hårdvaluta till fiatpengar förvandlade världens ledande ekonomier till centralplanerade och regeringsstyrda misslyckanden. När staten nu kunde styra över pengarna kontrollerade de också större delen av all ekonomisk, politisk, kulturell och pedagogisk verksamhet. John Maynard Keynes, en man utan ekonomisk bakgrund, kände in tidsandan och levererade det den allsmäktiga staten ville höra. Plötsligt var århundraden av ekonomisk kunskap inom akademin som bortblåst och ersatt av bekväma slutsatser vilka passade maktlystna politiker med hög tidspreferens. Keynes menade att ekonomins tillstånd är helt avhängigt de sammanlagda utgifterna och att eventuell ökad arbetslöshet eller minskad produktion inte har några bakomliggande orsaker annat än att det spenderas för lite, och botemedlet är således en utökad penningmängd och ökade offentliga utgifter. Sparande minskar utgifterna och eftersom utgifterna är allt som betyder något måste staten göra allt i sin makt för att avskräcka sina medborgare från att spara. Import skapar inga arbetstillfällen så därför behövde utgiftsökningarna riktas mot inhemska varor. Staterna älskade detta budskap, vilket Keynes var väl medveten om. Hans bok översattes till tyska 1937, mitt under nazismens storhetstid, och i inledningen till den tyska upplagan skrev Keynes:

> Teorin om aggregerad produktion, vilket är vad denna bok handlar om, är mycket lättare för en totalitär stat att anamma än teorin om produktion och distribution på en marknad med fri konkurrens och hög grad av *laissez-faire*.[7]

Den keynesianska syndafloden, från vilken världen ännu inte har återhämtat sig, hade inletts. Universiteten förlorade sitt oberoende och blev en del av statsapparaten. Ekonomi som akademisk disciplin studerade inte längre människans val bland ändliga resurser för att uppnå en högre levnadsstandard. Istället blev det en förlängning av regeringen, med syfte att dirigera beslutsfattare mot den bästa politiken för att hantera ekonomisk aktivitet. Uppfattningen att statlig styrning av ekonomin är absolut nödvändig blev den obestridliga utgångspunkten för all modern ekonomisk utbildning, vilket bevisas genom en titt i valfri ekonomisk lärobok. Staten spelar samma roll som Gud i de religiösa skrifterna: en allestädes närvarande, allvetande och allsmäktig kraft som bara behöver identifiera ett problem för att därefter kunna lösa det. Staten är immun mot begreppet alternativkostnad

---

7 Citat från *The Failure of the New Economics,* Henry Hazlitt, sid. 277.

och i den mån negativa aspekter av statligt ingripande i ekonomiska aktiviteter överhuvudtaget beaktas, är det för att motivera ännu mer statligt ingripande. Den klassiska liberala traditionen betraktade ekonomisk frihet som grunden för ekonomiskt välstånd, och tystades ner av statliga propagandister utklädda till ekonomer. De skyllde den stora depressionen på den fria marknaden trots att den orsakades och förvärrades på grund av statlig inblandning. De klassiska liberalerna ansågs vara fiender till de stora regimerna på 1930-talet och många mördades eller jagades iväg från länder som Ryssland, Tyskland, Italien och Österrike. I USA och Storbritannien höll sig förföljelserna inom den akademiska sfären, där de fick svårt att hitta anställning, och universiteten fylldes istället av misslyckade statistiker och byråkrater.

Enligt statligt godkända läroplaner påstås än idag guldstandarden vara orsaken till den stora depressionen. Samma guldstandard som producerade mer än fyra decennier av praktiskt taget oavbruten global tillväxt och välstånd mellan åren 1870 och 1914. Enligt dessa statliga ekonomer slutade plötsligt guldstandarden fungera på 1930-talet, när den inte tillät regeringar att utöka sin penningmängd för att bekämpa depressionen, vars orsaker inte kan förklaras med mer än meningslösa keynesianska floskler om "djuriska andar". Vidare tycks ingen av dessa ekonomer notera att om guldstandarden verkligen var problemet borde dess upphävande inneburit att återhämtningen kunnat börja. Istället dröjde det mer än ett decennium från det att guldstandarden upphävdes till det att tillväxten tog fart igen. Den uppenbara slutsatsen för alla med en grundläggande förståelse för pengar och ekonomi är att orsaken till det stora kraschen 1929 var avsteget från guldstandarden under första världskriget, och att fördjupningen av depressionen orsakades av statliga ingripanden och den socialistiska ekonomiska politik som bedrevs under Hoover- och Roosevelt-åren. Varken upphävandet av guldstandarden eller krigstidens utgifter fick någon som helst lindrande effekt på den stora depressionen.

När världens stora ekonomier lämnade guldstandarden skulle den globala handeln snart avstanna. Utan någon gemensam värdestandard för att tillåta en internationell prismekanism, och med politiker som alltmer lockades av centralstyre och isolationism, blev valutamanipulation ett handelspolitiskt verktyg. Nationerna började nu aktivt devalvera sina valutor i syfte att ge sina exportörer en fördel. Handelshinder uppfördes och ekonomisk nationalism blev tidens modeord, med förutsägbart katastrofala konsekvenser. De nationer som 40 år tidigare blomstrade tillsammans under en internationell guldstandard hade nu istället stora penning- och handelshinder mellan sig. Högljudda populistiska ledare skyllde sina misslyckanden på andra nationer och hatisk nationalism uppenbarades, som snart skulle uppfylla Otto Mallerys profetia:

> Om inte varor korsar gränserna kommer soldater snart göra det. Om inte bojorna kan släppas från handeln kommer bomber släppas från himlen.[8]

Andra världskriget och Bretton Woods

Bomberna föll från himlen och oräkneliga grymheter av ett aldrig skådat slag inträffade. Krigsmaskinerna som de regeringsstyrda ekonomierna byggt var mer avancerade än någonsin tidigare. Detta på grund av den farligaste och mest absurda av alla keynesianska misstag: idén om att statliga utgifter för militära insatser var en utmärkt metod för att uppnå ekonomisk återhämtning. Allt spenderande är bra spenderande i keynesianernas naiva ekonomi, och det spelar därmed ingen roll om spenderandet kommer från enskilda individer som försörjer sina familjer eller från regeringar som mördar människor i andra länder. Allt kan nämligen slås samman och mätas i termer av efterfrågan, och all efterfrågan leder till minskad arbetslöshet! När allt fler människor blev hungriga under depressionen satte samtliga större länder igång en generös upprustning, och den resulterade i samma meningslösa förstörelse likt den tre decennier tidigare gjort.

För keynesianska ekonomer var det kriget som skapade den ekonomiska återhämtningen, och om man betraktar livet genom en lins av statistiska

---

8 Mallery, Otto. *Economic Union and Durable Peace*. New York, Harper and Brothers, 1943, sid. 10.

mätvärden insamlade av statliga byråkrater finns det en logik i den slutsatsen. När både försvarsutgifterna och värnplikten ökar får ekonomin ett uppsving samtidigt som arbetslösheten sjunker. Länder inblandade i andra världskriget återhämtade sig därmed ekonomiskt till följd av sitt deltagande i kriget. Människor utan detaljkunskap om keynesiansk ekonomi inser dock att livet under andra världskriget, även i länder som USA där man slapp uppleva krig på egen mark, inte på något sätt kan betecknas som "ekonomisk återhämtning". Utöver all död och förstörelse ledde omfördelningen av de krigförande ländernas kapital och arbetskraftsresurser till ett allvarligt produktionstapp på hemmaplan, vilket i sin tur resulterade i ransoneringar och prisregleringar. I USA förbjöds både byggandet av nya bostäder och reparationer av befintliga bostäder.[9] Det behöver knappast påpekas att de soldater som kämpade och dog vid frontlinjen, vilka utgjorde en stor andel av befolkningen i krigförande nationer, inte åtnjöt någon ekonomisk återhämtning, oavsett hur stora utgifter staten ådragit sig på att tillverka vapnen de bar på.

Ett av de mest förödande slagen mot den keynesianska teorin om sammanlagd efterfrågan som avgörande för ekonomins tillstånd kom i efterdyningarna av andra världskriget, särskilt i USA. Flera samverkande faktorer bidrog till att dåtidens keynesianska ekonomer förutspådde sämre tider efter krigsslutet. En nedgång i militära konflikter skulle oundvikligen leda till en dramatisk nedgång i statligt spenderande. Den mäktige och populistiske FDR dog och ersattes av den betydligt blekare demokraten Truman, som dessutom ställdes inför en republikansk kongress. Detta skapade ett politiskt dödläge och det förhindrade en fortsättning på lagarna från Den nya given. Enligt de keynesianska ekonomerna pekade dessa faktorer tillsammans mot en överhängande katastrof. En av dessa ekonomer var Paul Samuelson, som skrev de flesta läroböckerna inom ekonomisk utbildning under efterkrigstiden. Så här skrev han 1943:

---

9 Higgs, Robert. *World War II and the Triumph of Keynesianism*. Independent Institute, 2001, independent.org/publications/article.asp?id=317

Slutsatsen som kan dras från erfarenheterna av det senaste krigsslutet är uppenbar – skulle detta krig plötsligt upphöra inom de närmsta sex månaderna och vi återigen ogenomtänkt och i all hast skulle avveckla krigsinsatsen och kalla hem våra trupper, montera ner våra prisregleringar och gå från astronomiska underskott till de stora underskott vi såg på 30-talet, då skulle vi kastas in i den svåraste perioden av arbetslöshet och produktionsproblem som en ekonomi någonsin har skådat.[10]

Slutet av andra världskriget och nedmonteringen av Den nya given innebar att USA minskade sina utgifter med otroliga 75 % mellan 1944 och 1948 och att de flesta prisregleringar avskaffades. Trots detta fick den amerikanska ekonomin ett makalöst uppsving under dessa år oaktat vad de statliga byråkraterna gissat. De cirka 10 miljoner män som mobiliserats i kriget kom hem och gick i princip rakt ut på arbetsmarknaden när den ekonomiska produktionen ökade explosionsartat. Detta stod såklart i fullständig strid med de keynesianska ekonomernas löjeväckande teori att utgifterna är avgörande för en välmående ekonomi. Så snart den centrala styrningen hade avtagit för första gången sedan 1929 kunde priserna sättas fritt på en öppen marknad och uppfylla rollen som samordningsmekanism för ekonomisk aktivitet. Säljare kunde matchas mot köpare och incitament skapades för att producera efterfrågade varor, samtidigt blev arbetarna kompenserade för sina insatser. Situationen var dock långt ifrån perfekt. Eftersom världen alltjämt hade övergett guldstandarden uppstod ständigt nya störningar i penningmängden, vilket med jämna mellanrum ledde till globala finanskriser.

Det är ett välkänt faktum att historien skrivs av segraren, men i de statliga pengarnas tidevarv får segraren också bestämma över de monetära systemen. USA kallade sina allierade till Bretton Woods i New Hampshire för att diskutera hur världens nya handelssystem skulle arrangeras. Historien har inte varit särskilt snäll mot arkitekterna av detta system. Storbritanniens representant var ingen mindre än John Maynard Keynes, vars ekonomiska teorier gång på gång motbevisades under de följande decennierna efter and-

---

10 Samuelson, Paul. "Full Employment After the War." *Postwar Economic Problems*, redigering av Seymour Harris, McGraw-Hill, 1943, sid. 27–53.

ra världskriget. USA å sin sida skickade Harry Dexter White, som senare skulle avslöjas vara en kommunist med nära koppling till Sovjetregimen under många år.[11] White skulle gå segrande ur kampen om en centralplanerad global ekonomi. Whites plan fick till och med Keynes att framstå som ganska vettig. USA blev navet i ett globalt monetärt system, där dollarn hade funktionen av en global reservvaluta för andra centralbanker. Övriga valutor i det monetära samarbetet fick en fast växlingskurs mot dollarn och dollarns förhållande mot guld låstes. För att underlätta detta utsågs USA att sköta drift och samordning och tog därför över fysiskt guld från andra centralbanker.

Trots att det fortsatt var förbjudet för den amerikanska befolkningen att äga guld utlovade den amerikanska regeringen att utländska centralbanker skulle få lösa in sitt guld mot amerikanska dollar till en fast växlingskurs genom det som kom att kallas guldhandelsfönstret. I teorin baserades det globala monetära systemet på guld och om den amerikanska staten hade avhållit sig från att expandera sin penningmängd bortom guldreserverna, samtidigt som omvärlden avstått från att öka sin inflation bortom sina

---

11 Efter att ha utretts och vittnat inför kongressen fick White två hjärtattacker och dog av en pilleröverdos, vilket kan ha varit självmord. Benn Steils skriver om denna episod i The Battle of Bretton Woods och framhäver där uppfattningen att White var en sovjetisk spion. En alternativ läsning av situationen kan ge ett mer nyanserat perspektiv, men knappast mer smickrande. Kopplingarna mellan amerikanska progressiva och ryska kommunister föregick den ryska statskuppen 1917 och inkluderade betydande amerikansk finansiering till bolsjevikerna för att störta den ryska monarkin, vilket beskrivits i detalj av den brittisk-amerikanske historikern Antony Sutton. Wilsonian American progressives, låg bakom Nationernas förbund och senare FN, hade sökt en demokratisk, progressiv och teknokratisk världsregering och sökt samarbete med globala krafter med syfte att stödja detta mål och avsätta de reaktionära monarkier som inte samarbetade med en sådan världsordning. Därför spelade amerikanska intressen en ledande roll i att stödja bolsjevikerna och hjälpa dem till makten genom Leon Trotskij, som befann sig i New York under revolutionen för att kanalisera finansiering och vapen till sina kamrater i Ryssland. Trotskij var en internationalistisk socialist och uppges ha samarbetat med amerikanska intressen, men han fick aldrig makten i Ryssland. Lenins efterträdare blev istället Stalin, som prioriterade socialismen hemma framför globalt samarbete. Amerikanska progressiva krafter upprätthöll alltjämt kontakten med ryska intressen och försökte locka tillbaka Ryssland till ett samarbete, men utan framgång. Vi kan därmed förstå White bättre, inte som en kommunistisk spion, utan som en amerikansk progressiv när han sökte samarbete med ryska bolsjeviker för det stora projektet med den ekonomiska ordning de amerikanska progressiva sökte för efterkrigstiden.

dollarreserver, skulle guldstandarden från tiden före första världskriget på sätt och vis varit intakt. Så blev det som bekant inte och i praktiken var växlingskurserna allt annat än fasta. Ständiga åtgärder vidtogs för att justera kurserna i syfta att rätta till "fundamentala obalanser".[12]

För att kunna hantera detta globala system med relativt fasta växlingskurser och kunna ta itu med eventuella obalanser, inrättade Bretton Woods-konferensen den Internationella valutafonden, IMF. IMF skulle fungera som ett globalt samordningsorgan mellan centralbanker, i syfte att uppnå en stabilitet i växlingskurser och de finansiella flödena. Det kan sägas att Bretton Woods genom centralplanering försökte åstadkomma det som den internationella guldstandarden under 1800-talet hade uppnått på naturlig väg. Under den klassiska guldstandarden var den monetära enheten guld och både kapital och varor flödade fritt mellan länderna. Priserna justerades spontant av marknaden utan någon som helst central inblandning.

Under Bretton Woods-systemet däremot var staterna influerade av keynesianska ekonomer med uppfattningen att en aktiv finans- och penningpolitik var en naturlig och viktig del av politiken på riksnivå. Den ständigt aktiva förvaltningen av finanserna innebar naturligtvis att de nationella valutornas värde fluktuerade kraftigt mot varandra, vilket i sin tur ledde till obalanser i handel och kapitalflöden. När ett lands valuta devalveras innebär det att varor som produceras i landet blir billigare för utlänningar, medan innehavare av valutan vill göra sig av med den för att slippa undan värdeminskningen. Eftersom devalvering vanligtvis hänger samman med låga räntor kommer kapitalet söka sig bort från landet i fråga, till platser där det kan generera bättre avkastning, vilket förstärker devalveringen. En devalverande valuta devalveras ytterligare medan en stigande valuta ökar ytterligare, vilket skapar en besvärlig dynamik för alla inblandade nationer. Den här typen av problem kan inte uppstå under en guldstandard eftersom värdet på ländernas valutor då förblir konstant. Flöden av varor och kapital in och ut ur länder skulle överhuvudtaget inte påverka valutans värde.

---

12 *Proceedings and Documents of the United Nations Monetary and Financial Conference*. vol. 1, Bretton Woods, NH, US Department of State, 1944.

Guldstandardens självjusterande mekanismer skapade en konstant mått-stock som all världens ekonomiska aktivitet kunde mätas mot, medan de flytande valutorna skapade obalanser i systemet. IMF fick den omöjliga rollen att försöka skapa någon form av stabilitet eller jämvikt i denna röra. Detta skulle ske genom att försöka hålla växlingskurserna inom vissa påhittade ramar som handel och kapitalflöden hela tiden kom att påverka. Utan en stabil beräkningsenhet för den globala ekonomin kan den uppgiften jämföras med att bygga ett hus med en elastisk tumstock vars längd varierar varje gång den används.

Efter grundandet av Världsbanken och IMF i Bretton Woods ville USA och dess allierade instifta ytterligare en global finansiell institution, denna gång inriktad på samordnandet av handelspolitiken. Det första försöket att inrätta en internationell handelsorganisation (International Trade Organization, ITO) misslyckades, efter att den amerikanska kongressen vägrat att godkänna överenskommelsen. Ett alternativ introducerades 1948 genom GATT – General Agreement on Trade and Tariffs. GATT var menat att stödja IMF i den omöjliga uppgiften att balansera ländernas budget och handel för att åstadkomma finansiell stabilitet. Med andra ord skulle den globala handels-, finans-, och penningpolitiken nu planeras centralt för att uppnå total balans. Detta var naturligtvis en utopi.

En viktig men ofta förbisedd aspekt av Bretton Woods-systemet är att de flesta medlemsstaterna hade flyttat sina guldreserver till USA i utbyte mot amerikanska dollar, till en växlingskurs om 35 dollar per ounce. Logiken bakom detta var att med den amerikanska dollarn som global reservvaluta skulle all handel ske med denna och behovet av att fysiskt transportera guld fram och tillbaka skulle därmed upphöra. På sätt och vis kan detta system liknas vid att hela världen befann sig på en guldstandard där den amerikanska centralbanken, Federal Reserve, innehade rollen som central-bank medan alla andra centralbanker hade rollen av regionala banker. Den väsentliga skillnaden mot en äkta guldstandard är att den kontrollfunktion som förhindrar att penningmängden expanderas försvann i och med att medborgarna förbjöds att växla in sina dollar mot guld. Bara stater tilläts göra detta, men den processen skulle visa sig vara mer komplicerad än man hade kunnat föreställa sig. Idag är växlingskursen på guld över 1 200 dollar per ounce, att jämföra med de 35 dollar som utländska centralbanker erhöll när de överlät sitt guld till USA.

Monetär expansion blev den nya globala normen och de nya pengarnas svaga koppling till guld skulle visa sig otillräcklig för att stoppa förfallet av de nationella valutorna. USA fick dock en privilegierad situation som påminner om, fast i mycket större skala, hur Romarriket under sin storhetstid manipulerade de pengar som användes i större delen av världen. Eftersom världens alla centralbanker höll dollar för att kunna bedriva handel länderna emellan hamnade USA i en unik position. De kunde nu utöka penningmängden när de behagade och behövde inte längre bekymra sig över eventuella underskott. Den franska ekonomen Jacques Reuff myntade frasen "underskott utan tårar" för att beskriva den nya ekonomiska verklighet som USA försatt sig i. Landet kunde nu köpa vad som helst och betala med lån finansierade genom att i motsvarande grad utöka hela världens penningmängd.

Perioden efter andra världskriget inleddes relativt försiktigt, sett till politiskt beslutade ekonomiska utsvävningar. Det tog dock inte så lång tid innan den politiskt oemotståndliga tanken att köpa gratisluncher och betala med inflation blev verklighet, i synnerhet för krigförande länder och välfärdsstater. Militärindustrin växte under andra världskriget och fick en allt större roll inom statsapparaten och utvecklades sedermera till det som president Eisenhower kallade för det militärindustriella komplexet – ett enormt konglomerat av industrier, mäktigt nog att kräva ständigt ökade anslag och driva amerikansk utrikespolitik mot en ändlös serie av dyra konflikter utan vare sig direktiv eller slutmål. Den keynesianska doktrinen av våldsam militarism menade att pengarna som spenderades på krigsmaskineriet skulle ge en skjuts åt ekonomin, vilket gjorde det lättare för de amerikanska väljarna att förlika sig med faktumet att miljoner människor fick sätta livet till.

Denna krigsmaskin blev också lättare att tolerera för det amerikanska folket mot bakgrund av att den levererades av samma politiker som byggde ut den statliga välfärden. Med fiatpengarna kom stora sociala reformpaket inriktade på bostäder, utbildning och sjukvård, vilket fick väljarna att bortse från ekonomins lagar och istället börja tro på gratisluncher, eller åtminstone kraftigt rabatterade sådana. Utan möjligheten att växla in dollar mot guld, men med verktyget att kunna överföra inflationens kostnader på resten av världen, bestod det enda vinnande politiska konceptet av ett ökat statligt spenderande, finansierat av just inflation. Sedan andra världskrigets slut finns det inte en enda mandatperiod som inte haft högre utgifter, större statsskuld och en dollar med lägre köpkraft, jämfört med föregående mandatperiod. I ett system där fiatpengar kan finansiera staten försvinner de politiska skillnaderna mellan partierna eftersom det inte behöver göras några ekonomiska avvägningar – samtliga kandidater kan ta sig an samtliga frågor.

Statliga pengars meritlista

Valutornas koppling till guld, även om denna var svag, innebar ett irritationsmoment för den amerikanska staten och det manifesterade sig på två sätt. Marknadskrafterna fick inflationismen att lysa igenom i form av ett ständigt ökande guldpris. Detta problemet hanterades genom inrättandet av London Gold Pool, som försökte sänka guldpriset genom att dumpa delar av centralbankernas guldreserver på den öppna marknaden. Till en början fick det också önskad effekt, men 1968 började den amerikanska dollarn omvärderas för att kompensera för alla passerade år av inflation. Det andra problemet var att en del länder började inse att deras pappersvalutor förlorade i köpkraft och försökte därför hämta tillbaka sina guldreserver från USA. Frankrikes president Charles de Gaulle gick till och med så långt att han skickade ett krigsfartyg till New York för att hämta hem sin nations guld. När även Tyskland försökte återta sitt guld hade USA fått nog. Guldreserverna började sina och den femte augusti 1971 tillkännagav president Richard Nixon att den amerikanska dollarns konvertibilitet mot guld officiellt var upphävd. Med andra ord bestämde sig USA för att ensidigt backa från sitt löfte att växla in dollar mot guld. De fasta växlingskurser som IMF hade fått i uppdrag att upprätthålla släpptes nu lösa för att bestämmas av varornas och kapitalets rörelser över gränserna på den alltmer sofistikerade marknaden.

När den amerikanska regeringen inte längre var begränsad av de hinder som en teoretisk skyldighet att lösa in dollar mot guld innebar, kunde landets penningpolitik expandera på ett aldrig tidigare skådat sätt. Följden blev att dollarns köpkraft rasade kraftigt och priserna steg på alla håll. Allt och alla beskylldes för de ökande priserna, allt utom den egentliga orsaken: den ökade penningmängden. De flesta andra valutor presterade ännu sämre, eftersom de drabbades både av inflationen skapad av den inhemska centralbanken och inflationen från den amerikanska dollarn som backade upp den lokala valutan.

Nixons beslut fulländade den process som hade inletts vid första världskriget, och världsekonomin hade nu gått från en guldstandard till en standard baserad på ett flertal statligt utfärdade valutor. I en alltmer globaliserad värld, till följd av de tekniska framstegen inom transport och telekommunikation, innebar fritt flytande växlingskurser det Hoppe kallade för "ett system med partiell byteshandel."[13] Transaktioner mellan människor som bodde på olika sidor av osynliga gränser fordrade nu mer än ett bytesmedel och skakade liv i det uråldriga problemet med de bristande sammanfallande önskningarna. Säljaren ville helt enkelt inte ha den valuta köparen kunde erbjuda, varför köparen först var tvungen att köpa en annan valuta, med de kostnader det innebar. I en värld där utvecklingen inom transport och telekommunikation fortskred i ett rasande tempo blev dessa kostnader alltmer tydliga. Marknaden för valutahandel omsätter nu fem biljoner dollar varje dag och existerar enkom till följd av att det saknas en global valuta.

Då, likt nu, producerade de flesta länderna sin egen valuta, men USA var ensamt om att producera den valuta resten av världen backade upp sina

---

13 Hoppe, Hans-Hermann. "How Is Fiat Money Possible?" *Review of Austrian Economics*, vol. 7, no. 2, 1994.

Figur 6: Årlig procentuell ökning av penningmängden under perioden 1960-2015. Grafen visar ett medelvärde för 167 olika valutor.[14]

valutor mot. Det här var första gången som i princip hela världen använde sig av statliga pengar, och trots att det inom akademiska kretsar idag är något helt normalt och okontroversiellt, kan det vara värt att ifrågasätta hur sund denna typ av pengar egentligen är.

Det är teoretiskt möjligt att på artificiell väg skapa något med begränsat utbud och därigenom ge detta en potentiell monetär roll. Det var precis detta stater gjorde efter att ha övergett guldstandarden, och det var också precis det bitcoins skapare gjorde, men med diametralt motsatt resultat. Sedan kopplingen mellan guld och fiatpengar kapades har papperspengarna haft en större utbudsökning än guldet och följaktligen har dess värde fullkomligt kollapsat i relation till guld. Det totala utbudet av amerikanska dollar, som mäts i enheten M2, uppgick år 1971 till 600 miljarder dollar och har idag passerat 12 biljoner dollar, vilket ger en genomsnittlig ökning med 6,7 % per år. Guldpriset har under samma period gått från 35 dollar per ounce till mer än 1 200 dollar per ounce.

Sett till statliga pengars meriter genom tiderna framträder en blandad bild av valutornas lager/inflödes-kvot, beroende på vilken valuta och vilken period som undersöks. I industrialiserade länder med relativt stabila valutor ökar vanligtvis valutan med ett par procent om året, men stora variationer med minskande penningutbud kan uppvisas under perioder av

---

14 *Källa*: Världsbanken. www.worldbank.org/en/home.

Land	Genomsnitt
Nicaragua	480,24
Demokratiska rep. Kongo	410,92
Angola	293,79
Brasilien	266,57
Peru	198,00
Bolivia	184,28
Argentina	148,17
Ukraina	133,84
Azerbajdzjan	109,25
Armenien	100,67

Tabell 3: Länder med högst genomsnittlig ökning av penningmängden (% per år) under perioden 1960-2015.[16]

lågkonjunktur.[15] Utvecklingsländers valutor har däremot många gånger vuxit i sådan takt att det kan talas om hyperinflation, vilket förstås har varit helt förödande för dem som innehaft dessa pengar. Världsbanken har sammanställt statistik över den genomsnittliga årliga ökningen av penningmängden under perioden 1960–2015 för 167 länder, vilken visas i figur 6. Statistiken täcker förvisso inte in alla länder under alla år, men visar på en genomsnittlig ökning av penningmängden med 32,16 % per år och land.

Siffran 32,16 % inkluderar inte de valutor som till följd av flera års hyperinflation fullständigt kollapsat och därefter ersatts av en ny valuta, vilket innebär att många av de mest intressanta jämförelserna inte kan göras. Genom att identifiera de länder med den högsta genomsnittliga ökningen kan dock de valutor med perioder kantade av stora inflationsproblem kännas igen. Tabell 3 visar de tio länder som haft den högsta genomsnittliga årliga ökningen av penningmängden.

Under perioder med hyperinflation i utvecklingsländer säljer invånarna

15 Detta är en viktig men ofta underskattad aspekt av statliga pengar. När lån betalas tillbaka – eller när låntagare går i konkurs – minskar faktiskt penningmängden. Utbudet av pengar kan både öka och minska till följd av diverse beslut från centralbanker och regeringar.

16 *Källa*: Världsbanken. www.worldbank.org/en/home.

Land/region	1960–2015	1990–2015
USA	7,42	5,45
Eurozonen (19 länder)		5,55
Japan	10,27	1,91
Storbritannien	11,30	7,28
Australien	10,67	9,11
Kanada	11,92	10,41
Schweiz	6,50	4,88
Kina	21,82	20,56
Sverige	7,94	6,00
Nya Zeeland	12,30	6,78

Tabell 4: Årlig genomsnittlig procentuell ökning av penningmängden för världens tio största valutor.[17]

den nationella valutan i utbyte mot beständiga föremål, råvaror, guld och utländska valutor. Internationella reservvalutor såsom amerikanska dollar, euro, yen och schweizerfranc går att få tag på i princip överallt, även på svarta marknaden, och de tillgodoser en betydande del av världens efterfrågan på värdebevarare. Anledningen till detta blir uppenbar när man granskar dessa valutors penningmängd, som över tid utökats i relativt begränsad mån. I tabell 4 ser vi dagens tio största valutor listade tillsammans med dess genomsnittliga ökning av penningmängden under perioden 1960–2015 respektive 1990–2015. Den genomsnittliga ökningen av dessa tio valutors penningmängd är 11,13 % för perioden 1960–2015 och bara 7,79 % för perioden 1990-2015. Detta visar att de valutor som är mest spridda och har den högsta globala säljbarheten har en högre lager/inflödes-kvot än andra valutor, vilket är helt i linje med den här bokens tes.

Den period då flest länder fick erfara hög inflation var under 1970- och 1980-talet, då valutornas växlingskurser började flyta fritt. Situationen blev bättre efter år 1990 och den genomsnittliga tillväxttakten avtog en aning. Data från OECD visar att i dessa länder växte penningmängden med i

17 Källor: Organization for Economic Co-operation and Development. stats.oecd.org, World Bank. worldbank.org/en/home

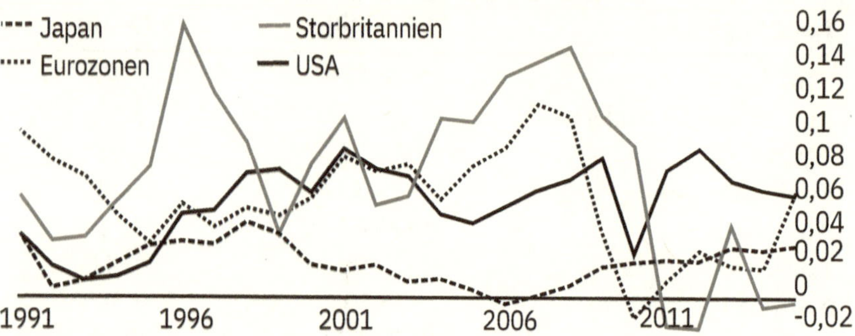

Figur 7: Årlig genomsnittlig ökning av penningmängden i Japan, Storbritannien, USA och Euro-området. [18]

genomsnitt 7,17 % under perioden 1990–2015.

Vi kan se att världens stora ekonomier generellt har en förutsägbart låg tillväxttakt av penningmängden. Utvecklingsländernas valutor ökar snabbare och har således i högre grad drabbats av prishöjningar, och det finns flera exempel på perioder med hyperinflation. De avancerade ekonomierna har i genomsnitt ökat penningmängden med en årlig takt mellan 2 % och 8 %, med ett genomsnitt omkring 5 %. Perioder med tvåsiffrig ökning är sällsynta, liksom perioder med minskning av penningmängden. I utvecklingsländer är situationen betydligt mer oregelbunden. Där är fluktuationer upp till tresiffriga eller till och med fyrsiffriga tal inte ovanliga och inte heller perioder med negativa tal, vilket reflekterar en finansiell osäkerhet i dessa länder. Se figur 7.

Det låter kanske inte så mycket med en femprocentig ökning av penningmängden, men det innebär att en valutas utbud fördubblas på bara 15 år. Det var precis detta som fick silver att förlora matchen mot guldet, då gulds lägre utbudsökning innebar en långsammare erodering av köpkraften.

Hyperinflation är ett katastrofalt fenomen och det drabbar uteslutande ekonomier där statliga pengar används. Det finns inte ett enda exempel på hyperinflation i länder där en guld- eller silverstandard varit norm. Till och med när ekonomierna baserade på snäckskal och pärlor föll ihop, skedde det

---

18 Källa: Organization for Economic Co-operation and Development. stats.oecd.org

i regel långsamt och med nya alternativ som gradvis tog över den förlorande köpkraften. Med statliga pengars i princip obefintliga produktionskostnad är det fullt möjligt för ett helt samhälle att se sina samlade besparingar försvinna helt och hållet inom loppet av ett par månader, eller till och med veckor.

Hyperinflation har dock betydligt värre följder än att ekonomiskt värde går förlorat. Hyperinflation representerar ett fullständigt sammanbrott av den ekonomiska infrastruktur samhället byggt upp under hundratals år. När pengarna kollapsar blir det omöjligt att handla, producera eller överhuvudtaget ägna sig åt någonting annat än att försöka skrapa ihop till livets förnödenheter. När produktionen och handeln bryter samman till följd av att konsumenter, producenter och arbetare inte längre kan betala varandra börjar varor som vi annars tenderar att ta för givna att försvinna från hyllorna. Kapital förstörs och säljs av till förmån för konsumtion. Först ryker lyxprodukterna, men ganska snart följer rena nödvändigheter och det dröjer inte länge innan medborgarna tvingas in i en barbarisk kamp om överlevnad. När individens livskvalitet försämras så drastiskt övergår förtvivlan lätt i ilska och syndabockar eftersöks. Genom att använda sig av folkets vrede under sådana förhållanden får upprorsledare och opportunistiska politiker lätt vind i seglen och kan tillskansa sig makt. Det mest uppenbara exemplet på detta är 1920-talets inflation i Weimarrepubliken, som inte bara innebar att en av världens mest framgångsrika och avancerade ekonomier föll ihop, utan också att Adolf Hitler kunde överta makten. Även om de påstådda fördelarna med statlig kontroll över penningmängden hade varit verklighetsförankrade, skulle nackdelarna från en enda period av hyperinflation på en enda plats i världen vida överstiga dessa. Betänk då att de statliga pengarnas århundrade har haft långt fler än en sådan period.

I skrivande stund upplever Venezuela tragedin och konsekvenserna som följer av en förstörd valuta. Steve Hanke och Charles Bushnell definierar i sin forskning hyperinflation som en ökning av prisnivåerna med minst 50 % under loppet av en månad. Detta har inträffat 56 gånger sedan slutet av första världskriget. Totalt har Hanke och Bushnell lyckats identifiera

57 episoder med hyperinflation,[19] varav en enda inträffade före eran med monetär nationalism. Detta enda exempel var Frankrikes inflation år 1795 i efterspelet av Mississippi-bubblan, vilken uppstod på grund av de statliga pengarnas expansion pådrivet av dess arkitekt John Law.

Problemet med statligt utfärdade pengar är att dess hårdhet helt och hållet är beroende av i vilken omfattning de styrande väljer att expandera dess utbud. Bara politiska beslut kan begränsa detta och det saknas fysiska, ekonomiska eller naturliga mekanismer som styr hur mycket pengar en stat kan producera. Boskap, silver, guld och snäckskal kräver alla en betydande arbetsinsats för att produceras och det är omöjligt att över en natt generera stora mängder av någon av dem. Statliga pengar har inte denna inbyggda spärr. Den ständigt ökande penningmängden innebär en kontinuerligt devalverande valuta, designad att suga ut värdet ur pengarna för sina innehavare, till förmån för de som trycker pengarna och snabbast får tillgång till dem.[20] Historien visar att de ledande oundvikligen kommer falla för frestelsen att öka penningmängden. Oavsett om det handlar om ren girighet, ett "nationellt nödläge" eller ett uttryck för akademiskt influerad inflationism så kommer regeringar alltid hitta en anledning och ett sätt att trycka mer pengar. Den ofrånkomliga följden av detta är mer makt till regeringen i fråga och mindre värde för pengarnas innehavare. Detta fungerar på precis samma sätt som beskrevs i kapitel 3, där kopparproducenter bryter mer koppar som en reaktion på monetär efterfrågan på koppar och producenterna av den monetära råvaran belönas medan de som placerat sina besparingar i samma råvara bestraffas.

---

19 Hanke, Steve, and Charles Bushnell. "Venezuela Enters the Record Book: The 57th Entry in the Hanke-Krus World Hyperinflation Table." *Studies in Applied Economics*, no. 69, dec. 2016.

20 Det här kallas för Cantillon-effekten och härrör från 1700-talets fransk-irländska ekonom Richard Cantillon. Enligt Cantillon tjänar de som först får tillgång till de nya pengarna på en ökad penningmängd och därmed kan spendera dem innan det nya utbudet fått priserna att stiga. Mottagarna av pengarna i nästa led kan spendera dem till något ökade priser. I takt med att pengarna spenderas skjuter priserna i höjden och de som ligger sent i kedjan får en reducerad köpkraft. Så här kan bäst förklaras hur inflation drabbar de fattigaste och hjälper de rikaste i vår moderna ekonomi. De som åtnjuter den största fördelen är de med bäst tillgång till statliga krediter. Absolut hårdast drabbas de med fasta löner eller minimilöner.

Om en valuta på ett trovärdigt sätt demonstrerade att dess utbud inte kan utökas skulle valutans värde omedelbart öka markant. När USA år 2003 invaderade Irak förstördes den irakiska centralbanken av amerikanska bomber och därmed också den irakiska regeringens möjlighet att trycka nya dinarer. Detta ledde till att dinarens värde sköt i höjden över en natt eftersom den irakiska befolkningen insåg att ingen längre kunde trycka fler.[21] Något liknande hände med somaliska shilling efter att deras centralbank förstördes.[22] Pengar blir mer efterfrågade när de är bevisbart begränsade snarare än när de är exponerade för risken att spädas ut.

Det finns flera förklaringar till att statliga pengar alltjämt är den typ av pengar som i huvudsak används nu för tiden. Till att börja med fastslår lagar att skatter måste betalas med statliga pengar. De flesta kommer därför sannolikt att acceptera pengarna, vilket ger dessa pengar ett försprång i fråga om säljbarhet. För det andra innebär statliga regelverk på bank- och finansområdet att banker endast kan öppna konton och göra affärer med statligt sanktionerade pengar, vilket gör statliga pengar enormt mycket mer säljbara än något tänkbart alternativ. För det tredje finns lagar om lagliga betalningsmedel som i många länder gör det olagligt att använda andra typer av pengar. För det fjärde är alla statliga pengar fortfarande uppbackade av guldreserver, eller uppbackade av andra valutor som är uppbackade av guldreserver. Enligt data från World Gold Council sitter centralbanker för närvarande på omkring 33 000 ton guld i sina reserver.

Centralbankernas guldreserver ökade stort under den tidiga delen av 1900-talet, då många stater konfiskerade invånares och bankers guld och tvingade dem att istället använda statliga pengar. I slutet av 1960-talet, när fogarna i Bretton Woods-systemet knakade under trycket av ökad penningmängd, började centralbanker sälja av delar av sitt guldinnehav.

---

21 Anderson, William. "Dollar or Dinar?" *Mises Daily Articles*, Mises Institute, 4 mars 2003, mises.org/library/dollar-or-dinar
22 Koning, J. P. "Orphaned Currency: Odd Case of Somali Shillings". *Moneyness: The Blog of J. P. Koning*, 1 mars 2013, jpkoning.blogspot.com/2013/03/orphaned-currency-odd-case-of-somali.html

Trenden vände år 2008 när centralbankerna istället började köpa guld igen. Det är ironiskt, och ganska talande, att i eran av statliga pengar har staterna långt mer guld i sina officiella reserver än de någonsin hade under den internationella guldstandarden 1871–1914. Guldet har alldeles uppenbart inte förlorat sin monetära roll, utan behåller sin status som den enda slutgiltiga skuldsläckaren; den enda sortens pengar som inte utgörs av en skuld mot någon annan och den huvudsakliga globala tillgången som saknar motpartsrisk. Dock ges tillgången till dess monetära roll bara till centralbanker. Vanligt folk hänvisas till att använda statligt utgivna pengar.

Centralbankerna kan använda sina stora guldreserver som ett nödlager – att dumpa på marknaden under perioder med ökad efterfrågan – för att förhindra stigande guldpriser som skulle kunna hota det statliga penga-monopolet. Som Alan Greenspan en gång förklarade: "Centralbankerna står redo att ställa sitt guld till förfogande i allt större kvantiteter, utifall priset skulle stiga"[23]. Figur 4 i kapitel 3 i visar centralbankernas officiella guldlager.

Som en konsekvens av att tekniska landvinningar möjliggjort allt mer sofistikerade typer av pengar, inklusive papperspengar som är lätta att bära med sig, har ett nytt säljbarhetsproblem uppkommit. Det är idag svårt för en säljare att undvika inblandning från en tredje part med möjligheten att begränsa säljbarheten av de pengar som transaktionen utförs med. Det här bekymret existerade inte när hårdvaluta användes, eftersom värdet på dessa pengar härleddes direkt från marknaden och inte kunde påverkas av några mellanhänder. Boskap, salt, guld och silver hade alla varsin marknad med potentiella köpare, men med statliga pengars försumbara råvaruvärde kan säljbarheten i princip upphävas helt och hållet genom att staten i fråga undanröjer dess status som lagligt betalningsmedel. De indier som vaknade upp den 8:e november 2016 till nyheten att deras regering hade slopat giltigheten av 500- och 1 000-rupiesedlarna kan nog relatera till detta. I ett

---

23 *The Regulation of OTC Derivatives.* Vittnesförklaring av Alan Greenspan, då ordförande för Federal Reserve, inför "Committee on Banking and Financial Services", US House of Representatives, 24 juli 1998.

slag hade pengar med mycket hög säljbarhet plötsligt förlorat sitt värde och var tvungna att växlas in hos banker med enormt långa köer. I en värld där allt färre förlitar sig på kontanter ökar dessutom människors exponering mot statligt kontrollerade banker och därmed också risken för konfiskering eller restriktioner i förfoganderätten. Faktum är att dessa fenomen i regel inträffar när människor som mest behöver sina pengar, det vill säga under finanskriser, då statliga pengars säljbarhet minskar markant.

Statlig kontroll har förvandlat pengar från en belöning för att ha producerat något av värde till en belöning för att lyda statens order. Det är minst sagt besvärligt för den som inte godkänns av staten att skapa en förmögenhet med statliga pengar. Stater har makt att konfiskera pengar via det bankmonopol de kontrollerar, öka penningmängden för att devalvera innehavarnas besparingar och överföra det till de mest lojala aktörerna, införa drakoniska skatter och bestraffa människor som undviker dem och till och med konfiskera skuldebrev.

Carl Menger, som tillhörde den österrikiska skolans ekonomer, menade att den bästa typen av pengar definieras utifrån säljbarhet och marknadsval. Efter 1900-talets statliga kontroll över pengarna finns ytterligare en aspekt att ta hänsyn till, nämligen möjligheten för en tredje part att påverka säljbarheten. Genom att ställa dessa kriterier i relation till varandra kan vi konstatera att sunda pengar är de pengar marknadens aktörer fritt väljer i sin handel, utom kontroll eller påverkan av en tredje part.

Ludwig von Mises var en stark förespråkare av att använda guld som pengar, men insåg trots detta att dess monetära roll inte berodde på någon inneboende egenskap hos just guldet. Som ett av den österrikiska skolans stora namn förstod Mises mycket väl att värde inte existerar bortanför det mänskliga medvetandet och att särskilda metaller eller andra substanser knappast hade någon magisk egenskap som gjorde dem särskilt lämpade till pengar. För Mises handlade guldets monetära status om hur väl det stämde överens med hans kriterier för *sunda pengar*:

Principen om sunda pengar har två aspekter. Principen fungerar bekräftande mot marknadens val av bytesmedel och hindrande mot staters benägenhet att blanda sig i valutasystemet.[24]

Sunda pengar var alltså enligt Mises det marknaden valde till pengar, då de förblev under kontroll av dess ägare, utan inblandning från några externa parter. Så länge pengarna kontrollerades av någon annan än dess ägare, skulle den med kontrollen alltid ha ett starkt incitament att påverka pengarnas värde genom inflation, konfiskering eller som ett verktyg för att uppnå politiska mål. I praktiken innebär detta att värden förflyttas från producenterna till de som kontrollerar pengarna, utan att de sistnämnda skapar något av värde för samhället. Detta var precis vad som hände när europeiska handelsmän spred billiga pärlor i afrikanska samhällen, vilket beskrevs i kapitel 2. Inget samhälle kan blomstra när den här typen av genvägar till rikedom existerar på bekostnad av alla som sliter hårt för sitt uppehälle. Med sunda pengar är däremot den enda lönsamma strategin att tillhandahålla värdefulla tjänster eller produkter för sin omgivning, vilket leder till att samhällets resurser koncentreras mot produktion, samarbete, kapitalackumulering och handel.

1900-talet var de osunda pengarnas och de allsmäktiga staternas århundrade. Århundradet då offentliga dekret slog undan benen på marknadens val av pengar och tiden då statliga pengar tvingades på folket med hot om våld. Med tiden gick staterna allt längre ifrån idén om sunda pengar. I takt med deras ökande utgifter steg underskottet och staterna kontrollerade en allt större del av respektive lands nationalprodukt. Staten tog mer och mer kontroll över människors liv, och genom utbildningssystemet fick befolkningen lära sig att stater, till skillnad från alla andra, skulle lyckas bättre ju mer de spenderade – vilket är helt i strid med ekonomins lagar. Ekonomer som John Maynard Keynes tilläts torgföra läran att statligt spenderande inte kom med några kostnader, utan enbart fördelar. Staten kan trots allt

---

24 Mises, Ludwig von. *The Theory of Money and Credit.* 2 upplagan, Irvington-on-Hudson, NY, Foundation for Economic Education, 1971, sid. 414–6.

alltid trycka nya pengar och spenderandet behöver därför aldrig veta några gränser, utan kan åstadkomma vad än staten tillåter sig.

Det här monetära upplägget är optimalt för den som avgudar statlig makt, gläds åt totalitär kontroll och inte heller ser några problem med 1900-talets krig där miljoner offer fick sätta livet till. Men för den som värdesätter frihet, fred och mellanmänskligt samarbete har den här perioden varit en sorglig tid, med ständigt minskande utsikter för ekonomiska reformer och där tanken på en återgång till monetär rimlighet ter sig som en alltmer avlägsen dröm. Friedrich Hayek formulerade det så här:

> Jag tror inte att vi kommer kunna återfå sunda pengar förrän vi tar tillbaka pengarna ur statens händer. Men eftersom vi aldrig kommer kunna ta pengarna från staten med våld är vår enda chans att på något listigt sätt introducera något de helt enkelt inte kan stoppa.[25]

År 1984 var Hayek förstås fullständigt omedveten om hur det som "de helt enkelt inte kan stoppa" skulle komma att gestalta sig. Tre decennier senare, och ett århundrade efter att de styrande krossat de sista sunda pengarna i form av guldstandarden, har individer nu möjligheten att spara och handla med en helt ny sorts pengar sprunget ur marknaden självt och som heller inte kan kontrolleras av någon stat. Bitcoin ännu är i sin linda, men verkar redan uppfylla alla de kriterier Menger, Mises och Hayek satte upp: ett ytterst säljbart alternativ på den fria marknaden som ingen utomstående kan manipulera.

---

25 Hayek, Friedrich. "Monetary Policy, the Gold Standard, Deficits, Inflation, and John Maynard Keynes." Intervju av James U. Blanchard III, University of Freiburg, Germany, *Libertarianism*, 1984, libertarianism.org/media/video-collection/interview-f-hayek

KAPITEL 5

PENGAR OCH TIDSPREFERENS

En fri marknad väljer alltid hårda pengar framför mjuka på grund av dess säljbarhet, det vill säga att dess värde bevaras över tid, de kan förflyttas på ett effektivt sätt och de är skalbara. Hårda pengar är pengar vars tillflöde inte kan manipuleras av en auktoritet som tvingar andra att använda dem. Utifrån tidigare diskussioner och insikter om penningpolitik från den österrikiska skolan finns tre punkter som förklarar vikten av hårda pengar. För det första skyddar hårda pengar värdet över tid, vilket ger människor ökade incitament att planera för framtiden och deras tidspreferens sänks. Låg tidspreferens är en katalysator för den mänskliga civilisationen, med förutsättningar för människor att samarbeta, göra framsteg och leva i fred med varandra. För det andra innebär hårda pengar att handel sker med en stabil måttenhet, vilket underlättar för allt större marknader, fria från regeringskontroll. Frihandel är centralt för att skapa fred och välstånd. All form av ekonomisk verksamhet kräver en stabil beräkningsenhet för att fungera. Mjuka pengars värde är varierande och går inte att lita på. Detta är grundorsaken till lågkonjunkturer och kriser. Och för det tredje är hårda pengar en nödvändig förutsättning för individens självständighet från despotism och förtryck. Förtryckande stater som skapar pengar har stor makt över sina medborgare, en makt som till sin natur drar till sig de minst värdiga och mest omoraliska individerna.

Tidspreferens är en vital del av människors beslutsfattande, men är något som ofta helt bortses ifrån. Pengarnas hårdhet avgör en individs tidspreferens, alltså huruvida hon prioriterar framtiden framför nuet eller tvärtom. Det är väldigt lite vi egentligen kan säga om framtiden. Vi vet att vi en dag kommer att dö, men vi vet inte när. Bortsett från det är framtiden högst osäker. Konsumtion är avgörande för överlevnad, och konsumtion i nuet är en förutsättning för att det ska finnas en framtid. Tidspreferens är därför positiv för alla människor; vi gör avkall på framtidsplanerna för att överleva nuet. Därför är det inte orimligt att påstå att framtiden är rabatterad jämfört med nutiden. Med mer tid och resurser går det att producera fler varor. Därför kommer en rationell person alltid att sträva efter att ha en viss mängd resurser tillgängliga i nuet. För att en individ ska vara villig att avvakta med att ta emot en vara måste en större mängd av varan erbjudas i framtiden. Hur stor ökning som krävs för att övertyga mottagaren om att skjuta upp överlåtandet är det som bestämmer hennes tidspreferens. Alla rationella individer har därför en tidspreferens som är större än noll, men den varierar från person till person.

Djur har betydligt högre tidspreferens än vad människor har. Eftersom djur lever nästan helt i nuet och har låg eller ingen uppfattning om framtiden, agerar de i hög grad instinktivt för att tillfredsställa uppkomna impulser. Men även inom djurriket hittas skillnader i tidspreferens. Djur som bygger bon har en viss förståelse för framtiden och därmed lägre tidspreferens än djur som enbart agerar på impulser för exempelvis hunger eller aggression. Tidspreferens är en stor del av vad som gjort oss civiliserade. Den har tyglat vår djuriska sida, hjälpt oss planera för framtiden och att agera rationellt snarare än impulsivt. Istället för att producera varor som konsumeras omgående kan människan fokusera på att göra varor som är betydligt bättre men tar längre tid att producera. När tidspreferensen sänks uppstår incitament för att lösa framtida uppgifter för en framtida tillfredsställelse, snarare än för nuvarande tillfredsställelse. Med andra ord uppstår förmågan att skapa *kapitalvaror* när människor sänker sin tidspreferens.

En stor skillnad mellan människor och djur är att människan målmedvetet kan lägga tid på att tillverka ett verktyg för att effektivisera jakten. Vissa djur kan också använda hjälpmedel, men de saknar förmågan att äga och underhålla dem för nyttjande på lång sikt. Människans lägre tidspreferens innebär att hon inser värdet av att avvara tid för att tillverka vapen, till exempel ett spjut för effektivare jakt eller ett spö att fiska med. Detta är kärnan i en *investering*, att skjuta upp omgående tillfredsställelse för att investera sin tid och sina resurser i att producera kapitalvaror som effektiviserar produktionen. Den enda anledningen till att människan frivilligt skjuter upp uppfyllandet av sina omedelbara önskningar till en osäker framtid är för att det rimligen borde generera fler och bättre varor. Mer värde kommer skapas senare. Det kan alltså sägas att *investeringar höjer produktiviteten hos tillverkaren.*

Ekonomen Hans-Hermann Hoppe förklarade att när tidspreferensen sjunker tillräckligt för att möjliggöra sparande, kapitalbildning och ackumulation av förbrukningsvaror, tenderar tidspreferensen att sjunka ytterligare. Denna självförstärkande effekt blir en katalysator för en "civilisationsprocess".[1]

Den som tillverkar ett fiskespö kan fånga mer fisk per timme än den som fiskar enbart med händerna. Enda sättet att tillverka ett fiskespö är dock att avsätta tid som annars hade kunnat användas för fiske. Detta är en osäker process och den kan misslyckas, och ge negativ utdelning. Fiskespöet kanske inte fungerar på det vis det är tänkt eller går sönder och den investerade tiden att tillverka det är då bortkastad. En investering innebär inte bara uppskjuten tillfredsställelse utan medför även en risk att

---

1 Hoppe, Hans-Hermann. *Democracy: The God That Failed.* Rutgers, NJ, Transaction Publishers, 2001, sid. 6.

misslyckas. Således kommer investeringar endast att genomföras om det finns en förväntad utdelning värd mödan. Ju lägre en individs tidspreferens är, desto större blir sannolikheten att hon kommer göra investeringar för att öka sina kapitaltillgångar. Ju mer kapital som ackumuleras, desto högre produktivitet på arbetet och desto längre tidshorisont kan produktionen ha.

Låt oss tydliggöra saken ytterligare: Föreställ dig två hypotetiska personer som till en början fiskar med sina bara händer. Det som skiljer dem åt är deras tidspreferens. Harry har högre tidspreferens än Linda. Han ägnar sig åt fiske med händerna och behöver fiska åtta timmar per dag för att fånga tillräckligt för sin överlevnad. Linda däremot har en lägre tidspreferens. Därför spenderar hon bara sex timmar per dag åt att fånga fisk med bara händerna. De resterande två timmarna ägnar hon åt att tillverka ett fiskespö. Efter en vecka med något mindre fångst jämfört med Harry är Lindas fiskespö klart. Veckan därefter visar det sig att fiskespöet är betydligt effektivare än att fiska med händerna och hon fångar på åtta timmar dubbelt så mycket fisk som Harry. Därmed behöver Linda nu bara fiska fyra timmar per dag och ändå fånga samma mängd fisk. Nu skulle Linda kunna nöja sig med detta, men eftersom hon har låg tidspreferens fortsätter hon att ackumulera kapital för att bygga en fiskebåt. Hon kan fiska fyra timmar per dag och bygga på sin fiskebåt fyra timmar per dag. Efter en månad är fiskebåten klar och hon kan nu ta sig längre ut på sjön och fånga fiskarter som Harry aldrig kommer åt. Linda är alltså inte bara mer effektiv per timme, hennes mer ovanliga fisk har även ett högre värde än Harrys fiskar. Därför behöver hon nu bara en timme per dag för att fånga tillräckligt med fisk. Hon fortsätter dock ackumulera än mer kapital för att sedan investera i en ännu större båt, bättre fiskespö och nät, vilket ytterligare höjer hennes produktivitet och livskvalitet.

Fortsätter Harry och hans arvingar att jobba som han alltid gjort och med samma tidspreferens, kommer livet i stora drag förbli detsamma med liknande nivåer av konsumtion och produktion. Om Linda och hennes efterkommande fortsätter att arbeta med låg tidspreferens förbättras deras levnadsstandard ytterligare och kapitaltillgångarna fortsätter växa. Deras arbete kommer ständigt effektiviseras i en process med allt längre tidshorisonter. En verklig motsvarighet till Linda och hennes ättlingar skulle kunna vara ägarna till *Annelies Ilena*, världens största fisketrålare. Fartyget sjösattes år 2000 och hade tagit årtionden att designa och tillverka. Det beräknas leverera avkastning åt sina investerare under decennier framöver, som med låg tidspreferens under lång tid satsat betydande kapital på att investera i fartyget mot en fördröjd avkastning. Processen att producera fisk för Lindas släktingar har blivit så lång och avancerad att den tar årtionden att slutföra, medan Harrys släktingar fortfarande fångar sin fisk för hand. Skillnaden är att Lindas släktingar har en betydligt högre produktivitet än Harrys släktingar, vilket rättfärdigar de långa processerna.

Vikten av tidspreferens åskådliggörs tydligt i det kända marshmallow-experimentet från Stanford University.[2] Psykologen Walter Mischel, som genomförde testet under sent 1960-tal, lämnade en grupp barn i ett rum med varsin marshmallow eller kaka. Han berättade för barnen att de fick ta sötsaken om de ville, men om de inte gjorde det skulle de få ytterligare en när han kom tillbaka 15 minuter senare. Barnen hade med andra ord valet mellan omedelbar eller uppskjuten tillfredsställelse. Det här är ett enkelt sätt att testa barns tidspreferens. De med låg tidspreferens väntade de 15 minuterna och fick två sötsaker. Barnen med hög tidspreferens klarade inte av att vänta, utan åt upp sin sötsak direkt och gick därmed miste om belöningen. Mischel följde upp barnen i experimentet många år senare och hittade en signifikant korrelation mellan låg tidspreferens och akademisk framgång, höga poäng på högskoleprov, lågt BMI och avsaknad av drogmissbruk.

Som professor i ekonomi lär jag ut marshmallow-experimentet i varje kurs jag ger. Det är den absolut viktigaste lärdomen inom ekonomi. Jag är förvånad över att läroplaner på universitet nästan helt uteslutande har bortsett från detta, till den grad att flertalet akademiska ekonomer inte ens känner till begreppet *tidspreferens*, än mindre dess betydelse.

---

2 Mischel, Walter, Ebbe Ebbesen, och Antonette Raskoff Zeiss. "Cognitive and Attentional Mechanisms in Delay of Gratification." *Journal of Personality and Social Psychology*, vol. 21, no. 2, 1972, sid. 204–18.

Traditionellt sett fokuserar mikroekonomin på transaktioner mellan individer, medan makroekonomi förklarar staters ekonomiska roll. Men den enskilt största ekonomiska faktorn som påverkar en individs välmående är de avvägningar hon gör gentemot sin egen framtid. Varje dag kommer en individ genomföra ett antal ekonomiska beslut med andra människor, men hon kommer i högre grad att fatta beslut som rör sin egen framtid. Det finns otaliga exempel på detta. Det kan handla om beslutet att spendera pengar eller inte, att investera tid i en utbildning för ett framtida jobb gentemot att ta ett lägre betalt jobb eller att köpa en funktionell och ekonomisk bil istället för att köpa en dyr bil och ta på sig en skuld. Människors prioriteringar och avvägningar till sitt framtida jag är det ultimata exemplet på låg tidspreferens: att jobba övertid istället för att gå ut och festa, eller mitt bästa exempel, att studera kurslitteraturen varje vecka under terminens gång hellre än att råplugga natten före provet.

Inte i något av exemplen ovan utsätts individen för något tvång, och den som i huvudsak vinner eller förlorar på konsekvenserna av valen är individen själv. Den huvudsakliga faktor som avgör en persons livsval är hans eller hennes tidspreferens. En persons tidspreferens och förmågan till självkontroll varierar från situation till situation, men det finns en tydlig gemensam nämnare i beslutsfattandet. Den krassa verkligheten är att människans lott i livet i stor utsträckning bestäms av de transaktioner som utförs mellan henne själv och hennes framtida jag. Trots att hon hellre skyller sina nederlag på andra, är det de otaliga uppgörelserna med sig själv som troligen är mer avgörande än alla yttre omständigheter. Oavsett hur mycket de yttre omständigheterna går emot en person med låg tidspreferens, är det troligt att hon ändå kommer hitta sätt att prioritera sitt framtida jag och på så vis uppnå sina mål. Och hur mycket tur någon med hög tidspreferens än har kommer den personen alltid hitta sätt att sabotera för, och lura, sitt framtida jag. Det finns många fall där människor under ogynnsamma förhållanden mot alla odds lyckats utföra storverk. Dessa står i bjärt kontrast mot andra människors öden, som trots att de frikostigt välsignats med såväl talang och färdigheter ändå lyckas slösa bort allt och ruinera sig själva. Det finns otaliga exempel på atleter och artister med stora framgångar som dött utfattiga på grund av att deras höga tidspreferens fått övertaget över dem. Samtidigt finns det många helt vanliga "svenssons" utan speciella talanger, som arbetat flitigt, sparat och investerat långsiktigt för att uppnå ekonomisk trygghet och lämnat efter sig mer än de själva ärvt från sina föräldrar.

Bara genom sänkt tidspreferens börjar individer uppskatta långsiktiga investeringar och att prioritera framtiden. Ett samhälle där man lämnar efter sig mer än man själv fått i arv är ett civiliserat samhälle. Det är en miljö där livsvillkoren förbättras och människor finner en mening i att förbättra för kommande generationer. När ett samhälles kapitalnivå växer ökar produktiviteten och med den även livskvaliteten. När basbehoven är täckta kan uppmärksamheten riktas mot livets djupare aspekter, bortom det materiella. Man bildar familj, knyter sociala band, företar sig kulturella, konstnärliga och litterära projekt och strävar efter att kunna erbjuda beständiga bidrag till samhället och världen. Civilisering handlar inte om kapitalackumulation i sig, men kapitalackumulation ger människor frihet att söka efter en högre mening i livet. Detta är möjligt först när basbehoven är täckta.

Det är många faktorer som tillsammans bestämmer en persons tidspreferens.[3] Personlig säkerhet är i särklass en av de allra viktigaste. Den som bor i ett område med mycket konflikter och hög kriminalitet löper större risk att förlora sitt liv och kommer därför prioritera ner framtiden, vilket resulterar i en högre tidspreferens än den som bor i ett fridfullt område. Möjligheten till skydd av egendom är en annan viktig faktor: i samhällen där staten eller tjuvar utan vidare kan lägga beslag på någons egendom är tidspreferensen generellt högre. Det upplevs fördelaktigare att konsumera för stunden än att investera i egendom som man när som helst kan bli av med genom stöld eller statens expropriation. Skatter har också en negativ inverkan på tidspreferensen: ju högre skatter desto mindre del av

---

3 En utomordentlig beskrivning av dessa går att finna i första kapitlet av Hoppes *Democracy: The God That Failed*. Mer grundläggande och tekniska diskussioner i ämnet står att finna i kapitel 6 av Murray Rothbards *Man, Economy, and State*, i kapitel 18–19 av Mises *Mänskligt handlande* och i Eugen von Böhm-Bawerks *Capital and Interest*.

inkomsten får individen behålla. Detta leder till att det på marginalen blir mindre fördelaktigt att jobba och därmed sparas det mindre för framtiden. Skattebördan minskar sparandet mer än vad den minskar konsumtionen, speciellt bland dem med låg inkomst där det mesta av inkomsten går åt till basbehoven.

En annan mycket viktig faktor, som dessutom är högst relevant för den här boken, är pengarnas förväntade framtida värde. På en fri marknad där människor fritt kan välja vilka pengar de vill använda, kommer sannolikt den valutan som troligast behåller sitt värde bäst över tid att vinna. Ju bättre pengarna är på att behålla sin köpkraft, desto mer ökar incitamenten för människor att skjuta upp sin konsumtion och istället använda resurserna till framtida produktion, vilket leder till kapitalackumulation och ökad levnadsstandard. Det gäller även icke-ekonomiska aspekter av livet. När ekonomiskt beslutsfattande har ett framtidsfokus faller det sig naturligt att även annat beslutsfattande påverkas i samma riktning. Människor blir lugnare och mer intresserade av samarbete. Man inser att samarbete är långsiktigt mycket mer givande jämfört med det man på kort sikt kan vinna på en konflikt. Den personliga känslan för moral ökar och därmed prioriteras moraliskt riktiga val, vilket i längden gynnar både individerna själva och deras barn. Den som tänker långsiktigt är mindre benägen att fuska, ljuga eller stjäla. Visserligen kan det ge en belöning på kort sikt att stjäla eller fuska, men på lång sikt kan konsekvenserna bli förödande.

Pengarnas minskade köpkraft är som en extra skatt eller en expropriation: det reella värdet minskar trots att det nominella värdet är detsamma. I dagens ekonomier med statsvalutor är pengar oskiljaktigt sammanbundna med artificiellt sänkta räntesatser. De moderna ekonomernas mål är att främja låntagande och investeringar för att ekonomin ska fortsätta växa. Manipulationen av kapitalpriset resulterar i artificiellt låga räntor för både sparare, investerare och låntagare. Den naturliga konsekvensen av detta blir minskat sparande på bekostnad av ökat lånande. På marginalen innebär det att människor kommer att konsumera en större del av sin inkomst och låna mer från framtiden. Dessa konsekvenser påverkar inte bara de ekonomiska besluten. Det troliga är att alla aspekter av livet påverkas.

Steget från pengar vars värde bevaras till pengar som tappar köpkraft spelar en stor roll över tid: man sparar mindre, ackumulerar mindre kapital och börjar kanske konsumera det kapital man har. Produktiviteten förblir på samma nivå eller minskar, vilket leder till stagnation av reallöner, trots att de nominella lönerna kan öka med hjälp av sedelpressarnas magiska kraft. När människor spenderar mer och sparar mindre flyttas deras fokus i alla avseenden mot nuet. Resultatet blir fler moraliska misslyckanden och en ökad sannolikhet att hamna i konflikter och självdestruktiva beteenden.

Detta förklarar varför samhällen blomstrar när de har tillgång till sunda pengar, men vittrar sönder när det monetära systemet degraderar. Det hände romarna, bysantinerna och de moderna europeiska samhällena. Kontrasten mellan 1800-talet och 1900-talet förstås enklast i kontexten att hårdvalutan övergavs till förmån för mjuka pengar och alla problem det innebär.

Monetär inflation

En historisk tillbakablick visar tydligt att den person som hittar ett sätt att skapa mer av den vara som används till monetärt medium kommer att försöka utnyttja möjligheten. Frestelsen går inte att motstå. Men ett utökat utbud av det monetära mediet är inte till gagn för samhället. En större ekonomi kräver inte ett större utbud av pengar. Ju mer skapandet av nya pengar stävjas, desto bättre fungerar valutan som bytesmedel och värdebevarare. Till skillnad från andra varor är pengars funktion som bytesmedel, värdebevarare och beräkningsenhet oberoende av kvantiteten. Avgörande är framförallt köpkraften, inte mängden. Därför kan vilken kvantitet som helst av en valuta fungera bra, så länge den är tillräckligt delbar för att tillgodose användarnas behov. Bara valutans delbarhet begränsar hur stor ekonomi den kan hantera.

Teoretiskt sett vore det bästa om utbudet av pengar var konstant, alltså att ingen kan skapa fler av dem. Det enda lagliga sättet att förvärva sådana pengar skulle då vara att producera något som har ett värde för någon annan och sedan byta detta mot pengar. Eftersom vi alla är så beskaffade att vi mer eller mindre strävar efter att öka vårt välstånd, kommer vi att arbeta mer och producera mer, vilket leder till en högre materiell standard för alla. Detta möjliggör i sin tur att människor kan ackumulera kapital och öka sin produktivitet. Pengar med konstant penningmängd fungerar också väl som värdebevarare. Eftersom ingen kan öka utbudet kommer värdet som lagras inte tappa köpkraft över tid. Det här ger människor incitament till långsiktigt sparande och gör att de kan planera för framtiden. Med ökat välstånd och ökad produktivitet sjunker människors tidspreferens, eftersom det skapas förutsättningar för människor att bättre planera för framtiden. Därmed blir det möjligt att fokusera på de icke-materiella delarna av livet, såsom andlighet, sociala relationer och kultur.

Men en sådan valuta, vars egenskaper gör den omöjlig att skapa mer av, har inte stått att finna. Allt som i stor skala får rollen att vara bytesmedel ökar i värde, vilket leder till att det blir intressant för fler att försöka skapa mer av den varan. Det bytesmedel som stått sig allra bäst genom tiderna är ett där inflödet av nya pengar förblivit litet jämfört med det totala utbudet. Som en följd av att guld är i princip oförstörbart är det den enda metallen vars totala lager hela tiden ökat sedan den började brytas. Och eftersom denna brytning hållit på i tusentals år och alkemin ännu inte haft någon större framgång, förblir inflödet av nytt guld alltjämt en liten bråkdel av det totala utbudet.

Detta är anledningen till att guld har varit synonymt med hårdvaluta och sunda pengar. Tack vare fysikens och kemins orubbliga lagar går det inte att avsevärt utöka dess utbud. Människan har i hundratals år försökt, men inte lyckats, att få fram någon form av pengar som är hårdare än guld. Därför har guld varit, och fortsätter att vara, det viktigaste monetära medlet och har använts av de flesta kulturer genom mänsklighetens historia. Trots att världen nu övergått till statliga valutor, fortsätter dessa stater alltjämt att inneha en betydande del av sina reserver i guld. Så mycket att det utgör en icke försumbar del av det totala utbudet.

Keynes beklagade sig över att guldbrytning var slöseri med resurser som inte bidrog till ökat välstånd. Det finns förvisso en gnutta sanning i hans uttalande, i den mening att ett utökat utbud av det monetära mediet inte medför ökat välstånd i det samhälle där pengarna används. Men han missar det faktum att guldets överlägsna monetära roll är ett resultat av att det är den metall som attraherar *minst* kapital och resurser av alla för sin utvinning. Eftersom utbudet av guld bara kan utökas marginellt, även vid pristoppar, och eftersom guld är en mycket ovanlig metall som är svår att hitta, blir guldbrytning mindre lönsam jämfört med brytning av alla andra slags metallpengar. Om någon annan metall skulle bli ett viktigt monetärt medium och tidspreferensen i samhället samtidigt gick ner, skulle det innebära att fler köpte upp denna metall för att bevara värde inför framtiden. Följden blir att priset på metallen ökar och det blir mer lönsamt att bryta den. Därtill är den här metallen inte lika beständig som guld. Slutresultatet blir att nyproduktionen jämfört med det totala utbudet vida överstiger motsvarande siffra för guld. Som i det tidigare exemplet från kapitel 1 med koppar, faller priserna och värdet av innehavarnas besparingar devalveras. På samhällsnivå innebär detta de facto att spararna blir bestulna på värde. I ett sådant samhälle är incitamenten för sparande och samhällsnyttig produktion små. Besattheten av att producera mer monetärt medium utarmar samhället och man blir troligen utkonkurrerad av ett mer produktivt samhälle eller land vars invånare har bättre saker för sig än att producera mer av sitt monetära medium.

Den monetära konkurrensen har konsekvent straffat individer och samhällen där andra metaller än guld har använts, och belönat de som använt sig av guld. Anledningen är guldets inflationsresistens samt att fokuset riktas bort från produktion av monetärt medium för att istället ägnas åt produktion av varor och tjänster som faktiskt är till nytta för samhället. Här finns förklaringen till varför det arabiska universalgeniet Ibn Khaldun ansåg att prospektering och brytning av guld var det mest ovärdiga man kan ägna sig åt, näst kidnappning för lösensummor[4]. Det John Maynard Keynes missar när han dömer ut guldets monetära roll och menar att dess

---

4 Ibn Khaldun, Abd Alrahman. *Al-Muqaddimah*. 1377.

brytning är slöseri med resurser, är att av alla potentiella metallpengar så är det guld som innebär *minst* slöseri. Men Keynes dårskap får ytterligare en dimension genom den "lösning" han föreslår på problemet. Han förespråkar en fiatstandard som har visat sig ta i anspråk väsentligt mer av människans dyrbara tid, arbetskraft och resurser för att hantera utgivningen av – och profiterandet på – dessa fiatvalutor. Guldbrytningen har aldrig varit i närheten av att sysselsätta så många gruvarbetare, byråkrater och tjänstemän som dagens centralbanker gör tillsammans med alla andra banker och företag som tjänar pengar på att ha nära tillgång till sedelpressarna. Mer om detta i kapitel 7.

När nytillförseln är försumbar jämfört med det totala utbudet av en valuta, bestäms marknadsvärdet av hur angelägna människor är att spendera den istället för att behålla den. Viljan att spendera eller spara varierar kraftigt både mellan människor och över tid. Men på samhällsnivå är variationerna ändå små, till följd av att pengar är den marknadsvara vars *marginalnytta* avtar långsammast. Antagandet om avtagande marginalnytta är grundläggande inom ekonomi. Det innebär att ju fler enheter av en vara man tillskansar sig, desto mindre nytta har man av en ytterligare enhet. Pengar som innehas inte för dess egen skull, utan enbart för att kunna bytas mot andra varor, kommer ha en marginalnytta med långsammare avtagande effekt än alla andra varor. För den som redan äger många hus, bilar, TV-apparater, äpplen eller diamanter upplevs nyttan med ytterligare en enhet mindre jämfört med de första man köpte. Efterfrågan på ytterligare enheter har alltså avtagit. Men detta gäller inte pengar. De är generella och kan bytas mot valfri annan vara dess ägare åtrår mer än pengarna i sig, förutsatt att man har råd. Marginalnytta avtar förvisso även på pengar, men det sker långsammare. En dollars ökad inkomst betyder mer för den som tjänar 1 dollar än för den med en inkomst på 1 000 dollar. Marginalnyttan för pengar avtar i takt med det upplevda värdet av all konsumtion, inte konsumtion av en specifik vara.

Det långsamma avtagandet innebär att den marginella efterfrågan på pengar inte varierar speciellt mycket. Detta i kombination med ett nästan konstant utbud ger upphov till ett relativt konstant marknadsvärde. Stora värdeökningar eller värdeminskningar blir osannolika, vilket gör valutan till en usel investering på lång sikt, men till en god värdebevarare. En investering värd namnet innebär en förmodad potentiell värdeökning, men också en risk att det som satsas går förlorat eller sjunker i värde. En bra investering ger en belöning om den faller väl ut, men i fallet med hårdvaluta erbjuds inga belöningar. Här är riskerna små.

På samhällsnivå varierar troligen pengarnas efterfrågan endast med tidspreferensen. När människor över lag utvecklar en lägre tidspreferens är det troligt att fler håller i sina pengar, vilket medför ett ökat marknadsvärde jämfört med andra varor och tjänster, som i sin tur uppmuntrar till ytterligare sparande. I ett samhälle där tidspreferensen istället ökar blir man mindre benägen att spara för framtiden och marknadsvärdet sjunker något. I båda fallen gäller dock att sparande i pengar är det minst riskfyllda, med den sämsta förväntade avkastningen jämfört med alla på marknaden förekommande tillgångar. Häri ligger den grundläggande förklaringen till dess efterfrågan.

Analysen ovan kan förklara hur guldet kunnat behålla sitt värde så anmärkningsvärt väl genom århundradena. Priserna på jordbruksprodukter under antikens Rom är i en studie påfallande lika dagens priser, när de uttrycks i guld. I Diocletianus kungörelse[5] finns priser från år 301 e.Kr. angivna. Om de konverteras till dagens dollarkurs motsvarade priset på ett kilo nötkött 9 $, en pint öl 2 $, en halv liter fint vin ca 13 $, enklare vin 9 $, och samma mängd olivolja kostade runt 20 $. Jämförelser av löner för vissa yrken visar på samma mönster. Även om mängden data är för liten för att man ska kunna dra säkra slutsatser, är det indikationer på gulds stabila värde.

Roy Jastram har publicerat en systematisk studie av guldets köpkraft, som spänner över den längsta sammanhängande tidsepoken med tillgängli-

---

5 Kent, R. ”The Edict of Diocletian Fixing Maximum Prices.” *University of Pennsylvania Law Review*, vol. 69, 1920, sid. 35.

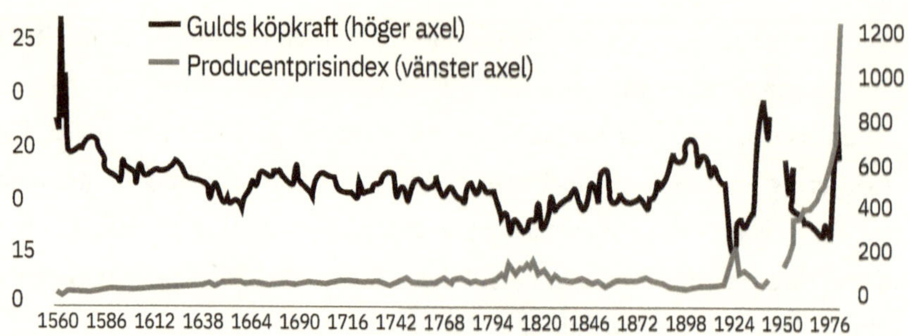

Figur 8: Guldets köpkraft samt producentprisindex, England 1560-1976.[7]

ga data.[6] I studien av guldets köpkraft för perioden 1560–1976 konstaterar Jastram att den minskar under de första 140 åren, för att sedan hålla sig stabil från år 1700 fram till år 1914, då Storbritannien övergav guldstandarden. I över tvåhundra år, under vilka Storbritannien primärt använde sig av guld som pengar, höll sig dess köpkraft på en relativt konstant nivå. Så även grossistpriserna. När första världskriget intensifierades och landet gick ifrån guldstandarden, ökade guldets köpkraft. Även grossistpriserna steg, vilket syns i figur 8.

Att ett monetärt medium ska hålla sig exakt konstant är förstås inte möjligt ens i teorin. Varor och tjänster som köps för pengar förändras över tid. Ny teknik introducerar helt nya varor som ersätter gamla. Varors tillgång och efterfrågan varierar dessutom över tid. En av pengars viktigaste funktion är att vara måttstock (beräkningsenhet) för varor med ett varierande värde. Det blir alltså omöjligt att på ett tillfredsställande sätt exakt mäta värdet av ett monetärt medium, även om studier likt Jastrams kan ge indikationer på att ett betalmedel sett över en längre tid tenderar att bevara sitt värde. Speciellt i jämförelse med andra typer av pengar.

En annan sammanställning av data från USA fokuserar på de två senaste århundradena – en period med en snabbare ekonomisk tillväxt jämfört med Jastrams tidsspann – visar att trots att priset på varor uttryckt i dollar steg

---

6 Jastram, Roy. *The Golden Constant: The English and American Experience 1560-2007*, Cheltenham, UK, Edward Elgar, 2009.
7 Källa: Jastram, Roy. *The Golden Constant: The English and American Experience 1560-2007*, Cheltenham, UK, Edward Elgar, 2009.

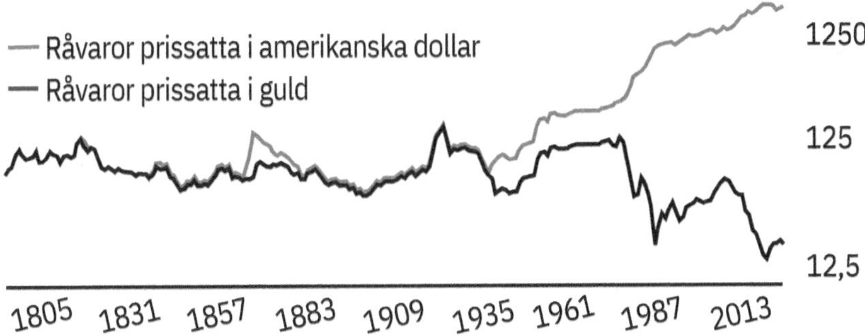

Figur 9: Priset för varor i guld och i USD, logaritmisk skala, 1792-2016.[8]

kraftigt, ökade värdet på guld ännu mer. Detta är precis vad man kan förvänta sig när guldet är den hårdaste typen av tillgängliga pengar. Till skillnad mot guld är alla andra varor lättare att producera fler av och det blir ett relativt överskott på dessa varor, vilket resulterar i att köpkraften hos guld gradvis ökar. I figur 9 kan man tydligt se att under perioder när dollarn var närmare knuten till guld, steg den i värde jämfört med andra varor. Man fick alltså mer för pengarna. Men under perioder när de skildes åt, som till exempel. under Amerikanska inbördeskriget (1861–1865) och efter devalveringen 1934, då staten också begränsade medborgarnas rättigheter att äga guld, minskade statsvalutans värde avsevärt.

Under perioden 1931–1971 var dollarn på pappret knuten till guld, men i verkligheten kunde detta tämligen lätt kringgås. De omvälvande politiska besluten som genomsyrade perioden påverkade värdet av både statsvalutan och guldet negativt. Om man vill studera skillnaderna mellan statsvaluta och guld är det därför bättre att fokusera på tiden efter 1971. Detta är en tid då statsvalutor uppbackade av centralbanker fritt kunnat köpas och säljas på marknaden. Se figur 10.

Sedan 1971, då kopplingen till guld officiellt avskaffades, har de starkaste och stabilaste statsvalutorna sjunkit ihop till 2–3 % av sitt forna värde i förhållande till guld. Detta beror inte på att marknadsvärdet på guld har

---

8 Källa: Federal Reserve Economic Data. Historical Statistics of the United States, Series E 52-63 and E 23-3. fred.stlouisfed.org/

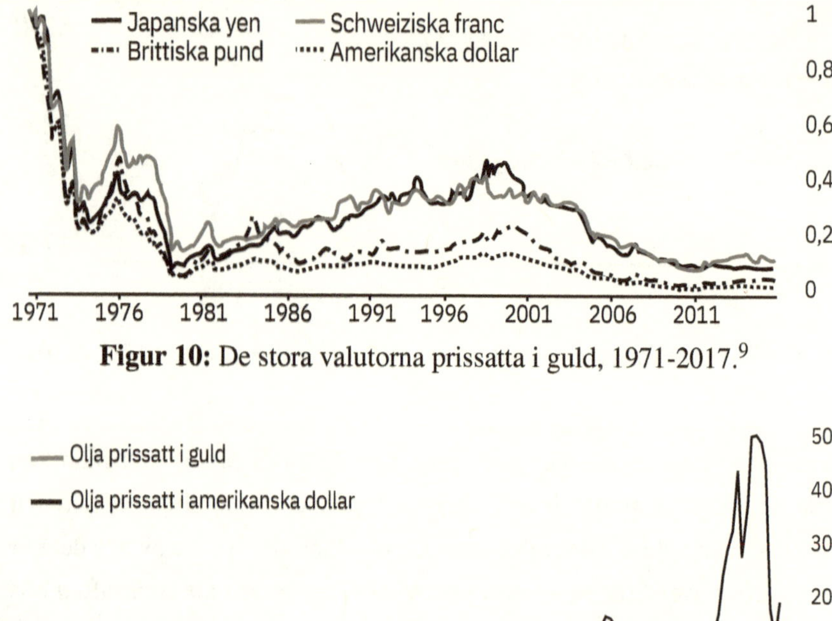

Figur 10: De stora valutorna prissatta i guld, 1971-2017.[9]

Figur 11: Oljepriset i USD och i per ounce guld, 1861-2017, som prismultipel 1971[10]

ökat, det är fiatvalutorna som har sjunkit i värde. Varor och tjänster kostar ungefär lika mycket guld nu som för 50 år sedan, men priserna uttryckta i statsvalutor har stigit kraftigt. Priset på ett oljefat är flera gånger högre idag mätt i dollar, men ungefär detsamma mätt i guld. Se figur 11.

Hårda pengar, vars utbud är svårt att utöka, har ett oftast stabilt värde även om tidspreferensen varierar. Mjuka pengar däremot, vars producenter kan påverka utbudet avsevärt, genererar kraftiga variationer i efterfrågan och påverkar därmed också hur stabila pengarna är som värdebevarare över tid.

---

9 Källa:US Federal Reserve Statistics. fred.stlouisfed.org. Gold Price Data, World Gold Council gold.org
10 Källa: BP Statistical Review & World Gold Council. gold.org

Värdestabilitet är inte bara viktigt för att bevara innehavarens köpkraft. Kanske ännu viktigare är det för att upprätthålla förtroendet för valutan som beräkningsenhet. När pengarnas värde är förutsägbart och stabilt kan de, likt guld, ge pålitliga signaler om prisvariationer på varor och tjänster.

I fallet med statsvalutor utökas däremot penningmängden av centralbankerna och de kommersiella bankerna, medan recessioner och konkurser har motsatt effekt på utbudet. Efterfrågan på pengar varierar dessutom på ett oförutsägbart sätt och beror på vilka förväntningar som finns på respektive valuta och vilken penningpolitik dess centralbank för. Denna högst volatila kombination bidrar till stora osäkerheter vid långsiktig värdering av statsvalutor. Centralbankerna har i uppdrag att hålla den allmänna prisstegringen på en låg och jämn nivå. I sin verktygslåda har de olika penningpolitiska åtgärder med olika påverkan på penningutbudet och det ger därmed en dämpande effekt på volatiliteten. Jämfört med guld är priset på många av de större valutorna därför mer stabilt. Men bara på kort sikt. Tittar man på längre sikt leder guldets jämna, långsammare utbudsökning till en stabilare och mer förutsägbar prisbild.

Sunda pengar som väljs på en fri marknad för sin goda förmåga att bevara värde över tid är naturligt stabilare än mindre sunda varianter vilka stater påtvingar sina medborgare. Om en statsvaluta hade varit den bästa värdebevararen och beräkningsenheten på marknaden, hade det inte behövts några bestämmelser kring vad som är ett lagligt betalningsmedel. Stater över hela världen skulle inte heller ha behövt konfiskera stora mängder guld från sina medborgare, och inte heller inneha betydande guldreserver. Att centralbanker fortsätter äga stora mängder guld talar sitt tydliga språk: ett lågt förtroende för respektive statsvaluta och ett fortsatt högt dito för guld. Värdet på papperspengar fortsätter slå nya bottenrekord.

Sparande och kapitalackumulation

Ett av de största problemen med att en valuta minskar i värde är att det ger incitament att spendera hellre än att spara. Tidspreferens är till sin natur

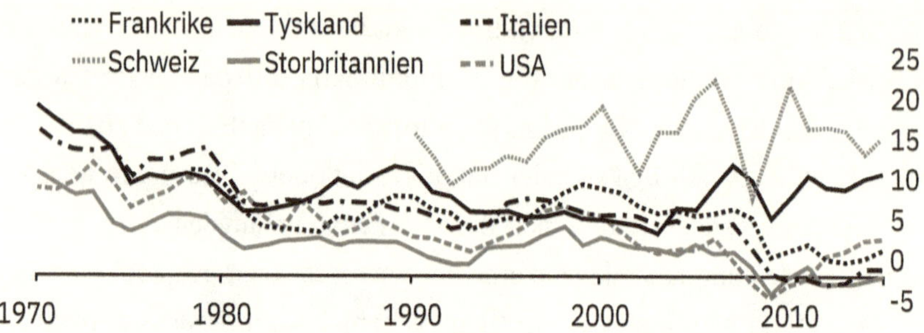

Figur 12: Nationell sparnivå i stora ekonomier, 1970-2016, %.[11]

större än noll: givet att dagens förhållanden är sådana att du redan nu kan tillfredsställa ett behov du har, och att morgondagens förhållanden är exakt de samma, finns ingen anledning att senarelägga tillfredsställandet. Endast om tillfredsställelsen är större senare finns det anledning att skjuta upp den. Sunda pengar ökar sakta men säkert i värde över tid, vilket innebär att om man sparar och skjuter upp sin konsumtion kommer troligen ens köpkraft öka. Fiatpengar som kontrolleras av centralbanker med uppdrag att upprätthålla inflation ger inte några incitament till sparande. Sådana pengar uppmuntrar istället till spenderande och lånande.

Vad gäller investeringar skapar sunda pengar ett ekonomiskt klimat där även en liten avkastning är av intresse för investerare. Men om pengarna är mindre sunda behöver valutans devalveringstakt tas med i beräkningen och bara projekt med större avkastning än den blir intressanta att investera i. Det ger upphov till en jakt på höga vinster med tillhörande höga risker, och eftersom den ökande penningmängden medför låga räntor, blir det mer fördelaktigt att låna än att spara.

Resultatet av de senaste 46 årens experiment med mjuka och osunda pengar talar sitt tydliga språk. Graden av sparande har sjunkit avsevärt och skulderna har nått ofattbara höjder, både på individ- och statsnivå. Detta åskådliggörs i figur 12.

Schweiz står kvar som västvärldens sista bastion med en tvåsiffrig

---

11 Källa: Organization for Economic Co-operation and Development. stats.oecd.org/. stats.oecd.org

sparandegrad och låg tidspreferens. Landet övergav den officiella guldstandarden år 1936, men fortsatte att backa upp sin fiatvaluta med stora mängder guld ända in på 90-talet. I resten av västvärlden är sparandegraden ensiffrig eller till och med negativ. Medeltalet för de sju största ekonomierna[12] har sjunkit från 12,66 % år 1970 till 3,39 % år 2015, alltså en minskning med nästan tre fjärdedelar.

Sparandet i västvärlden har störtdykt, medan skuldsättningen ökat nästintill okontrollerat. I ett genomsnittligt hushåll är skulderna mer än dubbelt så höga som dess årsinkomst. Sett till helheten, inklusive statsskulder, överstiger lånen BNP flera gånger om. Det här får enorma konsekvenser, men siffrorna har normaliserats i dagens samhälle. De keynesianska ekonomerna intalar oss att skuldsättning är bra för tillväxten och varnar oss för att sparande kan ge lågkonjunkturer.

En av de mest lögnaktiga fantasierna som genomsyrar keynesiansk ekonomi är idén att en stor statsskuld inte är något problem, eftersom den är en skuld till oss själva. Bara någon med extremt hög tidspreferens kan missa att det diffusa begreppet "oss själva" inte är en homogen grupp, utan det är människor differentierade i flera generationer och de som spenderar hejdlöst nu skjuter kostnaden på framtidens medborgare att betala. För att göra saken än värre pågår också en slags mental utpressning i stil med "vi snuvar oss själva om vi inte lånar för att kunna investera inför framtiden".

Många låtsas som om detta vore en modern snilleblixt av Keynes att låta skulderna fortsätta stiga i all evighet. Men detta är inget nytt under solen, utan en politik som fördes redan av de romerska kejsarna vid tiden för Romarrikets fall. Skillnaden idag är bara att den nu förs med statligt utgivna papperspengar. Papperspengar är förvisso enklare att hantera och gör ingreppen mindre uppenbara jämfört med guldpengar. Men resultatet blir detsamma.

Förra århundradets överdrivna konsumtionsfest behöver ses i ljuset av fiatpengarnas förlorade soliditet och de förhärskande keynesianska teorierna. Den höga tidspreferensen har blivit det nya normala och inget

---

12 USA, Japan, Tyskland, Storbritannien, Frankrike, Italien och Kanada.

vi tänker på, och idealiseringen av konsumtion som enda vägen till en blomstrande ekonomi är en vedertagen sanning. De minskade incitamenten för sparande speglas i ökade incitament för slösande. När räntorna hela tiden manipuleras nedåt och banker utfärdar fler krediter än någonsin blir lån ett sätt att finansiera inte bara investeringar, utan även konsumtion. Användandet av kreditkort och konsumtionskrediter är sällan eller aldrig kopplade till investeringar inför framtiden. Ironiskt nog beskylls kapitalismen – ett ekonomiskt system baserat på *kapitalackumulering* genom sparande – för att ligga bakom den överdrivna konsumtionen. Alltså raka motsatsen till kapitalackumulation. Kapitalism uppstår när tidspreferensen sjunker och någon avstår från omedelbar tillfredsställelse, för att istället investera inför framtiden. Att skulddriven masskonsumtion skulle höra ihop med kapitalism kan jämföras med att kvävning skulle vara en naturlig del av andning.

Här kan vi få hjälp att reda ut ett av de viktigaste keynesianska missförstånden, nämligen att uppskjuten konsumtion skapar arbetslöshet och en avstannande produktion. Keynes ansåg att utgifternas storlek var den faktor som bäst bestämmer ekonomins tillstånd. Keynes saknade kunskaper inom kapitalteori och han var inte utbildad inom ekonomi. Han var därmed inte medveten om att en anställning inte nödvändigtvis bidrar direkt till slutvaror, utan kan lika väl vara inom produktion av kapitalvaror som producerar slutvaror först långt senare. Eftersom han levde på sin familjs förmögenhet hade han ingen egen erfarenhet av att behöva arbeta och spara för att tjäna ihop till sitt uppehälle. Den skeva verklighetsuppfattningen ledde till att han inte insåg vilken central roll sparande och kapitalackumulation har för ekonomisk tillväxt. Keynes observerade att när det var recession minskades konsumtionen och sparandet ökade. Därmed drog han slutsatsen att det var det ökade sparandet som var *orsaken* till den sjunkande konsumtionen, och det i sin tur orsakade recessionen. Om han studerat kapitalteori hade han insett att den sjunkande konsumtionen var en naturlig reaktion på konjunkturcykeln, som i sin tur orsakats av den utökade penningmängden. Detta behandlas mer utförligt i kapitel 6. Han skulle också ha insett att det enda som ger ekonomisk tillväxt är uppskjuten tillfredsställelse, sparande och investeringar, som leder till längre produktionscykler och effektivare produktionsmetoder och därmed i slutändan till en bättre levnadsstandard. Slutligen borde han då insett att anledningen till att han fötts in i en rik familj i ett välbärgat samhälle var att hans förfäder under århundraden hade ackumulerat kapital, skjutit upp tillfredsställelser och investerat för framtiden. Men precis som de romerska kejsarna vid storhetstidens slut förstod han aldrig vilket arbete och vilka uppoffringar som krävts för att bygga upp det välstånd han åtnjöt. Han levde i tron att konsumtion orsakade välstånd, istället för att vara en konsekvens av det.

Skuld är motsatsen till besparing. Om besparingar skapar möjligheter till kapitalackumulation och ett framåtskridande samhälle, verkar skulder i motsatt riktning genom en minskad kapitalstock, minskad produktivitet och samhälleligt förfall över tid. Oavsett om det är huslånen, välfärdssamhällets förpliktelser eller statsskulden som behöver återfinansieras med högre skatt och monetär finansiering, är det mycket möjligt att dagens ungdomar blir de första i västvärlden sedan Romarrikets fall (eller åtminstone sedan industrialiseringen) att födas in i en familj med mindre kapital än deras föräldrar gjorde. Istället för att se sina besparingar och sin kapitalstock öka, måste den yngre generationen arbeta för att betala av de växande lånen och arbeta ännu mer för att via skatter finansiera statens socialpolitiska åtgärder, som de troligen inte kommer kunna få ta del av själva i framtiden.

Den här förskjutningen från hårdvaluta till mjuka pengar, vars värde minskar över tid, har lett till att flera generationers ackumulerade välstånd slösats bort på överdriven konsumtion på bara en eller två generationer. Numera anses det helt normalt att låna till större utgifter. För hundra år sedan kunde de flesta betala sitt hus, sin utbildning och sitt bröllop med det de tjänade och kunde spara ihop. Idag är det för de allra flesta av oss helt omöjligt. Även de som har det väl förspänt lever över sina tillgångar och finansierar sina inköp med lån. Skillnaden är att med tillgångarna som säkerhet kan de låna större belopp. Det går ett tag, men man misstar sig om man tror att detta är hållbart i längden. Det är inget annat än systematisk konsumtion av samhällets kapitalstock. Om utsädet äts upp, vad ska vi då äta imorgon?

När kontrollen av pengar hamnar i de folkvaldas händer blir penningpolitiken per automatik kortsiktig, med en horisont på några få år, då politikernas främsta mål är att bli omvalda. Helt naturligt utnyttjas då kontrollen över statsvalutan för att finansiera den politik som säkrast leder till att man får sitta kvar vid makten, på bekostnad av framtida generationer. H. L. Mencken uttryckte det ungefär såhär: "Allmänna val är som en sofistikerad auktion med stulna varor."[13] I ett samhälle med fria sunda pengar blir det tydligt för individen att hon behöver förvalta sitt kapital på ett långsiktigt sätt, med kommande generationer i åtanke. Säkerligen skulle många välja en oansvarig väg som inte hade gagnat sin avkomma, men det hade ändå funnits möjlighet för de som vill ta ansvar. När pengarna förstatligades blev det svårare att göra det goda valet. Även barnen till den mest ansvarsfulla personen ser sina besparingar gå upp i rök och tvingas betala höga skatter för att täcka upp för statens inflationsdrivande fördelningspolitik.

I takt med att omfattningen av det som ärvs från tidigare generation minskar, försvagas familjebanden och familjens roll. Istället har statens makt över individen brett ut sig. Makt som utövas med hjälp av dess i princip obegränsade möjligheter att finansiera föräldrapenning, förskola, skola, studielån, sjukförsäkring, socialbidrag, bostadsbidrag, pension, äldreomsorg och så vidare. När den statliga "frikostigheten" på detta sätt tar över den traditionella familjens roll, minskar incitamenten för familjen att hålla ihop.

I samhällen där familjen fortfarande har en stark ställning är folk väl medvetna om att de behöver barn som kan försörja en när man blir gammal. Därmed blir det viktigt att bilda familj och investera så att barnen får det så bra som möjligt. Men om incitamenten för långsiktiga investeringar försvinner, och om sparande blir kontraproduktivt med pengar vars värde minskar, blir familjens investeringar inte lönsamma. Om politikerna dessutom säljer lögner till folket om evig tillväxt och fördelaktiga pensionsförsäkringar,

---

13 Mencken, H. L. A *Carnival of Buncombe*, edited by Malcolm Moos, Baltimore, MD, Johns Hopkins Press, 1956, sid. 325.

som finansieras av deras magiska sedelpress, blir det än mindre intressant att investera i familjen. Gradvis sjunker incitamenten att bilda familj och fler och fler kommer välja att leva i ensamhushåll. Skilsmässor och separationer ökar till följd av att paren inte satsar tillräckligt emotionellt och finansiellt på sina förhållanden. I förhållanden som överlever skaffas färre barn. De osunda pengarnas roll är en viktig pusselbit för att förstå den moderna familjens kollaps. De har möjliggjort för staten att ta över stora delar av rollen den traditionella familjen haft under flera tusen år. De har också hämmat incitamenten till att investera i långsiktiga familjerelationer.

Att ersätta familjen med statlig fördelningspolitik har för de flesta inte varit något fördelaktigt byte. Flera studier visar att människans välmående i hög grad är kopplat till långsiktiga nära relationer med en partner och barn.[14] Det finns också många studier som visar att depression och psykisk ohälsa ökar när en familj faller sönder, speciellt bland kvinnor.[15] Ofta är det just familjekriser som är en av grundorsakerna till depressioner och psykisk ohälsa.

Det är ingen tillfällighet att familjens kollaps har orsakats av en ekonomisk lära konstruerad av en man utan egna långsiktiga mål. Som son i en välbärgad familj med en betydande generationsöverskridande ackumulerad förmögenhet, gav han sig hän åt diverse hedonistiska utsvävningar, inklusive sexuella övergrepp på barn. Han gjorde till exempel en resa runt Medelhavet där han besökte olika barnbordeller.[16]

Den viktorianska tiden i Storbritannien (1837–1901) var en tid med låg tidspreferens, hög moral, få mellanmänskliga konflikter och stabila familjer. Keynes tillhörde en generation som opponerade sig mot dessa traditioner

14 Vaillant, George. *Triumphs of Experience: The Men of the Harvard Grant Study*. Cambridge, MA, Harvard University Press, 2012.

15 Stevenson, Betsy, and Justin Wolfers. "The Paradox of Declining Female Happiness."*American Economic Journal: Economic Policy*, vol. 1, no. 2, 2009, sid. 190–225.

16 Se Michael Holroyd, *Lytton Strachey: The New Biography*, vol. I, sid. 80, där Keynes skriver i ett brev till vännen Lytton Strachey i Bloomsburygruppen att de borde resa till Tunis "where bed and boy were not expensive". Se också David Felix, *Keynes: A Critical Life*, sid. 112, som citerar ett annat brev från Keynes där han meddelar sin vän: "I'm leaving for Egypt ... I just learned that 'bed and boy' is prepared." I ytterligare ett brev rekommenderar han Strachey att åka till Tunis och Sicilien "if you want to go to where the naked boys dance".

och ansåg dem vara förtryckande institutioner och att de borde störtas. Det är omöjligt att förstå den keynesianska ekonomin utan att också se till den moral han förespråkade för det samhälle han trodde sig kunna forma.

Banbrytande uppfinningar och stegvisa förbättringar

Sunda pengars inverkan på tidspreferens och framtidsfokus visar sig inte bara i ett ökat intresse av att spara. Sundheten påverkar också vilka slags projekt ett samhälle investerar i. I ett statsskick med sunda pengar, liknande det som världen hade under sent 1800-tal, är man avsevärt mer benägen att intressera sig för långsiktiga investeringar. Man har också stora mängder tillgängligt kapital att satsa på projekt som betalar sig först på lång sikt. Konsekvensen av detta är att många av de allra viktigaste uppfinningarna i mänsklighetens historia såg dagens ljus just under gulderan i slutet av 1800-talet.

I sitt betydelsefulla verk *The History of Science and Technology* sammanställde Bunch och Hellemans en lista över mänsklighetens 8 583 viktigaste tekniska och vetenskapliga uppfinningar. Fysikern Jonathan Huebner[17] gjorde en omfattande analys av listan och satte den i relation till årtal samt världens folkmängd vid tidpunkten. När han studerade innovationsgraden per år och per capita sedan medeltiden och framåt, kunde han se att trots att det totala antalet uppfinningar ökade under 1900-talet var antalet per capita högst på 1800-talet.

När man tittar på uppfinningar i allmänhet under tiden före år 1914 stämmer trenden väl med Huebners data. Det är ingen överdrift att hävda att vår moderna värld uppfanns under guldstandardens era före första världskriget. Tiden efter blev ett århundrade av förfining, förbättring, optimering och ekonomisering. De fantastiska förbättringar som gjorts under 1900-talet gör att vi lätt glömmer bort att de riktigt transformativa och världsomvälvande uppfinningarna härrör från gulderan.

---

17 Huebner, Jonathan. "A Possible Declining Trend for Worldwide Innovation." *Technological Forecasting and Social Change*, vol. 72, no. 8, Elsevier, okt. 2005, sid. 980–6.

I sin populära bok *Zero to One* diskuterar Peter Thiel påverkan från de stora visionärerna som lyckats skapa en ny värld genom att konstruera den allra första enheten av en ny banbrytande teknologi. Steget från noll enheter till en enhet är det svåraste och viktigaste steget. Att sedan gå från en enhet till flera är mest en fråga om uppskalning, marknadsföring och optimering. För oss som förälskat oss i en världsbild med ständiga framsteg kan det vara svårt att ta till sig att de verkliga uppfinningarna, *zero to one –från noll till en*, gjordes före år 1914 på en guldstandard. Eran efter 1914, med mjuka statliga fiatpengar, har främst handlat om stegvisa förbättringar; från en till många. Det är förstås inget fel i att förbättra, men den intressanta frågan är varför det har varit så få banbrytande uppfinningar under den tiden vi haft vårt moderna monetära system.

Majoriteten av den teknik vi använder idag baseras på uppfinningar från 1800-talet, då vi hade en guldstandard. De finansierades av sparare som kunnat bevara sin förmögenhet i sunda pengar med förmågan att behålla sitt värde över tid. Nedan ges en lista över några av periodens viktigaste uppfinningar.

- Varmt och kallt rinnande vatten, wc, rörmokeri och centralvärme
  Dessa uppfinningar som vi idag tar för givet är livsviktiga. Tack vare dem kan vi bekämpa smittsamma sjukdomar över hela världen. De har också möjliggjort urbana miljöer utan det ständigt närvarande hotet av sjukdomar.
- Elektricitet, förbränningsmotor och massproduktion
  Det moderna industrisamhället byggdes kring den ökande användningen av kolvätebaserad energi. Utan den vore det mesta som kännetecknar vårt moderna samhälle omöjligt.
- Bil, flygplan, tunnelbana och elektrisk hiss
  Vi har la belle époque att tacka för att våra gator inte är fulla av hästgödsel och för att vi kan resa. Bilen uppfanns 1885 av Karl Benz, flygplanet 1906 av bröderna Write, tunnelbanan 1843 av Charles Person och den elektriska hissen 1852 av Elisha Otis.
- Hjärtoperation, organtransplantation, blindtarmsoperation, kuvös, strålbehandling, bedövning, acetylsalicylsyra, blodgrupp och blod-

transfusion, vitaminer, EKG och stetoskop

Även kirurgi och modern läkekonst har gjort många av sina största framsteg under *la belle époque*. Efter att till stora delar under hundratals år gjort mer skada än nytta kunde sjukvården nu med hjälp av god hygien och pålitlig kolvätebaserad energi verkligen hjälpa människor på riktigt.

- Kemikalier baserade på olja, rostfritt stål och kvävebaserat gödningsmedel

Uppfinningen av de material som gjort vårt moderna liv möjligt kan också härledas till *la belle époque*. De är en förutsättning för industrialiseringen och det moderna jordbruket. Alla slags plaster är petrokemiska produkter.

- Telefon, trådlös telegraf, röstinspelning, färgfoto och film

Vi tänker oss nog att vår egen tid är den stora telecom-eran. Men faktum är att det mesta vi uppnått under 1900-talet i själva verket är förbättringar av tidigare uppfinningar. Den första datorn, Babbage-datorn, designades 1833 av Charles Babbage och färdigställdes 1888 av hans son Henry. Påståendet att internet och allt det möjliggjort för mänskligheten bara är smärre förbättringar av telegrafen från 1843 kan vara att gå lite för långt, men där finns ändå ett stråk av sanning. Det var telegrafen som på ett fundamentalt sätt förändrade samhället genom att möjliggöra kommunikation utan fysisk transport av brev eller andra meddelanden. Detta kan ses som steget från noll till ett inom telecom-tekniken och allt efterföljande är stegvisa förbättringar.

Det konstnärliga frodas

Tillgången till sunda pengar gynnar inte bara vetenskaplig och teknisk utveckling, den gör också att konst och kultur frodas. Det är ingen slump att de främsta av renässansens konstnärer kom från Florens och Venedig. Dessa två städer gick nämligen i spetsen för Europas införande av hårdvaluta. Skolorna för de stora stilriktningarna – barocken, nyklassicismen, romantiken, realismen och postimpressionismen – finansierades alla av välbärgade mecenater, som hade stora mängder hårda pengar och mycket låg tidspreferens. De hade tillräckligt tålamod att vänta flera år, ibland decennier, på att de stora mästerverken skulle färdigställas, av vilka en del överlevt ända till dags dato. De hisnande kupolerna i europeiska katedraler som byggdes och dekorerades under decennier är resultatet av grundligt utfört arbete av makalösa konstnärer, som till exempel Filippo Brunelleschi och Michelangelo. För att fånga finansiärens uppmärksamhet och intresse behövdes ett konstverk utöver det vanliga. Något som kunde föreviga minnet av dess ägare och beställare. Här finns anledningen till att släkten Medici från Florens är mer känd som konstfinansiär än som innovatör inom bank- och finanssektorn, trots att det sistnämnda har haft långt större konsekvenser för eftervärlden.

På liknande sätt får verk av Bach, Mozart, Beethoven och andra kompositörer från renässansen, klassicismen och romantiken dagens skapare av djuriska snuttifierade oljud, som studios spottar ur sig i tusental, att rodna av skam. Deras affärsmodell är att spela på människans allra lägsta instinkter. Musiken från gulderan talade till människans själ och väckte henne till insikt om sitt högre kall, bortom hennes världsliga plikter. Dagens musikaliska oljud tilltalar istället reptilhjärnan och distraherar henne från livets realiteter. Den uppmuntrar till omedelbar sinnlig njutning utan tanke på långsiktiga konsekvenser eller något annat djupsinnigt. Hårda pengar finansierade Bachs Brandenburgkonserter, medan mjuka pengar finansierade Miley Cyrus twerkande.

Under tider med hårda pengar och låg tidspreferens kunde kulturarbetare fokusera på att fullända och förfina sina verk, så att de fick ett långsiktigt värde. De övade sig i åratal för att bemästra komplicerade detaljer och tekniker. Genom att förfina tekniken ytterligare kunde de största talangerna briljera över sina konkurrenter, till glädje för mecenaterna som beställt verken och även för allmänheten, vilka kunde uppleva det slutgiltiga resultatet. Utan att först lägga många långa år på hårt arbete i ateljén kunde ingen titulera sig konstnär. Konstnärerna höll inte på med nedlåtande föreläsningar om vad konst egentligen är och varför deras eget verk som bara tog en dag att framställa är så unikt och djupsinningt. Bach hävdade aldrig att han var ett geni eller skröt om att hans musik var bättre än andras. Han använde istället tiden till att förbättra sina verk. I fyra år hängde Michelangelo från taket i Sixtinska kapellet för att fullända sitt mästerverk. Arbetsdagarna var långa och maten var knapp. Han skrev till och med en dikt om sin tid:

> Jag har fått gikt av allt mitt trälande
> som Lombardiets bönder får av vatten
> —men det kan vara vilket land som helst—
> och hakan är som klistrad fast vid magen.
>
> När skägget pekar uppåt då känns huvudet
> som toppen av ett berg, mitt bröst trycks hop.
> Från taket droppar färgen ner och snart
> blir ansiktet ett golv av mosaik.
>
> Och mina lårben trycker upp kring midjan
> men jag gör stjärten till en motvikt;
> jag ser ej, benen är lealösa.
>
> Inunder hakan ligger långa förklät
> som skrynklar sig och blir en knut i nacken;
> hopkurad liknar jag nog mest en båge.
>
> De uppslag och de tankar jag får
> blir galna, sjukliga och helt förvridna:
> man skjuter inte genom krokig pipa.
>
> Min käre vän, din sak är att försvara
> mitt döda måleri och äran min,
> för målare det är jag inte alls.[18]

Bara med ett grundligt och hängivet engagemang över lång tid kunde dessa genier lyckas skapa mästerverk som gör dem odödliga. De kommer

---

18 Översättning av Sverker Åström, Kärleksdikter av Michelangelo Buonarroti, Lind & Co. 2005

för evigt tillhöra de stora mästarna inom respektive område. I tider med mjuka pengar har ingen konstnär tillräckligt låg tidspreferens för att orka jobba så hårt och uthålligt som Michelangelo eller Bach gjorde, för att bemästra sin konstart och förfina sina alster intill perfektion. Mycket av det vi idag kan beskåda på gallerier för samtida konst skulle kunna vara gjort av en uttråkad sexåring. Moderna konstnärer har bytt ut hantverket och de många timmarnas övning mot pretentiös konst för att provocera, uppröra och ge existentiell ångest. Detta används som påtryckningar för att publiken ska uppskatta deras verk vilka ofta är kryddade med politiska ideal – inte sällan en naiv marxistisk variant – för att på så sätt skapa ett artificiellt djup i konsten. I den mån något gott kan sägas om den moderna konsten så är det att den fungerar bra som skämt. Den moderna konstens attraktionskraft bygger på höga pretentioner, oanständighet och starka känsloreaktioner. Mot den som inte förstår sig på denna ädla konst riktas hätsk kritik.

När hårda och sunda pengar ersattes av mjuka statsvalutor, byttes mecenaterna med förfinad smak och låg tidspreferens ut mot statliga byråkrater med en politisk agenda. Därmed spelade inte skönhet och tidlöshet någon roll längre. Det byttes ut mot politiskt pladder och förmågan att imponera på de byråkrater som nu satt på de stora galleriernas och museernas kassakistor. Ett statsskyddat monopol har växt fram kring konstutbildning och vad som anses vara god konstsmak. Den fria konkurrensen mellan konstnärer och finansiärer har ersatts av byråkratisk centralplanering med inte helt oväntat katastrofala konsekvenser. På en fri marknad vinner alltid den som allmänheten anser erbjuder de bästa varorna. När staten bestämmer vem som vinner och vem som förlorar blir det statliga byråkrater som avgör vad som är vackert och smakfullt. Istället för att konstens utveckling och framgång bestäms av människor med låg tidspreferens som lyckats samla på sig en familjeförmögenhet över flera generationer, bestäms dess öde istället av opportunistiska statsanställda med ambitionen att klättra i de politiska och byråkratiska systemen. För den som är bekant med denna typ av kortsiktighet och ambitioner är det inte svårt att förstå hur den moderna konsten kunnat utvecklas till ett sådant spektakel som den är idag.

I en värld av ständigt växande kontroll, med fiatpengar som bränsle, har de flesta moderna stater en dedikerad kulturbudget som finansierar konst och konstnärer i olika media. Men under tidens gång har både den ena och den andra näst intill otroliga historien framkommit om dold statlig inblandning i konsten i syfte att främja sin politiska agenda. Att Sovjet understödde och finansierade kommunistisk "konst" för att uppnå politiska mål är nog ingen nyhet för någon, men att CIA svarade med samma mynt genom att finansiera och främja ofredandet av kartongbitar via abstrakta expressionister som Mark Rothko and Jackson Pollock är inte lika känt.[19] Det kaos som syns inom den moderna konsten är bara möjligt med osunda pengar. Världens två största ekonomiska, militära och politiska vidunder finansierade och främjade smaklöst skräp, utvalt av människor vars konstnärliga smak kvalificerat dem till en karriär inom statsapparaten i Washington och Moskva.

När nu släkten Medici ersatts av trötta och odugliga byråkrater kryllar konstvärlden av visuellt motbjudande slarvigt utformat skräp av lata talanglösa opportunister. Genom att lura folk som vill komma upp sig som konstsamlare tjänar de snabba pengar. Med nonsenshistorier om att deras verk symboliserar något mycket mer låtsas de vara framgångsrika konstnärer. I själva verket är de rena bedragare i djupt moraliskt fördärv. Mark Rothkos "konstverk" tog bara timmar att skapa, men såldes till lättlurade konstsamlande miljonärer och befäster därmed modern konst som ett av de mest lukrativa lurendrejerierna i vår tid. Absolut ingen talang, ansträngning eller arbetsinsats krävs av en modern konstnär, bara ett bra pokeransikte och en snobbig attityd när man berättar för de nyrika varför färgstänken på tavelduken är något mycket mer än anskrämliga tanklösa färgstänk, och att kundens oförmåga att förstå sig på riktigt fin konst på något märkligt sätt kan botas med en fet check.

Det märkliga är inte bara den stora tonvikten på skräp, likt den Rothko bidrar med till den moderna konsten. Det är också iögonfallande att konst-

---

19 Saunders, Frances Stonor. *The Cultural Cold War: The CIA and the World of Arts and Letters*. New York, The New Press, 2000.

verk i klass med de stora mästerverken från förr lyser med sin frånvaro. Uppenbart byggs det inte så många sixtinska kapell nuförtiden. Inte heller ser man några målningar som spelar i samma liga som Leonardos, Rafaels, Rembrandts, Carvaggios eller Vermeers. Ännu märkligare ter sig detta i ljuset av att de tekniska framstegen och industrialiseringen borde gjort det avsevärt enklare att uppnå det som åstadkoms under gulderan.

Sixtinska kapellet fyller betraktaren med vördnad och förundran. Ytterligare information om innehåll, metoder och historia bidrar till uppskattningen av djupet i bakomliggande tankar, i hantverket och i det hårda arbete som lagts ner. Innan han blev känd skulle en övergiven tavla på trottoaren av Mark Rothko inte intresserat ens den mest pretentiösa konstkritikern. Endast efter ändlösa timmar av konstkritikers orerande och hyllningar börjar parasiter och nyrika låtsas att det finns en djupare mening i hans verk och handlar upp dem för stora mängder osunda fiatpengar.

Ett antal berättelser har kommit upp till ytan genom åren där man på skoj lämnat efter sig slumpmässiga föremål inne på moderna konstmuseer. De moderna konstälskarna har genast tagit föremålen till sina hjärtan med stor beundran, vilket ger en tydlig bild av hur ekande tom dagens konstnärliga smak är! Men den allra mest passande hyllningen till modern konst är kanske de många fastighetsskötare på konstutställningar världen över som med imponerande insikt och med stor hängivenhet till sitt yrke kastat dyra moderna konstverk i soporna. Där de hör hemma. Några av dagens största "konstnärer", till exempel Damien Hirst, Gustav Metzger, Tracey Emin och den italienska duon Sara Goldschmied och Eleonora Chiara, har alla fått ta emot denna typ av kritiska värdering av fastighetsskötare. Arbetare, vilka uppvisat mer förnuft än de nyrika som spenderat miljontals dollar på förmål som bäst platsar i papperskorgen.

Man skulle kunna avfärda allt detta värdelösa klottrande till att vara en statsfinansierad pinsamhet. Lägga det bakom sig och fokusera på något mer givande och meningsfullt. Det är inte rätt att döma ut hela USA för att de har inkompetenta statsanställda som tar ut sin frustration på olyckliga kunder. Kanske ska vi inte döma ut vår nuvarande tidsera för att statligt anställda fabulerar om värdelösa kartongbitar som om de vore konstnärliga landvinningar. Förmål som kan mäta sig med det förflutna blir mer och mer sällsynt. I *From Dawn to Decadence* ger Jacque Barzun den moderna "degraderade" kulturen förkrossande kritik: "Allt det senaste århundradet bidragit med är imitationer och parodier med förfinade analyser och konstkritik". Barzuns bidrag rimmar väl med flera andra i hans generation i det att det innehåller ett stort mått av deprimerande sanning: när vi väl fått bukt med vår nedärvda och sneda verklighetsbild om ständiga framsteg, inser vi att vår generation är underlägsen våra förfäder vad beträffar kultur och förfining. Inte heller Diocletianus undersåtar, vilka livnärde sig på hans inflationsdrivande utgifter och berusade sig vid de barbariska skådespelen på Colosseum, kunde mäta sig med de romarna under Caesars tid som tjänade ihop sina aureus med hårt arbete och måttfullhet.

KAPITEL 6

KAPITALISMENS INFORMATIONSSYSTEM

"Orsaken till stora arbetslöshetsvågor är inte 'kapitalismen', utan stater
som nekar företag rätten att producera sunda pengar."

—Friedrich Hayek[1]

Pengar, vars primära roll är att fungera som bytesmedel, gör det möjligt för ekonomiska aktörer att kalkylera och planera. I takt med att produktionen av varor blir allt mer sofistikerad är det nödvändigt att ha en pålitlig och stabil beräkningsenhet för värdet av varor och tjänster. Med en sådan enhet kan ekonomiska beslut fattas som rör produktion, konsumtion och handel, och jämföra värdet på olika objekt med varandra. Att utgöra en beräkningsenhet är den tredje funktionen pengar har, efter att vara ett bytesmedel och att fungera som en värdebevarare. En bra förklaring av pengars funktion som beräkningsenhet ges i avhandlingen

---

1 Friedrich Hayek. *Denationalisation of Money: The Argument Refined.* Institute of Economic Affairs, 1976.

The Use of Knowledge in Society av Friedrich Hayek, som är en av de viktigaste avhandlingarna inom ekonomisk teori.[2] Till skillnad från den stora mängd teoretiska och esoteriska handlingar som produceras av dagens akademiker läses Hayeks elva sidor fortfarande av en bred krets, 70 år efter att de publicerades. Jimmy Wales, Wikipedias grundare, hävdar att han fick idén till Wikipedia efter att han läst Hayeks avhandling och dess förklaring av begreppet kunskap.

Hayek förklarade att det grundläggande problemet inom ekonomi inte bara rör hur resurser och produkter allokeras allmänt, utan mer specifikt hur dessa allokeras genom att använda kunskap som inte finns samlad hos en enskild individ eller institution. Exempel på sådan kunskap är kännedom om detaljer i produktionskedjan eller om individuella kunders behov och önskemål. Denna typ av kunskap kan aldrig finnas tillgänglig i sin helhet hos en central entitet. Tvärtemot är den detaljerade kunskapen om de ekonomiska villkoren till sin natur *distribuerad* bland de människor som är involverade i de ekonomiska besluten. Alla människor förhåller sig till de ekonomiska förutsättningar som är relevanta för just deras sammanhang och omgivning. I sina yrkesroller ägnar de årtionden åt att förstå de detaljer som är viktiga för deras företag och bransch. De kan därmed ta de bästa besluten för hur en viss vara bör produceras. Det är orimligt att alla sådana individuella beslut skulle kunna fattas av en central planerare. Denne skulle behöva samla all nödvändig information, utföra relevant analys och ta beslut för allas räkning. Detta är inte görbart i praktiken, varför sådan centralplanering alltid leder till suboptimala resultat.

På en fri marknad agerar varors pris som kunskapsbärare. Man kan se priset som den signal som förmedlar all nödvändig information. Varje individ kan fatta sina beslut genom att ta ställning till priset för de relevanta varorna. Detta pris är en sammanfattning av all tillgänglig information till en enda variabel som individen kan använda som beslutsunderlag. Indivi-

---

2 Friedrich Hayek. "The Use of Knowledge in Society". *The American Economic Review* 35.4 (sept. 1945), s. 519–530.

dernas beslut utifrån detta är en bidragande orsak till att varan slutligen hittar sitt pris. Ingen central planerare kan fånga in denna information och hitta ett jämviktsläge för priset.

För att illustrera Hayeks förklaring till hur prismekanismen verkar på en fri marknad kan vi se på hur jordbävningen i Chile 2010 påverkade marknaden och därmed priset på koppar. Chile är en av de största producenterna av koppar i världen. När jordbävningen drabbade ett område med stor kopparproduktion skadades flera gruvor samt hamnen varifrån exporten skedde. Detta resulterade i en minskning av tillgången på koppar på världsmarknaden, vilket omedelbart fick priset att stiga med 6,2 %[3]. Samtliga aktörer på världsmarknaden för koppar påverkades av detta. De behövde däremot inte känna till några detaljer om jordbävningen i Chile för att förstå hur de skulle agera. Prisökningen innehöll all relevant information. Som en direkt konsekvens av prisökningen fick alla företag som var konsumenter av koppar ett incitament att minska sin efterfrågan på metallen. Antingen genom att fördröja inköp som kunde senareläggas eller genom att börja använda ersättningsmaterial. Å andra sidan innebar det ökade priset att kopparproducenter i andra delar av världen fick ett incitament att öka sin produktion, som nu var mer lönsam.

Med en enkel prisökning fick alla som var involverade i kopparmarknaden incitament att agera på ett sätt som lindrade de negativa konsekvenserna av jordbävningen: andra producenter ökade sin produktion medan konsumenterna minskade sin efterfrågan. Resultatet var att bristen som orsakats av jordbävningen inte blev så allvarlig som den kunnat bli. Den extra ersättningen som gruvföretagen fick för sina varor medförde att de kunde bygga upp den raserade infrastrukturen. Efter några dagar hade priset återgått till det normala. I takt med att de globala marknaderna vuxit och flätats samman alltmer blir följderna av lokala driftstopp inte särskilt kännbara för marknaden som snabbt kan hitta en ny väg, en med mindre störningar.

För att förstå hur kraftfull prismekanismen är som informationsbärare

---

3 Rooney, Ben. "Copper Strikes After Chile Quake." *CNN Money*, 1 mars 2010.

kan man föreställa sig vad som skulle ha hänt om den globala kopparindustrin istället varit detaljstyrd av en specialiserad central myndighet, som allokerat produktion utan hänsyn till priser. Hur skulle en sådan myndighet ha reagerat på jordbävningen? Hur skulle de kunnat styra vilka producenter som skulle öka sin produktion och med hur mycket? I ett system där priser sätts på en fri marknad kommer varje företags egen ledning att jämföra kopparpriset mot priset av övriga ingående produktionsfaktorer för att hitta den mest lönsamma produktionsnivån. Många arbetar i decennier på ett företag och lär sig göra den typen av bedömningar utifrån företagets speciella förutsättningar. De kan därför göra detta mycket bättre än en planerare på en central myndighet.

Oavsett hur mycket objektiv data och kunskap en myndighet samlar in kan den omöjligt ta hänsyn till alla individuella preferenser och önskemål som konsumenterna har. Priser är alltså inte endast ett verktyg för kapitalister att öka sin vinst. De utgör snarare ett informationssystem för koordination av globala ekonomiska produktionsprocesser. Ett politiskt system som försöker åsidosätta den naturliga prismekanism som uppstår på en fri marknad kommer att orsaka totalt haveri i all ekonomisk aktivitet, radera år av tillväxt och föra samhället bakåt i utvecklingen.

Priser är den enda mekanism som låter oss handla med varandra och specialisera oss på marknaden. Handel gör det möjligt för producenter att öka sin lönsamhet genom att specialisera sig på varor de kan tillverka till en relativt sett låg kostnad. Genom att prissätta varorna i ett pålitligt betalningsmedel är det möjligt för marknadens aktörer att jämföra och utnyttja sina fördelar och specialisera sig. Specialisering, styrd av prissignaler, leder till effektivisering hos producenterna. Dessa ackumulerar efter hand produktionskapital som är specifikt för de aktuella varorna, vilket ökar deras produktivitet och lönsamhet.

Socialism på kapitalmarknaden

De flesta ekonomer inser vikten av fri prissättning för att möjliggöra specialisering och fördelning av arbetskraften. Dock är det få som inser hur viktig prissättningen är för allokering av resurser och ackumulation av kapital. Denna aspekt beskrivs av Mises i boken *Socialism* från 1922. I boken beskrivs den grundläggande orsaken till varför socialistiska system hittills alltid har fallerat. Det var inte, som många tror, i första hand på grund av incitamentsproblem (varför skulle någon arbeta om alla fick samma belöning oavsett ansträngning?). Då bristande insats på jobbet oftast bestraffades med döden eller fängelse, löste socialismen problemet med bristande incitament – även om det blev blodigt. Ett århundrade under vilket cirka 100 miljoner människor runtom i världen mördades av socialistiska regimer[4] visar på att detta straff användes omfattande. Incitamentet att jobba i socialistiska system var därför antagligen större än i kapitalistiska system. Det måste alltså finnas andra problem som förklarar varför socialistiska system brister. Mises var med sin bok den förste att förklara varför: Socialismens stora skönhetsfläck, som Mises påvisade, är att utan en marknadsmässig prismekanism fallerar alla ekonomiska beräkningar. Det gäller framförallt vid allokering av kapitalvaror.[5] Som vi redan beskrivit förutsätter produktion av sofistikerade varor att resurser och varor förädlas, ackumuleras och ingår som insats till mer avancerade produkter, i flera led. Vissa varor utgör inte konsumentprodukter, utan är istället varor som behövs i ett tidigare led i en produktionskedja. Sådana produktionskedjor växer fram som ett resultat av många producenters ekonomiska beräkningar. Den mest produktiva allokeringen av kapitalvaror bestäms genom att låta den mest lönsamma användaren bjuda högst på dessa. Tillgång och efterfrågan på kapitalvaror är resultatet av interaktion mellan producenter

4 Courtois, Stéphane, Nicolas Werth, Karel Bartosek, Andrzej Paczkowski, Jean-Louis Panné, and Jean-Louis Margolin. *The Black Book of Communism: Crimes, Terror, Repression.* Harvard University Press, 1997.
5 Mises, Ludwig von. *Socialism: An Economic and Sociological Analysis.* Auburn, AL, Ludwig von Mises Institute, 1922.

och konsumenter samt deras prioriteringar och beslut.

I ett socialistiskt system äger staten produktionsmedlen. Det gör staten till den enda köparen och säljaren av kapitalvaror. Sådan centralisering av marknaden gör att det inte går att fatta korrekta beslut baserat på priser. Saknas en marknad för kapital där oberoende aktörer kan bjuda mot varandra kan det heller inte finnas några korrekta priser på kapitalvaror. Utan priser som reflekterar det relativa utbudet och efterfrågan finns det inget rationellt sätt att finna det mest produktiva sättet att använda kapitalet. Inte heller går det att avgöra hur mycket som ska produceras av de olika kapitalvarorna. I en värld där staten äger både stålfabrikerna och alla fabriker som använder stål, etableras det inget relevant pris för stål eller de varor som använder stål för sin produktion. Det går därför inte att avgöra vilken användning av stål som är mest värdefull eller ger mest nytta. Hur kan staten avgöra hur andelen stål ska fördelas mellan produktion av tåg respektive bilar. Då måste staten först diktera hur många bilar och tåg befolkningen ska ha tillgång till genom att samla in data om människors behov av dessa. Om människor skulle tillfrågas vilket som vore deras önskade transportmedel, utan hänsyn till priset, skulle de flesta svara att de hellre kör runt i en Ferrari än åker tåg. Ett val som väldigt få människor gör när de måste betala för det själva. En central planerare kan aldrig känna till alla individers preferenser och fördela resurserna på ett sätt som passar allas behov på bästa sätt.

Det är också omöjligt att centralt koordinera flödet av alla varor i leveranskedjan och de varor som behövs till de olika produktionsprocesserna i en ekonomi. Att resurser och varor är knappa och begränsade är en ekonomisk realitet och allokering av dessa innebär alltid ett val mellan olika alternativ. Med en given mängd produktionsresurser och en begränsad arbetskraft måste produktion av stål vägas mot produktion av koppar. På en fri marknad där företag konkurrerar om samma råvaror måste varje aktör anpassa sig till rådande förutsättningar och priser. Den typen av flexibilitet vore en omöjlighet på en centralplanerad marknad.

Problemet med centralplanering blir ännu tydligare när man tänker på att marknader och produktionsprocesser är dynamiska och i ständig förändring.

Människans instinkt att konstant uppfinna och förbättra ryms inte i ett socialistiskt system. Entreprenörer kan inte verka i en centralstyrd ekonomi. Hur kan en myndighet göra ekonomiska beräkningar och planering för innovation och teknik som ännu inte existerar?

> Den som förväxlar entreprenörskap och bolagsstyrning förstår inte ekonomins kärnfråga ... Det kapitalistiska systemet är inte ett styrsystem. Det är ett entreprenöriellt system.— *Ludwig von Mises*[6]

Poängen med denna utläggning är inte att argumentera emot den socialistiska ideologin. Det är tydligt för alla hur socialismen har misslyckats under det senaste århundradet, med katastrofala och blodiga konsekvenser i alla samhällen den provats. Poängen är snarare att förklara skillnaden mellan två olika sätt att allokera kapital och fatta produktionsbeslut: med priser eller genom central planering. Idag är det få länder som centralt planerar och allokerar varor och produktion. Däremot tillämpar samtliga länder central planering av den viktigaste marknaden av alla: kapitalmarknaden. På en fri marknad kan säljare och köpare göra transaktioner sinsemellan med villkor som de själva kommer överens om. På en fri marknad kan inte en tredje part snedvrida förutsättningarna så att vissa aktörer gynnas på andras bekostnad eller bestämma vem som får handla. Idag har inget land i världen en fri marknad för kapital med de förutsättningarna.

Kapitalmarknaden i en modern ekonomi består av en marknad för lånbara medel. Dessa medel lånas ut, via olika institutioner, till företag som är specialiserade på produktion. Räntan är vad låntagaren betalar för att få tillgång till dessa medel.

På en fri marknad för lånbara medel ökar utbudet när räntan ökar. Med andra ord är fler människor villiga att spara och låna ut dessa besparingar mot att de får en högre ränta. Efterfrågan på lån å andra sidan minskar när räntan ökar, då färre entreprenörer och företag vill låna under dessa förutsättningar.

På en fri marknad för kapital är räntan positiv, det vill säga större än noll. En positiv ränta innebär att en individ som lånar ut sina pengar senare

---

6 Mises, Ludwig von. *Human Action.* sid. 703–704

får tillbaka sina pengar plus lite till när lånet betalas tillbaka. En viss summa pengar nu värderas högre än samma summa pengar i framtiden, vilket är vad som kallas tidspreferens. I ett samhälle där individer har låg tidspreferens, alltså tänker långsiktigt, finns mycket besparingar. Det innebär ett stort utbud av lånbara medel och en låg ränta, vilket ger god tillgång till kapital för investeringar och därmed hög framtida tillväxt. I ett samhälle med hög tidspreferens konsumerar medborgarna, istället för att spara. Utbudet av lånbara medel blir lågt, räntan hög och företagen får svårare att investera för framtida tillväxt.

Ett samhälle där medborgarna kan leva under stabila förhållanden, med fred, stark äganderätt och hög grad av ekonomisk frihet, är ett samhälle som leder till låg tidspreferens med framtidshopp. Det beror på att människor vill och ser anledning till att planera för sin framtid. Ekonomen Eugen von Böhm-Bawerk, också anhängare av den österrikiska skolan, hävdade att en nations räntenivå avspeglar dess kulturella nivå: ju högre intelligens och moralisk styrka människorna har, desto mer benägna är de att spara, vilket resulterar i lägre ränta.

Men dagens kapitalmarknader är inte fria, utan är helt påverkade av närvaron av centralbanker som styr och ställer med kraftfulla åtgärder och en politisk agenda. Centralbankerna bestämmer räntan och tillgången på lånbara medel genom en uppsättning verktyg som involverar de kommersiella bankerna.[7]

En grundläggande mekanism som är viktig att förstå i det moderna

---

7 De viktigaste verktygen som centralbanker använder är: fastställande av centralbanksräntan, fastställande av den erforderliga reservkvoten, engagemang i öppna marknadsoperationer och fastställande av kriterier för utlåningsberättigande. En detaljerad förklaring av funktionsmekanismen för dessa verktyg kan hittas i vilken grundläggande makroekonomisk lärobok som helst. Sammanfattningsvis kan centralbanken bedriva expansiv penningpolitik genom att (1) sänka räntorna, vilket stimulerar utlåningen och ökar penningskapandet, (2) sänka den erforderliga kassakravskvoten, vilket gör det möjligt för banker att öka sin utlåning, vilket ökar skapandet av pengar, (3) köpa statsobligationer eller finansiella tillgångar, vilket också leder till att pengar skapas och (4) lätta på kriterierna för berättigande till utlåning, vilket gör det möjligt för banker att öka utlåningen och därmed skapa pengar. Kontraherande penningpolitik bedrivs genom att vända dessa steg, vilket leder till en minskning av penningmängden, eller åtminstone en minskning av tillväxttakten i penningmängden.

finansiella systemet är att banker skapar nya pengar i samband med utlåning. När en bank skapar ett nytt bostadslån får kunden en skuld till banken och samtidigt pengar på sitt konto i banken. Vid bostadsköpet flyttas dessa pengar över till säljarens konto. Dessa pengar är alltså nya pengar i systemet, som skapades när lånet skapades. Det system för utlåning som bankerna använder brukar kallas för utlåning med *fraktionella reserver*. Det innebär att bankerna bara behöver behålla en liten andel av insatta pengar som reserv, medan resten kan lånas ut. Sådan utlåning utgör en inneboende instabilitet i banksystemet.

Eftersom nya pengar alltså skapas genom bankers utlåning på detta sätt finns det ett samband mellan räntenivån och hastigheten med vilken nya pengar skapas. När räntan sjunker ökar efterfrågan på lånade pengar, vilket leder till att mer pengar tillförs genom nya lån. När räntan ökar å andra sidan, minskar hastigheten med vilken nya pengar tillförs.

Konjunkturcykler och finanskriser

På en fri marknad för kapital bestäms utbudet av lånbara medel av marknadens aktörer, som beslutar om de vill låna ut sina pengar eller ej beroende på räntenivån. I en ekonomi med en centralbank och utlåning med fraktionella reserver, bestäms utbudet av lånbara medel av en kommitté av ekonomer under inflytande av en politisk agenda.

Det är välkänt att priskontroll på en marknad skapar obalans och har oönskade sidoeffekter. Om myndigheterna bestämmer priset på äpplen så leder det antingen till överflöd eller brist på äpplen samt motsvarande ekonomiska förluster i samhället på grund av över- eller underproduktion. På en centralstyrd kapitalmarknad blir resultatet liknande. Dock blir effekterna allvarligare eftersom alla sektorer i ekonomin påverkas. Tillgång på kapital påverkar produktion av samtliga varor på marknaden.

Det är viktigt att förstå skillnaden mellan lånbara medel och verkliga kapitalvaror. På en fri marknad med sunda pengar innebär sparande att man skjuter konsumtion på framtiden. Pengar som är insatta på banken som besparingar är pengar som undanhålls från konsumtion. Dessa besparingar utgör de lånbara medel som via investeringar eller utlåning kan göras tillgängliga för producenter. Mängden tillgängliga kapitalvaror blir resultatet av att någon sparat pengar som kunde ha använts för köp av (och därmed produktion av) konsumtionsvaror och istället gjort dessa pengar tillgängliga för produktion av kapitalvaror.

Knapphet är en utgångspunkt för många ekonomiska frågeställningar och därav följer också att ekonomiska val är förknippade med en alternativkostnad. På kapitalmarknaden har sparande en alternativkostnad i form av bortvald omedelbar konsumtion och vice versa. Räntan reglerar förhållandet däremellan. En hög ränta ger de som sparar incitament att avsätta mer till sparande. En låg ränta ger investerare incitament att öka sina investeringar genom lån och långsiktigt förbättra sina produktionsprocesser, vilket driver teknisk utveckling. Ett exempel är att låna pengar för att köpa en mer avancerad fiskebåt som når längre ut på havet och därmed kan fånga fler och större fiskar.

I moderna ekonomier, styrda av centralbanker, ignoreras dessa fundamentala samband. Istället tror ekonomerna att banker kan finansiera investeringar med nyskapade pengar som inte har sitt ursprung i sparande och bortvald konsumtion. Länken mellan besparingar och lånbara medel är därmed bruten och bortglömd. Moderna skolböcker om ekonomi lär inte längre ut denna kunskap.[8]

När centralbankerna manipulerar penningmängden och räntan förskjuts jämvikten mellan besparingar och lånbara medel. I allmänhet försöker centralbanken stimulera ekonomisk tillväxt, konsumtion och investeringar. De tenderar därför att öka penningmängden och sänka räntan, vilket resulterar i att mängden lånbara medel blir större än mängden besparingar. Med låg ränta, avsiktligt nedtryckt via centralbankerna, lånar företagen mer för att starta nya projekt. Eftersom det inte finns besparingar som

---

8 Det är alltid roligt att undervisa mina studenter om en hypotetisk fri marknad för kapital, om så bara för att se reaktionen på deras ansikten när de jämför logiken i hur en fri marknad för kapital skulle kunna fungera, kontra de pseudovetenskapliga keynesianska centralplaneringsteorierna de hade oturen att lära sig i sin monetära teoriklass.

motsvarar dessa lån saknas det också kapitalvaror, mark och arbetskraft. Det finns som bekant inga gratisluncher och om konsumenter sparar mindre blir det mindre kapital tillgängligt för investerare. Att skapa nya pengar, oavsett om det sker fysiskt på papper eller digitalt, ökar inte samhällets fysiska kapitalstock på något magiskt sätt. Det devalverar bara den befintliga penningmängden och snedvrider priserna.

Sådan kapitalbrist yttrar sig inte omedelbart eftersom banker och centralbanker kortsiktigt kan tillhandahålla tillräckligt med pengar till de som vill låna. Långsiktigt fungerar dock inte sådan manipulation. Avsiktligt nedtryckt ränta och överskott av nytryckta pengar lurar producenterna att påbörja produktionsprocesser som förutsätter mer kapitalvaror än vad som i verkligheten finns att tillgå. Överskottet av pengar, som inte motsvaras av någon uppskjuten konsumtion, medför att producenter initialt lånar mer, i tron att dessa pengar ska låta dem köpa alla kapitalvaror de behöver för sin produktionsprocess. När producenterna försöker bjuda över varandra för att köpa allt färre tillgängliga kapitalvaror leder detta till prisökningar. Det är i detta skede som manipulationen avslöjas och projekt som nu visar sig vara olönsamma måste skrotas. Mises kallade sådana projekt "felinvesteringar", nämligen investeringar som görs på grund av att kapitalmarknaden är manipulerad. Centralbankens interventioner leder på detta sätt till kapitalförstöring och slöseri med resurser. När många projekt abrupt avslutas på samma gång skapas utbredd arbetslöshet och ekonomin hamnar i ett tillstånd som brukar kallas *recession*.

För att kunna förklara vad som orsakar recessioner och konjunkturcykler är det nödvändigt att förstå hur manipulation av räntenivån och utlåning med fraktionella reserver förstör incitamenten för sparande och kapitalackumulation. Detta står i motsats till den keynesianska myten att konjunkturcykler är resultatet av mystiska fenomen orsakade av vad Keynes kallade "djuriska andar", som kännetecknas av irrationellt flockbeteende bland investerare.[9] Grundläggande ekonomisk logik visar att manipulation av räntenivån leder till recession på samma sätt som införandet av pristak leder till varubrist.

Detta samband kan illustreras med en analogi från Mises[10]: Anta att ett samhälles samlade kapital utgörs av en mängd tegelstenar. Centralbanken ansvarar för att det byggs hus av dessa. För varje hus krävs 10 000 stenar och planen är att bygga 100 hus. Det innebär en total åtgång av 1 miljon stenar. En keynesiansk byggfirma, angelägen att vinna kontraktet, inser att chansen att få jobbet ökar om de erbjuder sig att bygga 120 sådana hus med en åtgång av endast 800 000 stenar. Detta är motsvarigheten till manipulation av räntan, där tillförseln av kapital reduceras men efterfrågan ökar. I verkligheten kräver de 120 husen hela 1,2 miljoner tegelstenar, men firman har endast tillgång till 800 000. Dessa 800 000 stenar räcker till att påbörja bygget av de 120 husen, men inte till att slutföra det. När byggprocessen påbörjats är uppdragsgivaren nöjd med att se hur 20 % fler hus kan byggas till endast 80 % av kostnaden. Detta tack vare keynesiansk ingenjörskonst. Det här ger uppdragsgivaren möjlighet att spendera de sparade 20 procenten på att köpa en ny lyxyacht. Men det hela blir problematiskt när det efterhand visar sig att husen inte kan färdigställas och hela projektet stannar av. Istället för att leverera 120 hus levereras inga hus alls och då står centralbanken med 120 halvfärdiga hus, utan tak, som ingen kan bo i. Genom att välja den keynesianska byggfirman, som manipulerade siffrorna, slösades kapital baserat på en beräkning med priser som inte var verklighetsgrundade. Mindre kapital hade slösats om byggherren avslöjat bedrägeriet tidigt. Då hade denne kanske kunnat ta de återstående tegelstenarna och låtit en annan byggfirma färdigställa 90 hus med dessa.

---

9 Det finns ingen brist på alternativ till den österrikiska kapitalteorin som förklaring till lågkonjunkturer, men alla dessa är i stort sett bara de omarbetade argumenten från det tidiga nittonhundratalet. Man behöver inte ens läsa moderna motbevisningar av den senaste raden av keynesianska och poppsykologiska teorier. Att läsa Hayeks *Monetary Theory and the Trade Cycle* från 1933 eller Rothbards *America's Great Depression* från 1963 är fullt tillräckligt.

10 Ludwig von Mises. *Human Action* sid. 560

Genom att ge de kommersiella bankerna ett incitament att öka sin utlåning och därigenom skapa nya pengar, kan centralbanken manipulera räntenivån så att den blir onaturligt låg, under den marknadsmässiga jämviktsnivån. Detta leder till att mängden besparingar i samhället minskar och att låntagare ökar sin efterfrågan på lånade medel. Det leder i sin tur till att mer lånekapital investeras i projekt som inte kan slutföras. Således blir konjunkturcyklerna mer påtagliga ju enklare det är för centralbanken att manipulera räntenivån. Det har visat sig historiskt att ju mer penningmängden manipulerats, desto större har konjunktursvängningarna och recessionerna blivit.

De flesta människor anser att det socialistiska samhället hör till det förflutna och att marknaden fritt styr dagens ekonomier, enligt kapitalistiska principer. Men i verkligheten kan ett kapitalistiskt system inte fungera utan en fri marknad för kapital, där räntan, det vill säga priset på kapital, etableras genom samspel mellan utbud och efterfrågan och där aktörernas beslut drivs av korrekta prissignaler. Centralbankens inblandning på kapitalmarknaden är roten till de recessioner och kriser som politiker, journalister, akademiker och vänsteraktivister brukar skylla på kapitalism. Men det är bara genom central styrning av penningmängden som prismekanismen kan störas tillräckligt för att stora delar av ekonomin ska haverera.

När staten väl har börjat expandera penningmängden går det inte att undvika fortsatta negativa konsekvenser. Om centralbanken sedan försöker stoppa inflationen ökar räntorna, vilket utlöser en recession. Om centralbanken istället fortsätter sin expansiva politik innebär det bara att mer kapital felinvesteras och sålunda slösas bort när den oundvikliga recessionen slutligen inträffar. Den fria lunchen tillagad av de keynesianska ekonomerna är inte gratis och måste till slut betalas på ett eller annat sätt. Friedrich Hayek uttryckte det så här:

"Nu klamrar vi oss fast i en tigers svans: hur länge kan denna inflation fortsätta? Om vi släpper taget om tigern (inflationen) så äter den upp oss;

> men om vi hänger kvar springer den fortare och fortare och vi är ändå
> dödsdömda! Jag är glad att jag inte kommer var kvar här när detta slutar."
>
> —*Friedrich Hayek*[11]

Det är inte önskvärt och inte heller i praktiken görbart för centralbanken att planera och styra kapitalmarknaden. Endast de mest självgoda människorna, utan insikt i hur en stor och komplex marknad fungerar i praktiken, skulle tro sig vara kapabla att klara denna uppgift. Tanken att en kommitté av centralbanksbyråkrater skulle kunna "förhindra" eller "bekämpa" recessioner är lika löjeväckande som att låta ett gäng pyromaner leda brandkåren.

Genom historien har det gjorts många försök att centralt planera och sätta priser. Dessa har alltid misslyckats.[12] Orsaken till att priskontroll fallerar är inte att de centrala planerarna inte kan välja rätt pris. Istället är grundproblemet att om ett pris dikteras centralt, vilket pris som helst, hindras marknaden från att låta priset koordinera konsumtions- och produktionsbeslut, vilket oundvikligen leder till brist eller överskott av varor. På motsvarande sätt kan inte heller priserna på kapitalmarknaden centralplaneras. Den fria marknaden för kapital förutsätter att priser etableras i samspel mellan konsumenter och producenter för att koordinera utbud och efterfrågan.

Problemen med centralstyrning av kapitalmarknaden yttrar sig i form av extrema konjunkturcykler, vilket den österrikiska ekonomiska skolan förklarar. Bland moderna ekonomer å andra sidan, anses sådana dysfunktionella konjunkturcykler vara ett normalt inslag i vad de ser som en marknadsekonomi. Det är inte förvånande, eftersom dessa ekonomer även anser att en centralbank som bestämmer räntan är en normal del av en modern marknadsekonomi. Centralbankernas meritlista är tyvärr ganska usel. Den amerikanska centralbanken, Federal Reserve, som grundades 1914, styrde

---

11 Hayek, Friedrich. *A Tiger by the Tail.* 3rd ed, bearbetad av Sudha Shenoy, Institute of Economic Affairs, och Ludwig von Mises Institute, 2009, sid. 126.

12 En historisk skildring av oönskade, men väldigt underhållande, konsekvenser av priskontroll är: *Forty Centuries of Price and Wage Controls: How Not to Fight Inflation,* av Robert Schuettinger och Eamonn Butler.

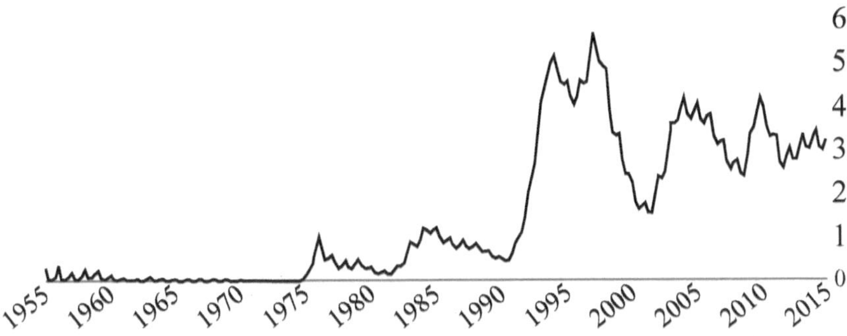

Figur 13: Arbetslöshetsnivå i Schweiz, %.[13]

skutan vid den stora kraschen 1929, vars efterverkningar pågick fram till 1945. Sedan dess har ekonomiska depressioner varit ett vanligt förekommande och smärtsamt inslag i ekonomin. Dessa har återkommit med ett antal års mellanrum och använts för att motivera ökade statliga ekonomiska ingrepp för att "bekämpa" effekterna av dessa.

Ett bra exempel på fördelarna med sunda pengar står att finna i Schweiz ekonomiska historia. Schweiz var den sista utposten för sunda pengar och höll sin valuta knuten till guldpriset fram till år 1973. Fram till detta år hade landet väldigt låg arbetslöshet, vilket enligt den österrikiska skolan är normaltillståndet på en fri marknad för pengar. När bandet mellan schweizerfranc och guld sedan klipptes steg arbetslösheten och har alltsedan dess varit en permanent del av den schweiziska ekonomin. År 1992 anslöts Schweiz till IMF, anammade den keynesianska skolan och sålde mer än hälften av sina guldreserver. Som belöning kunde de njuta frukterna av keynesianska låtsaspengar medan de såg arbetslösheten stiga till 5 % efter bara några år, vilket syns i figur 13.

När recessioner eller depressioner som skedde under en guldstandard studeras, är det viktigt att känna till att guldstandarden i Europa och Amerika under 1800-talet var ganska långt ifrån att ha perfekta sunda pengar. Det fanns brister, framförallt att banker och stater kunde expandera mängden pengar och krediter så att de överskred mängden guldreserver. Detta ledde

---

13 *Källa:* Federal Reserve Economic Data. Historical Statistics of the United States. fred.stlouisfed.org

också till cykler i ekonomin, men i mycket mindre grad än vad som skett under 1900-talet.

Med denna bakgrund får vi en bättre förståelse av monetär historia än vad som lärs ut på universiteten idag. Efter den keynesianska syndafloden är dagens läromedel inte längre till hjälp när det gäller att förklara de ekonomiska samband vi diskuterat här. Ett verk som anses vara den ultimata beskrivningen av amerikansk monetär historia och en grundsten inom monetarismen är *The Monetary History of the United States*, skriven 1963 av Milton Friedman och Anna Schwartz. Boken är, med sina imponerande 888 sidor, en parad av fakta, statistik och analytiska metoder. Trots sin enorma detaljrikedom undviker boken på ett skickligt sätt att förklara de verkliga orsakerna bakom kriser och recessioner. Denna svaghet hos boken är typisk för dagens akademiska metodik, den är en utförlig uppvisning i hur man ersätter logik med stringens. På ett systematiskt sätt undviker boken att ifrågasätta orsakerna till de finansiella kriser som drabbat den amerikanska ekonomin och istället översvämmas läsaren av datapunkter och oväsentliga detaljer. En central tes i boken är att recessioner är resultatet av att staten inte har reagerat tillräckligt snabbt på finansiella kriser eller deflation och ökat penningmängden eller rekapitaliserat banksektorn. Det är typiskt för Milton Friedmans sätt att resonera när han ger staten skulden för ett ekonomiskt problem, men sedan föreslår ytterligare statlig inblandning som lösningen.

Som vi tidigare diskuterat är den verkliga orsaken till recession att penningmängden expanderas, drivet av centralbanken. Eftersom författarna inte kommit till denna insikt kan de gladeligen föreslå sjukdomens orsak som dess botemedel: staten bör kliva in och öka penningmängden vid minsta tecken på ekonomisk recession. Vi kan nu börja förstå varför moderna ekonomer avskyr logiska resonemang. Logik skulle blottlägga alla de populära lösningar keynesianer gärna tar till.

Friedman och Schwartz bok inleder sin historiebeskrivning år 1867. Analysen av recessionen 1873 kan därmed på ett bekvämt sätt bortse från att amerikanska myndigheter dessförinnan tryckte massor av pengar för att finansiera inbördeskriget, vilket var den verkliga orsaken till recessionen. Detta mönster återkommer genom boken.

När det gäller recessionen 1893 beskrivs dess orsaker endast i korthet. Boken för ett resonemang om att mängden guld inte var tillräcklig för att täcka det monetära behovet i ekonomin och att efterfrågan på silver därför ökade. Friedman och Schwartz utelämnar det faktum att amerikanska kongressen beslutade om en ny lag, *Sherman Silver Purchase Act* från 1890, som innebar att staten skulle köpa stora mängder silver genom utgivning av statsobligationer. Vid det här laget hade silver nästan helt tappat sin monetära status i världen. Många som ägde silver eller statsobligationer försökte växla dessa mot guld, vilket innebar ett utflöde från statens guldreserv. Den nya lagen innebar i praktiken att penningmängden expanderades genom att ge sken av att silver fortfarande utgjorde pengar. Resultatet blev en finansiell bubbla som sprack. Statsobligationer tappade i värde när allt fler försökte växla dessa mot guld. Denna lag samt hur dess konsekvenser ledde fram till en recession beskrivs alltså inte av Friedman och Schwartz.

På liknande sätt ignorerar boken den stora monetära expansion som gjordes för att finansiera det amerikanska inträdet i första världskriget och hur denna ledde fram till recessionen 1920. Även om expansionen inte nämns i analysen visar deras data[14] att penningmängden ökade med 115 % mellan juni 1914 och maj 1920. Endast 26 % av denna ökning motsvarades av en faktisk ökning i guldreserven medan resten orsakades av staten, centralbanken och övriga banker. Detta var den huvudsakliga orsaken till depressionen 1920. En slutsats som också utelämnas i boken.

Än mer fascinerande är hur författarna helt ignorerar återhämtningen från depressionen 1920–1921. Ekonomen Benjamin Anderson kallade denna period för "den sista naturliga återhämtningen till full sysselsättning", då den kännetecknades av sänkta skatter och offentliga utgifter samt att löner fick sättas fritt på marknaden. Återhämtningen innebar att full syssel-

---

14 Milton Friedman, Anna Schwartz. *The Monetary History of the United States.* Princeton University Press, 1963, tabell 10, sid. 206.

sättning uppnåddes på mindre än ett år[15]. Depressionen 1920 innebar den snabbaste inbromsningen och den snabbaste återhämtningen i amerikansk historia[16]. I senare tiders depressioner, orsakade av keynesianer och monetarister som pumpat in likviditet, expanderat penningmängden och ökat de offentliga utgifterna, har återhämtningen varit långsammare.

Depressionen 1920 nämns sällan i moderna böcker om ekonomi och de försöker heller inte dra lärdom av vad som möjliggjorde den snabba återhämtningen. Vid den här tiden var Warren Harding president. Han var stark anhängare av en fri marknad och vägrade lyssna till de ekonomer som krävde statliga interventioner. Resultatet blev att felinvesteringar tilläts gå i stöpet och den arbetskraft och det kapital som bundits upp i dessa projekt frigjordes och kunde snabbt allokeras till nya investeringar. Sysselsättningsgraden återgick fort till normal nivå tack vare att myndigheter inte ingrep och förstärkte de obalanser de själva skapat. Detta står i motsats till allt som Friedman och Schwartz rekommenderar och därför nämns inget om detta i deras verk.

Det mest berömda kapitlet i boken (och det enda som någon verkar ha läst) är kapitel 7, som handlar om den stora depressionen. Kapitlet börjar efter börskraschen i oktober 1929, medan kapitel 6 slutar år 1921. Perioden 1921 till oktober 1929, som rimligen inkluderar vad som orsakade den stora depressionen, anses inte värdig att få en egen sida bland bokens 888 sidor.

Endast i förbifarten noterar Friedman och Schwartz att prisnivån inte hade stigit särskilt snabbt under 1920-talet och drar därför slutsatsen att inflation inte orsakade den stora depressionen. Men på 1920-talet var den ekonomiska tillväxten väldigt stor, vilket i realiteten borde ha resulterat i sänkta priser. Samtidigt ökade penningmängden dramatiskt. Detta i sin tur drevs på av att Federal Reserve försökte hjälpa Bank of England att behålla sin guldreserv under en period när England försökte hålla lönenivån artificiellt hög genom monetär expansion. Nettoeffekten av att den amerikanska

---

15 Rothbard, Murray. *America's Great Depression.* 5th ed., Auburn, AL, Ludwig von Mises Institute, 2000, sid. 186.
16 En detaljerad beskrivning av depressionen 1920 görs i James Grants bok *The Forgotten Depression: 1921: The Crash that Cured Itself.*

penningmängden ökade samtidigt som tillväxten var hög blev att prisnivån på konsumentvaror endast ökade måttligt. Dock ökade tillgångspriserna dramatiskt, framförallt huspriser och priserna på aktiemarknaden, vilka var de områden dit Federal Reserve riktade sina stimulanser. Penningmängden ökade med 68,1 % under perioden 1921–1929 medan mängden guld i reserv bara ökade med 15 %.[17] Det är denna relativa ökning av penningmängd i förhållande till guldreserven som var huvudorsaken till den stora depressionen.

Ett litet erkännande måste ges till monetarismens fader, Irving Fisher, som tillbringade 1920-talet med "vetenskaplig förvaltning av prisnivån". Fisher hade fått för sig att det var möjligt att stabilisera tillgångspriserna samtidigt som penningmängden expanderades, vilket krävde omfattande datainsamling och vetenskapliga metoder. Den 16 oktober 1929 förkunnade Fisher i New York Times att aktiemarknaden hade nått en "permanent hög platå".[18] En dryg vecka senare, 24 oktober, inleddes den stora börskraschen. Det skulle dröja till mitten på 1950-talet, flera år efter Fishers död, innan aktiemarknaden återtog den "permanent höga platån" som Fisher meddelat 1929. Det är därför inte så konstigt att Milton Friedman senare ansåg att Irving Fisher var den främste bland amerikanska ekonomer.

Kraschen var resultatet av 1920-talets monetära expansion som skapade en bubbla av imaginär förmögenhet på aktiemarknaden, då alla trodde sig vara rika när det i själva verket var pengarna som spätts ut. När sedan den monetära expansionen saktade in var det oundvikligt att bubblan skulle spricka. Till slut sprack bubblan och det uppstod en deflationsspiral i vilken den inbillade förmögenheten gick upp i rök. När förmögenhet försvinner på bred front får man en bankrusning, där banken inte kan uppfylla sina åtaganden. Detta visar på problemet med banker med fraktionella reserver. Det blir likt en tickande bomb.

Den monetära expansionen skapade illusorisk förmögenhet, vilket medförde att resurser felallokerades. Denna förmögenhet måste försvinna för

---

17 Murray Rothbard, *America's Great Depression.*
18 "Fisher Sees Stocks Permanently High" *New York Times,* 16 oktober 1929, sid. 8.

att marknaden åter ska börja fungera med en rättvisande prismekanism. Om man istället försöker återställa den illusoriska förmögenheten är det som att bygga upp korthuset igen, redo för en ny större kollaps.

Efter att ha avfärdat 1920-talets monetära expansion som orsak till börskraschen drar Friedman och Schwartz sedan slutsatsen att det var centralbankens reaktion på börskraschen som resulterade i den stora depressionen. Hade centralbanken öppnat de monetära kranarna ordentligt och dränkt banksystemet i likviditet skulle börskraschen inte spridit sig så brett i ekonomin, hävdar författarna. I själva verket försökte Federal Reserve lindra likviditetskrisen i banksektorn, men detta kunde omöjligt hindra kollapsen av alla ekonomiska felinvesteringar som var resultatet av de centralbanksinterventioner som diskuterades i kapitel 4.

Tre viktiga frågor lämnas obesvarade i Friedman och Schwartz gigantiska verk. För det första, varför görs ingen jämförelse mellan depressionerna 1920 och 1929? Den förra var kortvarig trots att centralbanken inte ingrep på det sätt författarna rekommenderar. För det andra, varför var det så ovanligt med finanskriser i USA under 1800-talet, när det inte fanns någon centralbank? Finanskriser inträffade bara två gånger under 1800-talet och det var när finansdepartementet agerade som en centralbank. Första gången var under inbördeskriget, när mycket nya pengar trycktes, och den andra gången var 1890 när silver monetiserades. För det tredje, hur kunde USA åtnjuta en av de längsta perioderna av ekonomisk tillväxt utan finanskris mellan 1873 och 1890, i frånvaro av en centralbank och med begränsad penningmängd samt sjunkande priser? Friedman och Schwartz nämner endast denna period i förbifarten med anmärkningen att ekonomin växte på ett imponerande sätt "trots" att prisnivån sjönk. De kommenterar inte att detta går tvärtemot deras tes att prissänkningar är väldigt skadliga för ekonomin.

Som Rothbard förklarat finns det ingen inneboende egenskap i en fri marknadsekonomi som gör att arbetslöshet är ett ofrånkomligt eller permanent inslag. På en fri marknad är det normalt med rörlighet på arbetsmarknaden, vilket är resultatet av att människor slutar eller förlorar sina jobb. Det kan ske när företag går i konkurs eller lägger ner verksamheten av olika skäl. Detta vägs upp av att nya jobb och företag skapas, vilket leder till att endast ett fåtal är ofrivilligt arbetslösa. Ett exempel på detta är hur väl den schweiziska arbetsmarknaden fungerade under guldstandarden fram till 1992.

Det är bara när centralbanken manipulerar penningmängden och räntenivån som ekonomin kan hamna i ett läge där konkurser och massuppsägningar sprider sig som en löpeld genom alla sektorer på samma gång. När detta sker är det svårt för de som blir arbetslösa att hitta nya jobb inom andra industrier.[19] Detta sammanfattades så här av Hayek: "Orsaken till stora arbetslöshetsvågor är inte 'kapitalismen', utan stater som nekar företag rätten att producera goda pengar".[20]

Sunda förutsättningar för handel

När hårdvalutor användes kunde varor och kapital flöda mellan länder på nästan samma sätt som mellan regioner i samma land. Flödet styrdes av kapitalägarna och handeln var frivillig och gynnsam för alla inblandade. Det största handelshindret var att fysiskt flytta varorna från en plats till en annan. Så fungerade det med aureusmynten under Julius Caesars tid, likaså med guldmynt utfärdade av Amsterdams bank på 1600-talet och under guldstandarden som rådde på 1800-talet. Under dessa perioder fanns inga omfattande importtullar eller andra handelshinder utöver vissa avgifter för drift av hamnar, gränskontroller och liknande.

När världen övergick till mjuka pengar övergick också handel från att vara en angelägenhet för de inblandade individerna till att vara en fråga av nationellt intresse. Därmed såg myndigheter det som sin roll att reglera och därmed styra över de handlande parterna. Vårt sätt att se på handel har ändrats så dramatiskt att begreppet *frihandel* kommit att referera till handel

---

19 Rothbard, Murray. *Economic Depressions: Their Cause and Cure*. Auburn, AL, Ludwig von Mises Institute, 2009.
20 Hayek, Friedrich. *Denationalization of Money: The Argument Refined*. London, Institute of Economic Affairs, 1976.

mellan två individer över landsgränser, med villkor som avtalats mellan deras respektive lands myndigheter, och inte som en uppgörelse mellan de inblandade individerna, vilket var den ursprungliga definitionen.

När guldstandarden övergavs 1914, i och med att papperspengar i de flesta länder inte längre kunde växlas in mot guld, började en period av vad Hayek kallade monetär nationalism. Pengars värde motsvarade då inte längre en bestämd mängd guld vars värde var relativt stabilt. Guld är den metall som har störst lager i förhållande till årligt inflöde och därmed lägst elasticitet i sitt utbud, vilket förklarar dess stabila värde. När pengarna frikopplats från guld började deras värde svänga i takt med penning- och finanspolitikens åtgärder. Lägre ränta eller ökad penningmängd innebar att pengarnas värde sjönk, till exempel när staten ökade sina utgifter för den offentliga sektorn genom lån från centralbanken. Då dessa åtgärder, åtminstone teoretiskt, låg inom politikernas kontroll, var det naturligt att dessa kunde och borde användas för att uppnå stabilitet i ekonomin. En faktor som dock var mer komplex och styrd av såväl ett lands invånare som av invånare i andra länder, var handelsbalansen och dess påverkan på valutans värde. När ett lands export blev större än importen (handels-överskott), ökade landets valuta i värde och vice versa. Denna indirekta valutaeffekt borde setts som en varning för politiker att sluta manipulera pengarnas värde. Istället såg myndigheterna det som en inbjudan till att börja detaljstyra den globala handeln.

Pengar har därmed gått från att utgöra den vara vars värde har minst volatilitet och som används som beräkningsenhet för all ekonomisk planering, till att bli en vara som fluktuerar i takt med penningpolitik, finanspolitik och handelspolitik samt de dramatiska konsekvenserna därav. Att myndigheter dikterar och manipulerar människors mått för att mäta ekonomiskt värde är lika orimligt som att de ständigt skulle justera längdmåttet som används för att mäta hur lång någon är, eller hur höga byggnaderna är inom deras territorium. Det är inte svårt att föreställa sig den förvirring som skulle orsakas i alla byggprojekt om längdenheten meter skulle variera på daglig basis, styrd av det *Centrala längd- och mått-departementet*. Om metern hade gjorts kortare skulle ett hus som tidigare var 200 kvadratmeter nu kanske bli 400 kvadratmeter, men huset skulle inte bli större för det. På samma sätt ökar inte ett lands välstånd genom att devalvera dess valuta i syfte att göra den nominella exporten större.

Moderna ekonomer har formulerat något de kallar "Den ouppnåeliga treenigheten" för att symbolisera den "svåra sits" centralbanksdirektörerna befinner sig i. Den formuleras som följer: Ingen stat kan samtidigt uppnå de tre målen av att ha en fast växlingskurs, fria kapitalflöden och en oberoende penningpolitik. Om växlingskursen är fast och kapitalet flödar fritt kan man inte bedriva en oberoende penningpolitik, eftersom en ändring av räntenivån skulle resultera i kapitalflöden som innebär att växlingskursen inte kan hållas fast. Att kunna bedriva en kraftfull penningpolitik är tyvärr något som ekonomerna ser som sin självklara rätt och skyldighet. I de flesta länder väljer man därför att bedriva en oberoende penningpolitik och ha fria kapitalflöden, men accepterar att förhållandet mellan valutorna är flytande. Detta arrangemang har fördelen att det låter de keynesianska ekonomerna leka med sina favoritverktyg för att "sköta" ekonomin. Det låter stora finansiella institutioner frodas genom att skapa underlag för en jättelik internationell valutamarknad som omsätter flera miljarder dollar dagligen i form av valutor och valutaterminer. Arrangemanget är dock inte till fördel för resten av samhället, framförallt inte för de som driver produktiva företag vilka erbjuder varor och tjänster som efterfrågas av deras kunder. Ett framgångsrikt företag är ofta beroende av leverantörer och kunder i flera länder. Köp- och säljbeslut blir därmed beroende av växlingskursen mellan de inblandade länderna. I en konkurrensutsatt bransch kan ett företag drabbas av stora förluster bara genom en förändring i valutornas värde sinsemellan. Företag som jobbat i decennier för att få en konkurrensfördel kan se denna utraderad på 15 minuter genom oförutsägbar volatilitet i växlingskursen. Skulden för sådana problem läggs ofta på *frihandeln*, och ekonomer och politiker använder detta som en ursäkt för att införa populära men destruktiva handelstullar.

Med fria flöden av kapital och frihandel byggd på en grund av kvicksand i form av flytande växlingskurser måste många anställda på företagen ägna sig åt frågor som rör valutatransaktioner. Företagen måste ägna resurser åt denna viktiga fråga över vilken de inte har någon kontroll och många ägnar sig åt att spekulera över centralbankernas nästa drag. De flesta blir överraskade av hur stor marknaden för valutaväxling är jämfört med övrig, mer produktiv ekonomisk aktivitet. Uppskattningsvis[21] var marknaden för valutaväxling cirka 5,1 biljoner dollar per dag i april 2016, vilket blir cirka 1 860 biljoner dollar per år. Världsbanken uppskattar att den totala BNP:n för världens länder var ca 75 biljoner dollar år 2016. Det innebär att marknaden för valutaväxling var ungefär 25 gånger större än den totala ekonomiska produktionen i världen.[22] Notera att valutaväxling inte räknas in i BNP-statistiken eftersom det inte är en produktiv process. Det skapas inget värde när en valuta växlas mot en annan. Det är bara en kostnad som orsakas av att olika länder har olika valutor och innebär ett slöseri med kapital och arbetskraft. Ekonomen Hans-Hermann Hoppe kallade detta för ett system med partiell byteshandel[23] vars höga transaktionskostnader hämmade den internationella handeln. Den osäkerhet som varierande växlingskurser innebär orsakar även felinvesteringar på grund av felaktiga antaganden i kalkyler.

På en fri marknad för pengar skulle individer själva välja vilken valuta de vill använda. Valet skulle falla på den valuta med störst lager i förhållande till inflöde, det vill säga lägst inflation av penningmängden. Denna valuta skulle vara mest stabil och påverkas minst av ändringar i efterfrågan och utbud och därmed bli det globala betalningsmedlet och den globala beräkningsenheten. Romerska aureus, bysantinska solidus och amerikanska dollar är alla i viss utsträckning sådana exempel, även om alla hade sina nackdelar. Guld är den form av pengar som bäst spelat denna roll, framförallt mot slutet av den internationella guldstandarden, även om det

---

21 *Triennial Central Bank Survey: Foreign Exchange Turnover in April 2016.* Basel, CH, Bank of International Settlements, 2016.

22 För mer information om detta, se George Gilder, *The Scandal of Money: Why Wall Street Recovers but the Economy Never Does.* Washington, D.C., Regnery, 2016.

23 Hoppe, Hans-Hermann. "How Is Fiat Money Possible?" *Review of Austrian Economics,* vol. 7, no. 2, 1994.

fortfarande fanns några länder som använde silver.

Det är intressant att en entreprenör år 1900 kunde göra globala, ekonomiska planer och beräkningar utan att behöva bekymra sig för värdefluktuationer mellan valutorna. Ett århundrade senare är motsvarande planering mycket mer komplicerad och behäftad med så pass mycket osäkerheter och volatilitet att entreprenören kan tro att han befinner sig mitt i en Salvador Dali-målning. Efter en snabb analys kan det tyckas att det vore bäst om hela världen helt enkelt återgick till en guldstandard. Det skulle ge ekonomisk stabilitet och frigöra kapital och resurser som hade kunnat användas till värdefull produktion av varor och tjänster. Tyvärr har ledarna för det nuvarande monetära systemet ett egenintresse i att det består och försöker därför hellre hitta sätt att mildra de negativa konsekvenser systemet ger upphov till. Detta är fullt förståeligt eftersom deras jobb är beroende av statens tillgång till sedelpressen.

Kombinationen av flytande växlingskurser och keynesiansk ideologi har introducerat ett nytt fenomen i vår moderna ekonomi: valutakrig. Eftersom keynesiansk analys visar att ökande exporter leder till ökad BNP, och BNP är den heliga graalen för ekonomiskt välstånd, är alla åtgärder som ökar exporten bra. Då en devalverad valuta gör exporterade produkter billigare kan ett land öka sin export, och därmed sin BNP, genom devalvering av valutan.

Detta synsätt är felaktigt, på många sätt. Att reducera värdet av valutan påverkar inte konkurrenskraften hos landets egna industrier i reala termer. Istället innebär det bara en engångsrabatt på de producerade varorna för utländska köpare. Man kan se det som att de utländska köparna subventioneras på bekostnad av de inhemska. Även landets tillgångar blir billigare för utlänningar, vilket låter dem köpa mark, kapital och resurser i landet till rabatterat pris. Med ett liberalt ekonomiskt synsätt är det inget fel att utländska investerare köper lokala tillgångar, men med denna keynesianska politik subventioneras dessa på bekostnad av inhemska investerare. Dessutom visar historien att de mest framgångsrika ekonomierna under efterkrigstiden, som Tyskland, Japan och Schweiz, ökade sin export avsevärt samtidigt som deras valuta ökade i värde. De behövde inte devalvera sin valuta ständigt för att lyckas utöka sin export, istället utvecklade de konkurrensfördelar som gjorde produkterna attraktiva globalt. När deras valutor ökade i värde jämfört med deras handelspartners, ökade invånarnas välstånd. Det är ingen slump att de länder vars valutor tappade i värde under efterkrigstiden också var de länder som såg stagnation och minskat välstånd.

Ett väldigt uppenbart problem med strategin att devalvera valutan för att öka ett lands export, är att den är verkningslös om den tillämpas av alla länder. Om alla länder försöker devalvera sina valutor lika mycket blir resultatet att inget land får en "fördel" jämfört med ett annat. Detta leder oss fram till det nuvarande tillståndet i den globala ekonomin, där de flesta länders regeringar försöker devalvera sina valutor för att boosta sin export, samtidigt som de klagar på att andra länder manipulerar sina valutor på ett orättvist sätt. Valutafrågor står högt på dagordningen när världsledarna håller sina improduktiva möten.

Inget av detta skulle behövas om världsekonomin var baserad på hårda pengar som kunde tjäna som global beräkningsenhet. Producenter och konsumenter runt om i världen kunde beräkna sina kostnader och intäkter med precision och utan inblandning av de olika ländernas regeringar. Med hårda pengar riktas fokus mot att skapa välstånd genom att bidra produktivt till omvärlden, istället för att försöka skaffa fördelar genom att manipulera pengarna.

KAPITEL 7

SUNDA PENGAR OCH INDIVIDUELL FRIHET

"Politiker verkar tro att ... om man ställs inför att införa en impopulär skatt för att finansiera en väldigt populär utgift, så finns det en bekväm utväg från detta dilemma – nämligen vägen via inflation. Detta illustrerar problemet med att lämna guldstandarden."

—Ludwig von Mises[1]

När det ekonomiska systemet var baserat på sunda pengar tvingades myndigheterna att bedriva sin finanspolitik på ett ansvarsfullt sätt. Utan en centralbank som kunde öka penningmängden var det svårt att finansiera underskott i statsbudgeten. Istället fick politiker följa samma spelregler som vanliga medborgare och företag måste följa när det gäller att finansiera sina utgifter.

För dagens människor, uppväxta med en bild av staten som allsmäktig och med obegränsade resurser, är det svårt att föreställa sig en värld där

---

1 Greaves, Bettina Bien. *Ludwig von Mises on Money and Inflation: A Synthesis of Several Lectures.* Auburn, AL, Ludwig von Mises Institute, 2010, sid. 32.

individuell frihet och ansvar ersätter myndigheters mandat. Dock var detta sakernas tillstånd under de perioder när mänskligheten gjorde sina största framsteg. Under dessa perioder var myndigheternas roll inskränkt till att försvara nationella gränser, privat egendom och individers rättigheter. Medborgarna gavs stor frihet att göra sina egna val och dra fördel av, eller lida under, dess konsekvenser. I detta kapitel börjar vi med att diskutera frågan om huruvida staten aktivt behöver reglera penningmängden eller inte. Därefter analyserar vi vad konsekvenserna blir av sådan penningpolitik.

Bör staten styra penningmängden?

Att staten styr och har makten över penningmängden är det mest genomgripande bedrägeriet i det moderna samhället. Aktiv penningpolitik är en grundsten i det rådande ekonomiska tankesättet och en självklarhet för de etablerade politiska partierna. Tyvärr saknar detta synsätt verklighetsförankring och varje episod i historien med sådan politik slutar med ekonomisk katastrof. Aktiv penningpolitik låtsas vara botemedlet när det i själva verket är sjukdomen. Man kan se det som den yttersta gratislunchen som politikerna förför sina lättlurade väljare med. Det fungerar som en beroendeframkallande drog, i början är ruset härligt och dess offer känner sig oövervinnerliga. Men när ruset klingar av blir landningen fasansfull och offren ber på sina bara knän om att få mer av drogen. I detta läge måste man ta ett svårt beslut: antingen genomlida abstinenssymptomen och vänja sig av med drogen eller ta nästa fix, skjuta problemet framför sig och därmed öka de långsiktiga skadorna från missbruket.

För ekonomer som anammar Keynes eller Marx teorier är pengar något som staten har monopol på och som staten kan använda som den behagar. Detta leder oundvikligen till att staten trycker pengar som sedan spenderas för att uppnå de ändamål staten själv anser lämpliga. Målet med ekonomisk forskning blir sålunda att bestämma hur penningmängden lämpligast kan expanderas samt vilka ändamål som ska främjas med de nya pengarna. Men teorier som bygger på att pengar är något som staten definierar och kontrollerar motbevisas av det enkla faktum att guld har använts som pengar i tusentals år. Att centralbankerna fortfarande har stora, och ökande, guldreserver vittnar också om guldets monetära roll. Under det senaste decenniet har vi även sett hur bitcoin växt fram och fått status som en form av pengar. Bitcoins sammanlagda värde har i storlek passerat en majoritet av världens statsvalutor, framförallt tack vare sin säljbarhet på marknaden, trots att ingen myndighet lagstadgat dess funktion som pengar.[2]

I dagsläget finns det i huvudsak två skolor inom ekonomi som är godkända av staten: *keynesianism* och *monetarism*. Dessa skolor har olika metodik samt olika analytiska ramverk och debatterar många ekonomiska frågor sinsemellan där de beskyller varandra för att inte ta tillräckligt ansvar för de unga, miljön, de fattiga eller dagens modeord inom samhällsdebatten. De är dock rörande eniga när det gäller två odiskutabla sanningar: för det första att staten måste öka penningmängden och för det andra att båda skolorna förtjänar mer anslag från staten för forskning i viktiga frågor vars lösningar leder fram till den första sanningen.

Det är viktigt att förstå de grundläggande tankegångarna i dessa två skolor för att inse hur de båda kan komma till samma felaktiga slutsats. Keynes var en misslyckad investerare och statistiker som aldrig studerat ekonomi. Han hade dock väldigt goda kontakter inom den styrande klassen i Storbritannien. Därför blev hans bok *The General Theory of Employment, Money, and Interest*, som bara bestod av pinsamt dravel, genast höjd till skyarna och fick status som grundläggande inom makroekonomi. Hans teori tar sin utgångspunkt i det ogrundade och omotiverade antagandet att det viktigaste måttet på tillståndet i ekonomin är den samlade mängden konsumtion, i form av utgifter. När samhället som helhet spenderar mycket ger detta ett incitament till producenter att tillverka mer och därmed anställa fler, vilket gör att arbetsmarknaden hamnar i ett jämviktstillstånd med full sysselsättning. Om konsumtionen blir för hög, så att producenterna inte klarar att möta efterfrågan, leder detta till inflation. Skulle istället

---

2 Matonis, John. "Bitcoin Obliterates 'The State Theory of Money.'" *Forbes*, 3 apr. 2013, www.forbes.com/sites/jonmatonis/2013/04/03/bitcoin-obliterates-the-state-theory-of-money/#6b93e45f4b6d

konsumtionen i samhället blir för låg innebär det att producenterna minskar produktionen och säger upp anställda vilket leder till arbetslöshet och resulterar i en recession.

Enligt Keynes orsakas recessioner av plötsliga fall i den samlade konsumtionen. Keynes hade svårt att förstå innebörden av orsakssamband och vikten av logiska förklaringar. Därför bemödade han sig aldrig riktigt att förklara *varför* konsumtionen plötsligt kan falla. Istället myntade han ytterligare ett meningslöst uttryck för att slippa besvära sig med logiska resonemang. Han skyllde sådana svängningar på irrationellt beteende orsakat av "djuriska andar". Det är fortfarande ingen som vet exakt vad dessa djuriska andar är för något eller varför de plötsligt kommer i spel. En uppsjö statsfinansierade byråkrater och ekonomer har emellertid byggt karriärer på att försöka hitta dem och att få riktig data att korrelera med dessa andar. Deras forskning bidrar ingenting för den som vill förstå konjunkturcykler, men har varit synnerligen lukrativ för deras egna akademiska karriärer. I klarspråk: populärpsykologi kan inte ersätta kapitalteori.[3]

Eftersom Keynes inte begränsas av att behöva förstå orsaken till recessioner kan han raskt gå vidare och föreslå lösningen. Närhelst en recession inträffar, eller arbetslösheten ökar, är orsaken ett fall i den samlade konsumtionen, och lösningen är att staten ska stimulera denna. Detta leder till ökande produktion och minskad arbetslöshet. Det finns tre sätt att stimulera konsumtionen: ökning av penningmängden, ökade offentliga utgifter eller sänkning av skatter. Keynesianer gillar generellt inte skattesänkningar, vilket ses som den minst effektiva metoden. Det beror på att människor vanligen inte spenderar hela summan av den minskade skatten, en del kommer att sparas istället. Keynes avskydde sparande eftersom det reducerade konsumtionen, vilket är det man minst behöver när man vill få till stånd en återhämtning i ekonomin. Det faller på myndigheterna att höja medborgarnas tidspreferens genom att antingen trycka pengar eller öka de statliga utgifterna. Eftersom det är svårt att höja skatterna i en recession

---

3 Och inom kapitalteori finns det inget som kan ersätta österrikisk kapitalteori, som presenterats av Böhm-Bawerk, Mises, Hayek, Rothbard, Huerta de Soto, Salerno med flera.

så medför ökade offentliga utgifter i praktiken ökad penningmängd. Detta är alltså Keynes heliga graal: när arbetslösheten är för hög så ökar man penningmängden för att lösa problemet. Det finns i detta läge ingen anledning att oroa sig för inflation, eftersom Keynes hade "visat" (det vill säga: grundlöst antagit) att inflation bara inträffar när konsumtionen är för hög, och eftersom arbetslösheten är hög så innebär det att konsumtionen är för låg. Möjligen kan dessa åtgärder få konsekvenser på lång sikt, men som Keynes sa när han avfärdade detta: "på lång sikt är vi alla döda".[4] Keynes sätt att se på ekonomin har naturligtvis inget med verkligheten att göra. Om hans modell var korrekt vore det omöjligt att hitta exempel på att ett samhälle upplever hög inflation och hög arbetslöshet samtidigt. Detta har dock inträffat många gånger. Det mest kända exemplet är i USA på 1970-talet, när ledande ekonomer försökte undanröja arbetslösheten genom att tillåta ökad inflation. Planen fungerade inte eftersom arbetslösheten ökade samtidigt som inflationen sköt i höjden. Såväl president Richard Nixon som den erkända ekonomen Milton Friedman anammade uttrycket "vi är alla keynesianer nu" och försökte pressa ner arbetslösheten med ökad inflation. Utvecklingen motbevisade teorin att det finns en avvägning mellan inflation och arbetslöshet. I ett fungerande samhälle borde Keynes idéer därmed strukits från de ekonomiska läromedlen och förpassats till akademins komedisektion, men i ett samhälle där staten kontrollerar läroplanen så kunde kursböckerna fortsätta att predika Keynes mantra som rättfärdigar ständigt ökande användning av sedelpressen. Möjligheten att trycka pengar, bildligt och bokstavligt, ökar statens makt och staten söker ständigt efter allt som kan ge den ökad makt.

---

4 Keynes, J. M. *A Tract on Monetary Reform*. London, Macmillan and Co., 1923, sid. 80. Det är värt att nämna att dagens keynesianer inte tolkar detta citat som att Keynes menade att man skulle prioritera nuet på bekostnad av framtiden. Istället menar keynesianer som Simon Taylor att detta innebär att Keynes prioriterade att angripa arbetslösheten snarare än att oroa sig för ett avlägset inflationshot. Sådana argument visar bara hur kortsiktiga Keynes moderna lärjungar är och att de, liksom Keynes, saknar förståelse för den grundläggande realiteten att det är de inflationsdrivande åtgärderna som skapar arbetslösheten. Se Simon Taylors "The True Meaning of 'In the Long Run We Are All Dead.'" simontaylorsblog.com/2013/05/05/the-true-meaning-of-in-the-long-run-we-are-all-dead

Den andra ekonomiska skolan som är godkänd av staten är monetarismen, som formulerades av Milton Friedman. Andelen ekonomer som är monetarister är väldigt låg jämfört med andelen keynesianer, men de får ändå stort utrymme i debatten, som om det vore två jämnstora sidor. Monetaristerna beskrivs enklast som keynesianernas misshandlade fruar, vars uppgift är att skänka legitimitet till de ekonomiska teorierna från Keynes genom att ge en en illusion av att det pågår en akademisk debatt mellan de båda ekonomiska skolorna. På så vis kan intellektuella fritänkare som sneglar mot den fria marknaden hållas kvar i illusionen. Monetaristerna håller i huvudsak med om de antaganden som görs i Keynes modeller, men på grund av vissa sofistikerade matematiska tillägg så drar de lite andra slutsatser. Därför föreslår monetaristerna ibland att staten borde spela en något mindre roll i ekonomin. Detta gör att de ofta avfärdas som hjärtlösa kapitalister som inte bryr sig om de fattiga.

Monetaristerna brukar ofta motsätta sig keynesianska initiativ att spendera pengar för att undanröja arbetslöshet. Deras argument är att detta skapar långsiktig inflation medan arbetslösheten endast lindras tillfälligt. Istället föredrar monetaristerna att använda skattesänkningar för att stimulera ekonomin. De argumenterar att den fria marknaden är bättre på att allokera resurser än vad staten är. Även om det alltså pågår en debatt om huruvida ekonomin ska stimuleras via ökade offentliga utgifter eller sänkta skatter så innebär båda sidornas politik ökat budgetunderskott. Det måste i huvudsak finansieras via nya lån, vilket innebär en ökning av penningmängden. En grundsats i monetarismen är att staten till varje pris måste förhindra kollapser i penningmängden och fall i prisnivån. De anser att dessa fenomen är orsaken till alla ekonomiska problem. Sjunkande priser, eller *deflation* som monetarister och keynesianer kallar det, resulterar i att människor vill spara mer. Det startar en kedjereaktion med minskad konsumtion, ökad arbetslöshet och recession. Mest oroväckande för monetarister är att deflation ofta åtföljs av kollapser i bankernas balansräkning. Därför måste centralbankerna göra allt som står i deras makt för att förhindra deflation. En intressant beskrivning av varför monetarister är så rädda för deflation gavs av den tidigare chefen för Federal Reserve, Ben Bernanke. Det var i ett tal han höll 2002, med titeln *Deflation: Making Sure 'It' Doesn't Happen Here.*[5]

De huvudsakliga tankegångarna från båda dessa skolor är vad som utgör konsensus bland ekonomer idag. Det är också vad som lärs ut på universitet över hela världen. Budskapet är att det är centralbankens jobb att öka penningmängden i en kontrollerad takt, för att uppmuntra till ökad konsumtion vilket håller arbetslösheten på en låg nivå. Om centralbanken skulle minska penningmängden, eller inte öka den tillräckligt snabbt, kan en deflationsspiral utlösas. Det skulle avskräcka människor från att spendera och därmed slå mot sysselsättningen, vilket leder till inbromsning i ekonomin.[6] Tillståndet i dagens debatt och synsättet bland etablerade ekonomer och läromedel är sådant, att man inte ens ställer sig frågan huruvida penningmängden bör ökas överhuvudtaget. Det anses som en självklarhet och diskussionen kretsar därför kring hur centralbankerna ska åstadkomma denna ökning och i vilken takt. Keynes troslära, som är så populär idag, återspeglas också av den rådande livsstilen som kretsar kring konsumtion och omedelbar behovstillfredsställelse. När centralbanken hela tiden ökar penningmängden så blir det mindre attraktivt att spara och investera. Det leder fram till dagens kultur som präglas av att vi hela tiden köper mer och mer skräp vi inte behöver. När alternativet till att spendera är att se hur besparingarna förlorar sitt värde med tiden så är det lika bra att njuta av dem här och nu. Människors finansiella beslut återspeglas också på andra sätt i deras personlighet och leder till hög tidspreferens i alla aspekter av livet. Vi blir mer benägna att låna, mer kortsiktiga i affärslivet, vårt kulturella och konstnärliga arv blir fattigare och vi blir mer kortsiktiga när det gäller att sköta vår hälsa och kanske mest allvarligt, vi urlakar jordmånen, vilket

---

5 *Deflation: Making Sure 'It' Doesn't Happen Here.*. Remarks by Governor Ben S. Bernanke before the National Economists Club, Washington, D.C., 21 nov. 2002.
6 McConnell, Campbell, Stanley Brue, and Sean Flynn. *Economics.* McGraw-Hill, 2009, sid. 535.

leder till allt sämre näringsinnehåll i maten.

I skarp kontrast till dessa två skolor står den klassiska traditionen inom ekonomi. Det är den samlade lärdom som vuxit fram inom fältet genom hundratals år. Idag brukar man kalla denna traditionella gren inom ekonomi för den österrikiska skolan. Det är ett erkännande av den sista generationen stora ekonomer i Österrike under landets gyllene era, före första världskriget. Den österrikiska skolan bygger på klassiska verk från skotska, franska, spanska, arabiska och grekiska ekonomer. Till skillnad från keynesianism och monetarism, som går vilse i rigorös numerisk analys och invecklad matematik, så fokuserar den österrikiska skolan på att etablera en *förståelse* av orsakssamband med hjälp av logiska slutsatser utifrån grundläggande axiom.

Den österrikiska skolan förklarar att pengar har sitt ursprung på den fria marknaden och etableras som den mest säljbara varan, det vill säga den vara som lättast kan säljas, under de flesta omständigheter.[7] En tillgång som behåller sitt värde är bättre än en tillgång som tappar i värde, och sparare väljer det bytesmedel som bäst behåller sitt värde. Nätverkseffekten resulterar i att det i slutändan blir en enda, eller ett fåtal, tillgångar som etableras som bytesmedel. Enligt Mises är frånvaron av statlig inblandning ett nödvändigt villkor för sunda pengar. Orsaken är att staten annars frestas att skapa mer pengar och därmed minska dess värde.

Bitcoin har en strikt gräns för hur många enheter som totalt kan skapas av valutan, vilket beskrivs i kapitel 8. Det är därmed tydligt att Nakamoto inte föll för de keynesianska argument som presenteras i de vanliga skolböckerna om makroekonomi. Istället inspirerades han av den österrikiska skolan, som förklarar att den absoluta mängden pengar i sig är irrelevant så länge valutan är delbar i tillräckligt små enheter. Det är bara valutans köpkraft i termer av riktiga varor och tjänster som spelar roll och inte dess numeriska kvantitet. Mises beskrev det så här:

---

7 Menger, Carl. "On the Origins of Money." Trans. C. A. Foley. *Economic Journal*, vol. 2, 1892.

Pengars funktion kan mätas i form av dess köpkraft. Det är inte viktigt för användaren hur många enheter som finns eller hur mycket pengarna väger, det som räknas är hur stor dess köpkraft är. Eftersom marknaden fungerar på ett sådant sätt att pengarnas köpkraft bestäms vid den punkt där utbud och efterfrågan för pengar sammanfaller så kan det aldrig finnas ett överskott eller underskott av pengar. Alla som använder pengar drar nytta av de fördelar i form av förenklad handel och annat som pengar erbjuder. Så är fallet oberoende av om den totala kvantiteten av pengar är stor eller liten ... pengarnas funktion kan varken förbättras eller försämras genom att förändra penningmängden ... Mängden pengar som finns tillgänglig i ekonomin är alltid tillräcklig för att fylla den funktion i ekonomin som pengar behövs för.[8]

Murray Rothbard håller med Mises:

Om penningmängden vore konstant skulle världsekonomin fungera på ett liknande sätt som på 1700- och 1800-talet. Då blomstrade den industriella revolutionen tack vare ökade kapitalinvesteringar som ökade utbudet av varor och gjorde att priserna för dessa varor föll i takt med sjunkande produktionskostnader.[9]

Enligt det österrikiska synsättet leder ekonomisk tillväxt i kombination med konstant penningmängd till sjunkande priser för varor och tjänster. Därmed kan människor köpa större mängder varor och tjänster med sina pengar i framtiden. Det stämmer att dessa förutsättningar har en dämpande effekt på omedelbar konsumtion, vilket är vad keynesianerna fruktar. Å andra sidan uppmuntras sparande och investeringar, vilket ger förutsättningar för mer konsumtion i framtiden. Eftersom Keynes tankesätt präglades av hög tidspreferens, är det naturligt att han inte kunde förstå att effekterna av ökade besparingar på omedelbar konsumtion mer än väl uppvägs av den konsumtion som möjliggörs av besparingar som gjorts i det förflutna. Ett samhälle med låg tidspreferens, som kontinuerligt skjuter upp konsumtion, är ett samhälle som i det långa loppet faktiskt konsumerar mer. Det beror

---

8 Ludwig von Mises. *Human Action. sid. 421.*
9 Rothbard, Murray. "The Austrian Theory of Money." *Foundations of Modern Austrian Economics,* edited by Edwin Dolan, Kansas City, Sheed and Ward, 1976, sid. 160–84.

på att de ökade besparingarna och investeringarna på sikt leder till större inkomster för medborgarna. Även om en större andel av medborgarnas inkomster går till besparingar så får ett samhälle med låg tidspreferens i det långa loppet råd med högre konsumtion och den samlade mängden kapital blir större.

Om samhället vore en liten flicka i marshmallows-experimentet som beskrevs i kapitel 5, så skulle de keynesianska ekonomerna försöka ändra experimentet. Med de nya reglerna skulle flickan straffas och bara få en halv marshmallow istället för två om hon väntade. Att ge efter för omedelbar njutning är det beteende som uppmuntras, vilket reflekteras i kulturen och i samhället i stort. Detta står i kontrast till det österrikiska tankesättet, som förespråkar sunda pengar och föreskriver att om barnet väntar så ska hon belönas.

Med sunda pengar, vars värde tenderar att öka med tiden, blir människor mer selektiva i sin konsumtion och mer benägna att spara för framtiden. Slentrianmässig konsumtion och shopping som terapi, där den ena skräpiga plastbiten ersätter den andra, har ingen plats i ett samhälle där pengarna blir mer värda med tiden. En värld med sunda pengar gör att människor utvecklar en lägre tidspreferens, då deras monetära beslut i större utsträckning speglar framtiden, som värderas allt högre. I ett sådant samhälle får moral och kultur också ett uppsving.

En valuta som ökar i värde ger ett incitament till sparande då dess köpkraft stärks. Det leder till uppskjuten konsumtion och lägre tidspreferens. En valuta som sjunker i värde å andra sidan, gör att medborgarna hela tiden måste söka en avkastning som slår inflationen. Ju högre inflationen är, desto högre måste avkastningen vara. Detta leder investerarna till att ta allt högre risk, vilket ofta leder till stora förluster. I samhällen där pengarna har ett stabilt värde utvecklar medborgarna låg tidspreferens och lär sig att spara och tänka på framtiden. I samhällen med hög inflation och sjunkande ekonomier utvecklar medborgarna hög tidspreferens och förlorar därför viljan att spara. De fokuserar istället på kortsiktig njutning.

I en ekonomi där valutan ökar i värde startar investerare bara projekt som ger en positiv realavkastning. Det innebär att de enda projekt som får finansiering är de som ökar samhällets totala kapitalmängd. Det står i kontrast till en ekonomi där valutan tappar i värde, vilket ger incitament att starta projekt som har en positiv avkastning uttryckt i termer av valutan men en negativ realavkastning. Projekt som slår inflationen, men som inte har positiv realavkastning, minskar den totala mängden kapital i samhället. Projekten är ändå rationella eftersom de reducerar investerarens kapital långsammare än den sjunkande valutan. Ludwig von Mises kallade dessa projekt *felinvesteringar* – olönsamma investeringar som ger sken av lönsamhet när inflationen är hög och räntan är onaturligt låg genom politiska åtgärder. Att dessa investeringar i själva verket är olönsamma visar sig senare i konjunkturcykeln när inflationen sjunker och räntenivån ökar. Mises beskrev det så här: "I högkonjunktur slösas de knappa produktionsmedlen bort genom felinvesteringar och dess förmodade förtjänster betalas genom utarmning."[10]

Denna utläggning förklarar varför ekonomer i den österrikiska skolan förespråkar att guld används som pengar medan keynesianska mainstream-ekonomer föredrar statsvalutor. De sistnämnda kan ju enkelt expanderas när politikerna finner det lämpligt. Keynesianer ser det faktum att alla världens centralbanker använder fiatvalutor som ett bevis för att dessa är en överlägsen form av pengar. Österrikiska ekonomer å andra sidan, anser att bara det faktum att staten måste lagstifta att endast fiatvalutor får användas som pengar vittnar om att dessa är underlägsna och inte kan stå sig på en fri marknad. Österrikiska ekonomer förklarar också att användningen av fiatvalutor är vad som orsakar recessioner. Keynesianska ekonomer kan inte förklara vad som orsakar dessa annat än med termen "djuriska andar". Den österrikiska skolan har utvecklat den enda konsekventa teorin som förklarar vad som orsakar konjunkturcykler. Det är den *österrikiska konjunkturcykelteorin*.[11]

---

10 Ludwig von Mises. *Human Action*. sid. 575.
11 Rothbard, Murray. *Economic Depressions: Their Cause and Cure*. Auburn, AL, Ludwig von Mises Institute, 2009.

Osunda pengar och ständiga krig

Som diskuterades i kapitel 4, i samband med pengars historia, är det ingen slump att eran med centralbanker och fiatvalutor inleddes med det första världskriget i människans historia. Det finns tre viktiga delar i orsakssambandet mellan osunda pengar och ständiga krig. Den första är att osunda pengar utgör ett hinder för handeln mellan länder, då de snedvrider varors pris och gör handel till en politisk fråga. Det resulterar i rivalitet och fiendskap mellan stater. Den andra är att sedelpressen låter stater kriga ända tills nationens valuta är värdelös och inte bara tills statens pengar är slut. Med sunda pengar begränsas statens möjlighet att finansiera krig till hur mycket skatt den kan driva in. Att beslagta medborgarnas rikedomar på detta sätt för att finansiera krig är väldigt effektivt. Den tredje aspekten är att individer som har tillgång till sunda pengar utvecklar en lägre tidspreferens, vilket främjar samarbete och långsiktiga relationer snarare än konflikt. Detta diskuterades i kapitel 5.

Ju större marknad individer har tillgång till, desto mer kan dessa specialisera sig och desto större blir vinsten för alla inblandade. I en primitiv ekonomi med 10 personer ger en viss mängd utfört arbete upphov till betydligt lägre levnadsstandard än samma mängd arbete i en större marknad med 1 000 eller 1 000 000 människor. För en individ som lever i ett modernt samhälle räcker det att arbeta ett fåtal timmar om dagen i ett högspecialiserat jobb för att ha råd att köpa de varor hon vill. Varor som producerats var som helst i hela världen till låg kostnad och bra kvalitet. För att verkligen förstå hur stora vinster vi faktiskt får av sådan handel kan vi jämföra det med att leva i ett självhushåll. Där måste vi använda en mycket större del av vår tid bara för att fylla de basala behoven för vår överlevnad.

Pengar är det medium som möjliggör handel och är också det verktyg som låter handel expandera storskaligt. För att prismekanismen ska fungera måste priserna kunna uttryckas i termer av sunda pengar som används i hela handelsområdet. Ju större området är som använder den gemensamma valutan, desto mer omfattande blir handeln. Människor som handlar sinsemellan får ett egenintresse i varandras ekonomiska välstånd, vilket med tiden skapar en fredlig samexistens. När samhällen använder olika valutor och osunda pengar blir handeln mycket mer komplicerad, då priserna varierar i takt med valutornas värde. Det gör att villkoren för handeln blir oförutsägbara och incitamenten för gränsöverskridande handel försvinner.

Individer med låg tidspreferens är inriktade på framtiden och är därför mindre benägna att söka konflikter än de med hög tidspreferens. Konflikter är till sin natur destruktiva och i de flesta fall förstår intelligenta och framtidsinriktade människor att det inte finns några vinnare i våldsamma konflikter. De förstår att även den segrande parten i en konflikt lider större förluster än om konflikten undvikits helt. I civiliserade samhällen respekterar medborgarna varandras önskemål och åsikter, och om det blir dispyter så försöker man lösa dessa på fredlig väg. Kan man inte hitta en ömsesidigt gynnsam lösning så resulterar det vanligen i att parterna går skilda vägar snarare än att fastna i långdragna tvister. Det förklarar varför civiliserade och ekonomiskt välmående samhällen har låg brottslighet.

Nationer som använder sunda pengar är mycket mer benägna att vara fredliga eftersom sunda pengar begränsar staters förmåga att finansiera militära operationer. I Europa på 1800-talet var de kungar som ville kriga tvungna att beskatta sina undersåtar för att finansiera sin armé. Långsiktigt var en sådan strategi endast lönsam för de kungar som använde sin armé defensivt och inte offensivt. Att försvara sig är mer kostnadseffektivt eftersom det sker med närhet till de egna försörjningslinjerna. Medborgare som såg att monarken använde armén till försvar av det egna landet var villiga att betala skatt för detta. En monark som ägnade sig åt utdragna krig utomlands, för att berika sig själv, mötte stort motstånd hos de egna skattebetalarna.

Mot denna bakgrund kan man förstå varför 1900-talet var det mest dödliga århundradet i historieböckerna. En rapport från FN[12] analyserade antalet döda i konflikter de senaste fem århundradena och kom fram till

12 Human Development Report 2005: International Cooperation at a Crossroads: Aid, Trade and Security in an Unequal World. United Nations Development Program, New York, 2005, hdr.undp.org/en/content/human-development-report-2005

Period	Konfliktrelaterade dödsfall (milj.)	Folkmängd i mitten av seklet, alla länder (milj.)	Andel konfliktrelaterade dödsfall av världspopulationen
1500-talet	1,6	493,3	0,32%
1600-talet	6,1	579,1	1,05%
1700-talet	7,0	757,4	0,92%
1800-talet	19,4	1172,9	1,65%
1900-talet	109,7	2519,5	4,35%

Tabell 5: Antal döda i konflikter de senaste fem århundradena [13]

att 1900-talet var i särklass värst. Även när de stora europeiska nationerna låg i krig med varandra under guldstandarden var krigen oftast korta och utkämpades av professionella arméer.

Ett stort krig på 1800-talet var det fransk-tyska kriget 1870–1871, som varade i 9 månader och dödade ungefär 150 000 människor. Det motsvarar ungefär en veckas förluster under andra världskriget. Under guldstandarden var de europeiska staterna tvungna att finansiera sina krig via skatter så att finansieringen var klar innan slaget kunde börja. Med dessa resurser kunde man förbereda sin armé och sedan försöka vinna en snabb seger. Om striden började dra ut på tiden eller om fienden visade sig vara starkare än man trott var det bättre att försöka förhandla fred och därigenom begränsa de egna förlusterna. Att under pågående strid försöka öka skatterna för att sedan kunna skicka förstärkningar var inte att tänka på. De mest dödliga krigen under 1800-talet var Napoleonkrigen, som utspelade sig innan guldstandarden anammats och som följde på den franska revolutionens experimenterande med inflation. Se uppställningen i tabell 5.

Idag finns det ett stort antal företag som specialiserar sig på tillverkning av vapen. Denna jättelika industri är beroende av ständiga krig för sin överlevnad. Dessa bolag lever på alltjämt ökande statliga investeringar i

---

13 Human Development Report 2005: International Cooperation at a Crossroads: Aid, Trade and Security in an Unequal World. United Nations Development Program, New York, 2005, hdr.undp.org/en/content/human-development-report-200

avancerad vapenteknologi. I USA, vars försvarsbudget är nästan lika stor som världens övriga länder tillsammans, har denna bransch ett egenintresse i att den amerikanska militären ständigt är inblandad i någon form av konflikt. Av denna anledning, snarare än några strategiska, kulturella eller ideologiska skäl, har USA varit inblandad i många konflikter i olika delar av världen som omöjligt kan vara av relevans för en vanlig amerikan. Bara med osunda pengar kan dessa företag växa till sådan storlek att de kan få media, akademiker och tankesmedjor att ständigt slå på trumman för mera krig.

Begränsad eller allomfattande statsmakt

I sin bok *From Dawn to Decadence* ger Jacques Barzun en övergripande historiebeskrivning av den västerländska civilisationen under de senaste fem århundradena. Boken identifierar slutet på första världskriget som en avgörande vändpunkt och starten på vad författaren kallar dekadensen och förfallet i väst.[14] Det var efter detta krig som den västerländska civilisationen drabbades av "Det stora skiftet", då liberala värderingar ersattes av frigjordhet från personligt ansvar.

Enligt klassiska liberala värderingar är statens roll att låta individerna leva i frihet och både njuta frukterna och utstå negativa konsekvenser av sitt handlande. Liberalismens hållpunkt var tidigare att den bästa staten är den som styr minst. Numera har språket dock glidit ifrån den definitionen där *"liberty"* innebar frihet och har ersatts av synen att medborgarna ska kunna förlusta sig och följa sina nycker, medan det är statens ansvar att skydda dem från negativa konsekvenser av sitt beteende. På både det sociala och på det politiska planet omstöptes statens roll till att bli en önskeuppfyllande ande och det enda medborgarna behövde göra var att rösta för att få sina önskningar uppfyllda.

Den franska historikern Élie Halévy satte startpunkten för vad han kallade "Tyrannins era" till år 1914, då första världskriget startade och det

---

14 Barzun, Jacques. *From Dawn to Decadence: 500 Years of Western Cultural Life.* HarperCollins, 2000, sid. 688.

skedde ett skifte mot ekonomisk och intellektuell nationalisering i de mäktigaste länderna. Det innebar att staten tog kontroll över produktionsmedlen och samhället organiserades enligt korporativistiska principer, det vill säga där individens intressen var underordnade organisationens. Idéer som ansågs gå emot nationella intressen undertrycktes medan uttryck för nationalism uppmuntrades. Élie Halévy kallade sådana nationalistiska uttryck för "organiserad entusiasm".[15]

Den klassiskt liberala versionen av staten är bara möjlig i en värld med sunda pengar, som fungerar som en naturlig begränsning av statlig makt. Så länge staten måste beskatta sina medborgare för att finansiera sin verksamhet blir verksamheten begränsad av hur stor beskattning befolkningen kan tolerera. I ett samhälle med sunda pengar måste staten ha medborgarnas samtycke för sin finansiering. En ny politisk åtgärd kräver finansiering i förväg i form av skattepengar eller långfristiga statsobligationer. Det synliggör de verkliga kostnaderna, vilka kan vägas mot nyttan. Politiker som vill finansiera det nationella försvaret eller olika infrastrukturprojekt har goda möjligheter att få medborgarnas samtycke. Politiska program som bara gynnar personer i maktställning eller vars nytta är oklar möter motstånd och kan inte genomföras. Politiker som försöker höja skatterna utan goda skäl blir bortröstade och utbytta.

Sunda pengar medför alltså ett mått av ärlighet hos politiker och begränsar deras styre till åtgärder som gagnar eller åtminstone kan tolereras av skattebetalare. Sunda pengar gör att nytta och kostnader synliggörs så att alla organisationer och individer i samhället tvingas följa den ekonomiska grundregeln: konsumtion måste komma efter produktion.

Osunda pengar å andra sidan, låter politiker spendera pengar på populära åtgärder som genererar väljarstöd, utan att behöva visa upp notan för detta. Staten ökar penningmängden och kan därigenom finansiera vilka politiska program som helst. Den sanna kostnaden för dessa program blir bara märkbar långt senare, i form av inflation, när den ökade penningmängden gör att priser stiger. Denna inflation kan enkelt bortförklaras genom att

---

15 Halévy, Élie and May Wallas. "The Age of Tyrannies." *Economica*, New Series, vol. 8, no. 29, feb. 1941, sid. 77–93.

skylla på en mängd faktorer, såsom giriga företagsledare, utrikespolitiska faktorer, minoritetsgrupper eller tidigare regeringar. Osunda pengar är ett särskilt farligt vapen i händerna på våra moderna folkvalda politiker, som alltid drivs primärt av att bli omvalda. När medborgarna lägger sin röst undviker de troligen de kandidater som ärligt redovisar den sanna kostnaden för sina förslag. Istället lockas de av politiker som utlovar gratisluncher och lägger skulden för notan på sina föregångare. Demokrati blir därmed en form av bedrägeri, där stora delar av befolkningen luras att försöka rösta till sig en gratislunch och sedan manipuleras att ta ut sin ilska på syndabockar, när notan kommer i form av inflation och ekonomisk recession.

Det är osunda pengar som gör att såväl väljarna som de som har oturen att studera makroekonomi på högskolenivå lever i villfarelsen att statliga åtgärdsprogram saknar alternativkostnad och att politiker har tillgång till en allsmäktig trollstav som kan uppfylla alla önskningar. Trollstaven kan användas inom samtliga områden: sjukvård, lag och ordning, infrastruktur, skolsystem, demokratiska reformer i andra länder eller framtagande av bristvaror. De flesta moderna medborgare lever i den naiva tron att åtgärder inom dessa områden saknar verklig kostnad och att allt som behövs är "politisk vilja", "starkt ledarskap" och avsaknad av korruption. Insikten att ekonomi innebär att välja och att varje val har en alternativkostnad har tappats bort i frågor som rör den offentliga sektorn. Det skulle komma som en chock för gemene man om han skulle inse att sakerna han önskar inte kan trollas fram ur tomma intet av en politiker. Tvärtom måste de tillhandahållas av verkliga människor som måste slita i dagar eller år för ändamålet och därmed väljer bort möjligheten att spendera sin tid på andra saker. Ingen politiker har blivit vald genom att erkänna att man inte kan komma ifrån den fundamentala begränsningen som utgörs av hur mycket tid en människa kan disponera. När staten bestämmer sig för tillhandahålla en vara eller en tjänst så ökas inte den totala ekonomiska produktionen. Istället innebär det bara ökad centralplanering, vilket har förutsägbara konsekvenser.[16]

---

16 Rothbard, Murray. "The End of Socialism and the Calculation Debate Revisited." *Review of Austrian Economics, vol. 5, no. 2, 1991.*

Osunda pengar är en välsignelse för tyranner och auktoritära regimer som låter dem finansiera sina förehavanden utan att vara beroende av folkets samtycke. Genom att expandera penningmängden blir de inte begränsade till en politik där kostnad och nytta måste vägas mot varandra. Istället kan de ekonomiska konsekvenserna skjutas på framtiden i form av inflation. Historien är fylld av exempel på hur de regimer som haft privilegiet att trycka pengar nästan alltid missbrukat detta på bekostnad av det egna folket. Diktatorer och statschefer såsom Vladimir Lenin, Joseph Stalin, Mao Ze Dong, Adolf Hitler, Maximilien Robespierre, Pol Pot, Benito Mussolini och Kim Jong Il, härskade under perioder med osunda pengar och använde sin kontroll över penningutgivningen för att stjäla det egna folkets köpkraft. Dessa och många andra notoriska förbrytare kunde trycka pengar efter behag för att finansiera sitt totalitära och blodtörstiga storhetsvansinne. Det bör påpekas att ingen av dessa tyranner själva behövde avskaffa systemet med sunda pengar. Det hade avskaffats tidigare och hyllats som ett steg i rätt riktning för arbetares rättigheter och nationell identitet. Men när systemet med sunda pengar väl var förstört blev det en enkel match för dessa förbrytare att ta över makten och sedan kontrollera hela samhällets resurser genom att öka mängden osunda pengar.

Osunda pengar ger i praktiken staten obegränsad makt och har stora konsekvenser för alla individer i samhället. När makten centraliseras hamnar allt fokus på politiken, och en stor del av samhällets tid och resurser förbrukas i det nollsummespel som utgörs av vem som får bestämma och hur. Sunda pengar å andra sidan, gör att styrelseskicket får begränsade konsekvenser. Oavsett om det är en demokrati, republik eller monarki så innebär sunda pengar decentralisering av makten och större individuell frihet.

Uppfattningen att staten måste "sköta" ekonomin var allmänt utbredd i Sovjetunionen, men råder även i dagens kapitalistiska ekonomier. Det är värdefullt att reflektera över det synsätt som populariserades av John Maynard Keynes och som mänskligheten har tvingats kämpa med under flera decennier. I ett av sina mindre kända verk, *The End of Laissez-Faire*, ger Keynes sin bild av vad statens roll borde vara i samhället. Som väntat uttrycker han sitt motstånd mot liberalism och individualism men han beskriver även nackdelarna med socialism:

> De socialistiska värderingar som spreds under 1800-talet var Benthams förtjänst. Det var idéer om fri konkurrens och liknande som i vissa fall var mer tydliga och i vissa fall mer otydliga än de resonemang som underbygger 1800-talets individualistiska filosofi. Både socialism och individualism understryker vikten av frihet. I det ena fallet ligger fokus på att undvika begränsningar av individuell frihet och i andra fallet handlar det om att rasera olika former av monopol. Dessa filosofier är olika reaktioner på samma intellektuella stämningsläge.

Det Keynes alltså såg som problemet med socialism var att dess slutmål var ökad individuell frihet. Keynes tyckte inte att slutmålet borde innefatta så triviala frågor som individuell frihet, utan istället handla om att styra och kontrollera ekonomin så den fungerade enligt hans mall. Enligt Keynes fanns det tre områden där staten borde ha en stark roll. Det första var "en central institution bör styra valutan och kreditmarknaden på ett avvägt sätt", vilket lade grunden för våra moderna centralbanker. Det andra området var "nivån av sparande som är lämplig för samhället i stort, hur stor del av besparingarna som bör investeras utomlands och huruvida nuvarande investeringar innebär maximal nationell produktion. Jag anser att dessa frågor inte kan lämnas i händerna på privata företag i dagsläget." Slutligen borde staten, enligt Keynes, utforma "en lämplig nationell policy för vilken folkmängd som är mest ändamålsenlig, om den bör vara större, mindre eller lika stor som den nuvarande. När denna policy är beslutad, måste vi ta mått och steg för att nå dess mål. Kanske måste vi vid en senare tidpunkt även ta hänsyn till medborgarnas medfödda kvaliteter, och inte bara deras antal."[17]

Tyvärr kan vi konstatera att dagens etablerade ekonomiska synsätt, som förordar centralbankspolitik och som lärs ut i läroböcker världen över, kan härledas till de åsikter som populariserades av Keynes. Det var alltså en man som ville att staten skulle kontrollera pengarna, tillgången till krediter,

---

17 Keynes, J. M. "The End of Laissez-Faire." *Essays in Persuasion,* London, The Royal Economic Society, 1931, sid. 272–95.

mängden besparingar samt investeringsbesluten. Det kan sammanfattas som total centralisering av kapitalallokering och slutet för fri företagsamhet, vilket innebär att medborgarna blir fullständigt beroende av staten för sin överlevnad. Det var också en man som förespråkade statlig kontroll av både antal och kvalitet hos befolkningen, vilket alltså inkluderade rashygien. Till skillnad från socialister, som såg centralstyrning som nödvändig för att i det långa loppet öka individernas frihet, så var Keynes mål istället att realisera sin egen storslagna vision av samhället. Medan socialisterna var hederliga nog att åtminstone låtsas göra människor till slavar för sitt eget bästa, för att befria dem i framtiden, så ville Keynes införa statligt slaveri som självändamål. Det kan förklara varför Murray Rothbard sa "Det finns bara en positiv sak man kan säga om Marx: han var iallafall ingen keynesian."[18]

Även om sådana idéer kan verka tilltalande för naiva idealister så leder de i verkligheten till att marknadsmekanismerna havererar och att förutsättningarna för ekonomisk produktion försvinner. Under dessa omständigheter upphör pengarna att fungera som ett informationssystem mellan producenter och konsumenter. Istället förvandlas det monetära systemet till ett statligt lojalitetsprogram.

---

18 Rothbard, Murray. "A Conversation with Murray Rothbard." *Austrian Economics Newsletter,* vol. 11, no. 2, Auburn, AL, Mises Institute, Summer 1990.

Förskingringen

I kapitel 3 diskuterades vad som händer om en vara får en monetär roll och börjar användas som pengar. Då skapas incitament att producera mer av varan. Om denna typ av pengar är lätta att producera kommer mer tid och resurser att ägnas åt produktion av dessa. Då pengars enda värde ligger i att de kan bytas mot andra varor och tjänster så är det pengarnas köpkraft som är viktig, inte deras absoluta kvantitet. Att skapa mer pengar innebär alltså ingen nytta för samhället. Det är därför som valet av pengar på en fri marknad faller på en vara som har en hög och pålitlig lager/inflödes-kvot. Med sådana pengar allokeras väldigt lite av samhällets tid och resurser till att producera nya enheter av pengarna. Istället kan majoriteten av resurserna användas för produktion av nyttiga varor och tjänster vars absoluta kvantitet, till skillnad från pengars, faktiskt är relevant. Guld blev den ledande globala monetära standarden eftersom dess årliga produktion endast var en liten andel av det befintliga lagret. Att utvinna guld var en osäker och ofta olönsam verksamhet, varför endast en liten andel av samhällets kapital användes för detta ändamål.

John Maynard Keynes och Milton Friedman ansåg att en av de viktigaste fördelarna med att avskaffa guldstandarden var att samhället skulle bli av med den höga kostnaden för utvinning av guld. Papperspengarna som staten utgav kunde ju produceras mycket billigare. De förstod inte att utvinning av guld kräver väldigt lite resurser jämfört med produktion av andra varor vars utbud kan ökas mycket enklare. De underskattade också den verkliga samhällskostnaden av att använda papperspengar, vars kvantitet kan expanderas godtyckligt av politiker baserat på vallöften eller påtryckningar från starka intressegrupper. Den verkliga kostnaden för papperspengar är inte driftskostnaden för sedelpressen, utan den ekonomiska aktivitet som går förlorad när produktionsresurser styrs om, i jakten efter de nytryckta statliga pengarna, snarare än att användas för att skapa riktigt värde till ekonomin genom produktion av det som marknaden är beredd att betala för.

Expansion av penningmängden, genom kreditgivning, och resulterande inflation är exempel på det som ekonomen John Kenneth Galbraith[19] kallar "förskingringen" i sin bok om den stora depressionen. När kreditgivningen sköt i höjden på 1920-talet hade företagen pengar i överflöd och dessa kunde enkelt förskingras på olika sätt. Så länge krediterna flödade var förskingringens offer lyckligt ovetande och en illusion av ständigt ökande rikedom bredde ut sig i samhället. Ökad kreditgivning från centralbanken resulterar i ett tillfälligt uppsving i konjunkturen. I en sådan boom blir även olönsamma projekt finansierade, vilket innebär att resurser konsumeras för improduktiva ändamål.

I ett monetärt system baserat på sunda pengar kan ett företag endast överleva om det tillför värde till samhället. Företagets produkter måste betinga ett högre pris än summan av priset för insatsvarorna och företagets övriga kostnader för att verksamheten ska vara lönsam. Ett bolag vars produkter är mindre värda än insatsvarorna går snart i konkurs. När det sker frigörs dess resurser och kan användas av andra, mer produktiva företag, vilket är vad ekonomen Joseph Schumpeter kallade *kreativ förstörelse*. På en fri marknad är alla investeringar förenade med risk. Ett projekt kan falla väl ut och bli lönsamt eller misslyckas och stå investeraren dyrt. Dessa spelregler åsidosätts av statliga, osunda pengar som låter improduktiva företag fortsätta sin verksamhet. Sådana företag kan liknas vid ekonomiska zombies eller vampyrer som konsumerar resurser som annars kunde använts av produktiva aktörer. Osunda pengar skapar en ny samhällskast, vars existens baseras på helt andra spelregler. Dess individer behöver inte riskera något eget kapital och företagen behöver inte vara konkurrenskraftiga på en fri marknad. Den nya samhällskasten återfinns inom varje ekonomisk sektor som åtnjuter statligt stöd.

Det är svårt att göra en uppskattning av hur stor andel av den ekonomiska aktiviteten i världen som utgörs av företag som jagar efter nytryckta pengar från staten istället för att producera varor och tjänster som efter-

---

19 Galbraith, John Kenneth. *The Great Crash, 1929.* Boston, Houghton Mifflin Harcourt, 1997, sid. 133.

frågas av samhället. Man kan dock bilda sig en uppfattning genom att analysera vilka bolag som lyckas vinna marknadsandelar av egen kraft och vilka som överlever på grund av statlig frikostighet på antingen det finanspolitiska eller det penningpolitiska planet.

Däremot är det är ganska enkelt att se hur finanspolitiska åtgärder skapar zombieföretag. Alla bolag som får direkt stöd från staten och de flesta företag som livnär sig på att sälja sina varor och tjänster till den offentliga sektorn är i praktiken zombieföretag. Om de varit produktiva för samhället skulle individer frivilligt betalat för deras produkter med egna pengar. Att de inte kan överleva på frivilliga betalningar visar att bolagen är en belastning och inte en produktiv tillgång för samhället.

Det är lite mer invecklat att förstå hur zombieföretag kan skapas via penningpolitiken och tillgång till krediter med låg ränta. Eftersom samhället förlorat sin förmåga att spara, på grund av övergången till fiatpengar, så görs inte längre investeringar med sparade pengar, utan med nya lån. Dessa nya krediter innebär att penningmängden expanderas, vilket urholkar värdet av medborgarnas befintliga pengar. I ett samhälle med sunda pengar kan en person ackumulera kapital som han sedan kan investera. Kapitalägarna utgörs därmed av de individer som har lägst tidspreferens. Men när pengarna istället kommer från nya statliga krediter är det inte längre de långsiktiga individerna som allokerar kapitalet, utan medlemmar av diverse byråkratiska myndigheter.

På en fri marknad med sunda pengar investerar kapitalägarna sitt kapital på det mest produktiva sättet. Denna process belönar de företag och investerare som tjänar sina kunder på ett framgångsrikt sätt medan felaktiga investeringar straffas. I ett monetärt system baserat på fiatpengar är det i praktiken centralbanken som styr hur krediter skapas och allokeras. Centralbanken styr och övervakar bankerna som gör utlåningen, sätter kriterier för kreditvärdighet och försöker beräkna risker med en matematisk finess som bortser från hur risk fungerar i verkligheten. De som får tillgång till de billiga krediterna från centralbanken kan bedriva sin verksamhet utan de krav på lönsamhet som ställs på en fri marknad.

I fiatpengarnas värld är det viktigare för ett företag att ha en god relation till de som kontrollerar sedelpressen än att erbjuda värdefulla tjänster och produkter till kunderna. Bolag som kan låna till låg ränta har en påtaglig fördel gentemot konkurrenter som inte kan det. Denna fördel avgör bolagets framgång snarare än huruvida dess tjänster bidrar positivt till samhället.

Tillgången till billiga krediter förklarar många av de ekonomiska fenomen vi ser idag, till exempel att det finns branscher som är lönsamma trots att de inte skapar något av värde, för någon. Det bästa exemplet är statliga myndigheter, som är ökända för sin inkompetens i hela världen. Denna inkompetens kan bara förklaras av att verksamhetens finansiering är helt frikopplad från ekonomiska realiteter. Istället för att prövas av marknaden så prövar dessa myndigheter sig själva och drar slutsatsen att alla deras brister kan åtgärdas med ökad finansiering. Oavsett hur inkompetenta eller försumliga de är så behöver de aldrig på allvar ta konsekvenserna av sina handlingar. Även om syftet med en viss myndighet har försvunnit så kan denna fortsätta sin verksamhet och hitta nya ansvarsområden. Ett exempel är järnvägsmyndigheten i Libanon som fortfarande har ansvar för tåg, även om dessa togs ur drift för flera decennier sedan och rälsen har rostat sönder.[20]

I dagens globaliserade värld är förskingringen inte begränsad till nationella myndigheter, utan omfattar även internationella, mellanstatliga organisationer. Dessa är kända för att slösa både tid och pengar utan att tillföra någon nytta för någon annan än sig själva. Eftersom de befinner sig på långt avstånd från de skattebetalare som finansierar verksamheten så utsätts de för ytterst lite granskning och kan ha ett väldigt avslappnat förhållande till ekonomiska ramar och deadlines.

Den akademiska världen är ett annat bra exempel. Där ligger fokus i första hand på att publicera mängder av oläsbara forskningsrapporter för att få statliga anslag. Eftersom professorerna därmed är fullt upptagna med att klättra på den akademiska karriärstegen har de knappt längre tid att

---

20 För mer om detta ämne, se James M. Buchanan och Gordon Tullock, *The Calculus of Consent: Logical Foundations of Constitutional Democracy*. Ann Arbor, University of Michigan Press, 1962.

undervisa studenter. På en fri marknad vore det nödvändigt för akademiker att undervisa och skriva saker som människor faktiskt läser och har nytta av, men dagens forskningsrapporter läses nästan bara av den lilla cirkeln av akademiker som godkänner varandras anslag och förstärker det politiskt motiverade grupptänket.

Den mest populära och inflytelserika läroboken i ekonomi skrevs av nobelpristagaren Paul Samuelsson. I kapitel 4 togs upp hur Samuelson förutsåg att slutet på andra världskriget skulle medföra den största recessionen i världshistorien, men istället följde ett enormt ekonomiskt uppsving. Han hade fel på andra områden också. Samuelssons bok *Economics: An Introductory Analysis* såldes i miljontals exemplar under sex årtionden.[21] Levy och Peart[22] studerade de olika versionerna av Samuelssons bok och noterade att han återkommande framhöll att den sovjetiska modellen var mer gynnsam för ekonomisk tillväxt. I den fjärde utgåvan från år 1961 spådde han att Sovjetunionens ekonomi skulle passera USA någon gång mellan år 1984 och 1997. Liknande prognoser för när Sovjetunionen skulle gå förbi USA fortsatte med ökande säkerhet fram till den elfte utgåvan 1980. I den trettonde utgåvan, publicerad 1989, som nådde studenterna samtidigt som Sovjetunionen började falla samman, skrev Samuelson och hans dåvarande medförfattare William Nordhaus: "Den sovjetiska ekonomin visar, tvärtemot vad skeptikerna tror, att en socialistisk kommandoekonomi faktiskt kan fungera och frodas".[23] Dylika slutsatser fanns även i andra läroböcker. Levy och Peart visade att de var vanliga i den näst mest populära ekonomiska läroboken, McConnells *Economics: Principles, Problems, and Policies* samt i många andra läroböcker. Alla som studerat ekonomi efter andra världskriget på ett universitet med en amerikansk läroplan (majoriteten av världens ekonomistudenter), har fått lära sig att den sovjetiska modellen är det mest effektiva sättet att organisera samhällsekonomin. Dessa läroböcker

---

21 Skousen, Mark. "The Perseverance of Paul Samuelson's Economics." *Journal of Economic Perspectives,* vol. 11, no. 2, 1997, sid. 137–52.

22 Levy, David och Sandra Peart. "Soviet Growth and American Textbooks: An Endogenous Past." *Journal of Economic Behavior & Organization,* vol. 78, iss. 1–2, Apr. 2011, sid. 110–125.

23 Skousen, Mark. "The Perseverance of Paul Samuelson's Economics.

användes långt efter att sovjetunionen kollapsade. De senaste utgåvorna innehöll då inte längre storslagna utrop om sovjetisk framgång, men ifrågasatte aldrig de sovjetiska värderingarna eller metoderna. Hur är det möjligt att så uppenbart vilseledande läroböcker fortsätter att användas i undervisningen och varför lär universiteten ut den keynesianska världssynen när denna krossats så totalt av verkligheten, från boomen efter andra världskriget till sjuttiotalets stagflation och kollapsen av Sovjetunionen? Mästaren bland keynesianska ekonomer, Paul Krugman, har till och med skrivit att en utomjordisk invasion skulle vara jättebra för ekonomin eftersom det skulle tvinga staten att spendera och mobilisera sina resurser.[24]

I ett ekonomiskt system med fri marknad skulle ett universitet med självrespekt aldrig lära sina studenter saker som är så uppenbart fel och absurda, utan istället sträva efter att förse studenterna med de mest användbara kunskaperna. Men i ett akademiskt system som är helt snedvridet av statliga pengar är läroplanen inte utformad för att överensstämma med verkligheten, utan för att vara i linje med den rådande politiska agendan. Och politiker i allmänhet älskar keynesiansk ekonomisk teori, av samma anledning som de älskade den på 1930-talet, eftersom det berättigar politiker till mer makt och mer pengar.

Detta resonemang kan utvidgas till att omfatta fler områden inom den moderna akademiska världen. Samma mönster återkommer hela tiden: finansiering kommer från statliga myndigheter och ger monopolställning till likasinnade forskare som delar de rätta åsikterna. Det går inte att få en akademisk tjänst eller forskningsanslag genom att producera resultat som är användbara i den riktiga världen, utan endast genom att följa finansiärens agenda. Att pengarna kommer från en enda källa utesluter möjligheten att ha en fri marknad för idéer. Dagens akademiska debatt är allt mer esoterisk och alla inblandade parter i dessa broderliga dispyter kan alltid enas om att båda sidor behöver mer forskningsanslag för att fortsätta dessa viktiga meningsskiljaktigheter. Det som debatteras är nästan helt irrelevant

---

24 Krugman, Paul. "Secular Stagnation, Coalmines, Bubbles, and Larry Summers. *New York Times*, 16 nov. 2003

för den riktiga världen och forskningsrapporterna läses nästan aldrig av
någon annan än de som skriver dem för att bli befordrade. Men den statliga
förskingringen fortsätter utan slut eftersom den gynnar alla inblandade
parter.

I ett samhälle med sunda pengar spelar banker en viktig och produk-
tiv roll. De har två viktiga funktioner: Den första är att förvara klienters
tillgångar i form av insättningar på ett säkert sätt. Den andra är att matcha
löptider och risknivåer mellan investerare och investeringsmöjligheter. Ban-
ker tjänar pengar genom att ta en andel av vinsten när de gör sitt jobb bra,
men tjänar inget när de misslyckas. Endast framgångsrika banker kan fort-
sätta sin verksamhet eftersom de som misslyckas sållas bort. I ett samhälle
med sunda pengar kan en bank fallera utan att skapa likviditetsproblem
eftersom alla banker har täckning för insättningarna samt har investeringar
med matchande löptid. Med andra ord är det ingen skillnad mellan likvi-
ditetsproblem och insolvens, och det finns inga systemrisker som gör att
någon bank kan anses vara "för stor för att misslyckas". En bank som går i
konkurs drabbar bara dess aktieägare och långivare, ingen annan.

Osunda pengar möjliggör investeringar med missmatchande löptider.
Ett exempel på detta är utlåning med fraktionella reserver, vilket introduce-
rar likviditetsrisk i form av risk för bankrusning. Missmatchande löptider,
eller specialfallet utlåning med fraktionella reserver, innebär alltid en risk
för likviditetskris om många långivare/insättare begär ut sina pengar sam-
tidigt. Enda sättet att reducera riskerna med missmatchande löptider är
att introducera en *långivare i sista hand* (lender of last resort) som kan
låna till bankerna i händelse av en bankrusning.[25] I ett samhälle med sun-
da pengar skulle centralbanken behöva beskatta alla medborgare för att
rädda en bank med likviditetsproblem. I ett samhälle med osunda pengar
kan centralbanken helt enkelt skapa nya pengar för att tillhandahålla den
nödvändiga likviditeten. Osunda pengar skapar alltså en skillnad mellan
likviditet och solvens: en bank kan vara solvent sett till nuvärdet av dess

---

25 För en formell förklaring av detta, se D.W. Diamond and P. H. Dybvig, "Bank Runs,
Deposit Insurance, and Liquidity." *Journal of Political Economy,* vol. 91, no. 3, 1983, sid.
401–419.

nettotillgångar men ha ett likviditetsproblem som gör det svårt för den att möta sina finansiella åtaganden inom en kort tidsperiod. Men bristen på likviditet kan i sig utlösa en bankrusning om flera insättare och långivare samtidigt vill ta ut sina pengar. Denna likviditetsbrist kan sprida sig till andra banker som gör affärer med den aktuella banken, vilket skapar en systemrisk. Om centralbanken på ett trovärdigt sätt åtar sig att tillhandahålla likviditet i sådana scenarier kan bankens klienter vara säkra på att alltid kunna ta ut sina tillgångar och risken för bankrusning försvinner, vilket innebär att banksystemet blir säkert.

Utlåning med fraktionella reserver eller missmatchande löptider skulle troligen fortsätta att orsaka finanskriser om det inte vore för en centralbank som kan öka penningmängden för att rädda dessa banker. Men närvaron av en centralbank som kan rädda banker i nöd skapar ett stort problem i form av moralisk risk *(moral hazard)* för dessa banker. De kan därmed ta enorma risker med vetskapen att centralbanken måste rädda dem för att undvika finanskriser. Detta resonemang visar att banksektorn utvecklats så att bankerna kan generera avkastning utan risk för sina ägare, medan övriga medborgare står med risken att betala notan för banker i nöd, utan att få ta del av avkastningen.

Banksektorn verkar bara bli större och större. På grund av systemriskerna som är förknippade med bankerna så ses varje bank i nöd som ett likviditetsproblem som motiverar stöd från centralbanken. Ingen annan (till synes) privat industri åtnjuter sådana orimliga privilegier och kan kombinera hög lönsamhet från den privata sektorn med riskfrihet från den offentliga sektorn. Denna kombination gör att bankanställda är lika improduktiva som tjänstemän inom den offentliga sektorn medan deras löner är mycket högre. Därför växer finansbranschen hela tiden i takt med att den amerikanska ekonomin blir allt mer "finansialiserad". Sedan "Glass-Steagall Act" upphävdes 1999 skiljer man inte längre på insättningsbanker och investmentbanker. Därmed kan banker som omfattas av insättningsgarantin även ägna sig åt att finansiera investeringar. De kan alltså tjäna pengar genom att ta risker medan eventuella förluster täcks av det allmänna. Med privilegiet att själv behålla vinsten men låta andra ta förlusterna är det inte förvånande att en allt större andel av kapitalet och arbetskraften dras till finansbranschen, då detta är det närmsta man kan komma en gratis lunch.

Ekonomen Thomas Philippon[26] har studerat hur stor den finansiella sektorn varit som andel av BNP under de senaste 150 åren. Den var lägre än 3 % före första världskriget, ökade strax efteråt men kollapsade under den stora depressionen. Efter andra världskriget har andelen dock ökat på ett närmast ostoppbart sätt. Detta avspeglas i den höga andel studenter på universiteten som är intresserade av en karriär inom finans snarare än inom teknik, medicin eller någon annan mer produktiv disciplin.

Med tanke på de framsteg som skett inom telekommunikation borde mer och mer av arbetet inom finans ha kunnat automatiseras, varför branschen borde ha krympt över tid. Men i verkligheten har branschen fortsatt att svälla, inte på grund av verklig efterfrågan, utan därför att den är skyddad från förluster av staten och därmed tillåts frodas.

Förskingringen är mest påtaglig inom finansbranschen, men är inte begränsad till denna. Den yttrar sig även till exempel i konkurrensfördelar för stora företag i förhållande till små. I ett samhälle med sunda pengar, där investeringar finansieras med besparingar, ägs kapitalet av de som har låg tidspreferens. Detta kapital allokeras till de projekt som har störst sannolikhet att nå framgång på marknaden. En lyckad investering resulterar i vinst och en misslyckad innebär förlust. Men i ett samhälle med osunda pengar saknas besparingar och investeringarna kommer istället från banklån under överinseende av centralbanken. I detta samhälle kontrolleras kapitalet inte av eftertänksamma personer som investerar sina egna besparingar, utan av statliga byråkrater vars incitament är att låna ut så stora summor som möjligt utan att behöva riskera några egna pengar.

Centralplanering av hur krediter allokeras skiljer sig inte från andra typer av centralplanering. Det innebär att byråkrater bockar av checklistor och fyller i de nödvändiga pappren för att möta sina chefers krav på formalia,

---

26 Philippon, Thomas, och Ariell Reshef. "An International Look at the Growth of Modern Finance." *Journal of Economic Perspectives,* vol. 27, no. 2, 2013, sid. 73–96.

medan det verkliga syftet med arbetet går förlorat längs vägen. Istället för att analysera prospektets verkliga substans ligger fokus på att uppfylla centralbankens lånekrav. Storskalighet innebär en avgörande fördel när det gäller att säkra centralstyrd finansiering, då det till synes är mindre riskabelt att ge kredit till storskaliga låntagare. Ju större företaget är, desto mer förutsägbart är dess framgångsrecept. Ju större tillgångar och säkerheter företaget har, desto tryggare känner bankbyråkraterna att de uppfyller centralbankens lånekriterier. Det är visserligen så i många branscher att man ser nyttan av skalfördelar, men inom centraliserad kreditgivning betonas detta mycket mer än på en fri marknad.

Ju större ett företag är, desto enklare får det tillgång till finansiering med låg ränta, vilket ger det en fördel över mindre företag. I ett samhälle där investeringar görs med sparade pengar kan en liten familjeägd restaurang konkurrera på lika villkor om kunder och finansiering med en jättelik snabbmatskedja. Kunder och investerare har ett fritt val mellan dessa alternativ. Skalfördelar kan vägas mot personlig service och marknaden fäller avgörandet. Men i en värld där centralbanker fördelar krediterna har det stora företaget mycket lättare att få finansiering till låg ränta jämfört med sina små konkurrenter[27]. Det förklarar varför storskaliga matproducenter expanderar sin verksamhet över hela världen, då deras lägre ränta möjliggör högre marginaler. Att smaklös, massproducerad skräpmat blivit en sådan världssuccé kan bara förstås mot denna bakgrund. I en värld där nästan alla företag finansieras genom centralbankernas expansion av penningmängden är det svårt att urskilja vilka branscher som växer mest på grund av denna steroidinjektion, men vissa symptom ger ledtrådar. En bransch där

---

27 Centraliseringen av kreditgivning kan ses som en statlig intervention i enlighet med Coases lag i hans avhandling "The Nature of the Firm", *Economica,* vol. 4, no. 16 (1937): sid. 386–405. Enligt Coase är anledningen till att företag existerar att de har möjlighet att upphandla tjänster billigare. Ett företag växer så länge det innebär att dess verksamhet blir mer kostnadseffektiv. I en värld med deprecierande valuta och centralstyrd kreditgivning är billig finansiering en av de viktigaste konkurrensfördelarna som uppnås när företaget växer i storlek. Stora företag har mer kapitalvaror som kan användas som säkerhet för billigare finansiering. Det finns därför incitament för de flesta företag att växa bortom den gräns som är mest gynnsam för dess kunder. På en fri marknad för kapital skulle verksamhetens storlek istället anpassas till den nivå som är mest anpassad för att möta kundernas behov.

de anställda klagar över att chefen är en skitstövel är en trolig kandidat, eftersom chefer bara kan kosta på sig att vara skitstövlar i den ekonomiska låtsasvärld som är möjlig genom förskingringen. I ett produktivt bolag som erbjuder värdefulla tjänster till samhället är framgång resultatet av att kunna tillfredsställa kunderna. De anställda belönas efter hur väl de utför viktiga uppgifter, och chefer som beter sig illa mot sina medarbetare tappar antingen dessa till en konkurrent eller förlorar snabbt kundernas affärer. I ett improduktivt företag som inte bidrar i samhället och som är beroende av byråkratisk frikostighet för sin överlevnad, finns det ingen relevant måttstock för utvärdering av de anställdas prestation. Förskingringen kan verka förförisk sett utifrån, tack vare generösa lönekuvert och frånvaron av produktivt arbete, men om det finns en läxa man ska lära sig inom ekonomi så är det att det inte finns några gratisluncher. När pengar delas ut till improduktiva anställda så lockas många in i verksamheten, vilket gör att kostnaden för utfört arbete går upp. Lager på lager av byråkrater beslutar godtyckligt om vem som anställs, avskedas, befordras och straffas. Inget arbete värdesätts av företaget, alla är utbytbara och det enda sättet att behålla jobbet är att verka användbar för lagret ovanför. Sådana arbeten uppskattas bara av materialistiska personer som njuter av att ha makt över andra, och vissa utstår åratal av lidande i hopp om att få en position där de kan orsaka samma lidande för andra. Det är inte konstigt att de som har dessa arbeten regelbundet drabbas av depressioner och kräver konstant medicinering och psykoterapi för att upprätthålla basal funktion. Det utbredda lidandet som denna miljö skapar kan inte uppvägas av alla förskingringspengar i världen. Även om dessa organisationer saknar ansvar och uppföljning av verksamheten så löper de alltid risk att en nyvald politiker avslutar dess finansiering, vilket skulle innebära slutet för verksamheten. Detta är särskilt tragiskt för anställda i sådana organisationer eftersom de vanligen helt saknar färdigheter som kan användas inom andra verksamheter.

Det enda botemedlet mot detta sjukdomstillstånd är sunda pengar, som utrotar fenomenet att människor arbetar med att bocka av checklistor och behaga sadistiska chefer, utan istället låter marknaden bestämma vad som ska produceras och vad arbetet är värt. Om du är en av de stackare vars jobb kretsar kring att behaga din chef istället för att producera något av värde, så kan du känna dig lättad eller skrämd av insikten att världen inte behöver vara så här. Ditt jobb kanske inte finns kvar för evigt eftersom dina politikers sedelpress kanske inte fortsätter fungera för evigt. Läs vidare, kanske kan fördelarna med sunda pengar inspirera dig att se en ny värld, fylld av möjligheter.

Kapitel 8

Digitala pengar

Den globala telekommunikationsrevolutionen, som startade i och med skapandet av den första helt programmerbara datorn på 1950-talet, har trängt sig in i ett ständigt ökande antal materiella aspekter av våra liv och har försett oss med tekniska lösningar på urgamla problem. Medan banker och startups i allt högre grad har utnyttjat dator- och nätverkstekniker för betalningar och registerförande, har de framgångsrika innovationerna inte tillhandahållit någon ny form av pengar. De innovationer som har försökt att skapa en ny form av pengar har alla misslyckats. Bitcoin representerar den första helt digitala lösningen på pengaproblemet, och i bitcoin finner vi även en potentiell lösning på problemen med säljbarhet, hårdhet och självägarskap. Under de senaste nio åren har bitcoin fungerat praktiskt taget utan några som helst störningar, och om det fortsätter att fungera lika bra under de kommande 90 åren så kommer det att vara en övertygande lösning på pengaproblemet. En lösning som ger individer suveränitet och självägarskap över sina pengar och som är motståndskraftig mot oväntad inflation, samtidigt som den är högst säljbar över avstånd, kvantitet och tid. Om bitcoin fortsätter att fungera som det har gjort hittills kommer alla tidigare föremål människan har använt som pengar – snäckor, salt, boskap, ädelmetaller och statligt utfärdade papperspengar – att framstå som underliga anakronismer i vår moderna värld. Som kulramar eller räknestickor bredvid våra moderna datorer.

Vi såg hur införandet av metallmynt med bestämd form och storlek ledde till lösningar på pengaproblemet som var överlägsna pärlor, snäckor och andra föremål. Guld- och silvermynt var att föredra framför metallklumpar i oregelbundna former. Vidare såg vi hur en banksektor uppbackad av en guldreserv gjorde att guldet blev den globala monetära standarden, vilket i förlängningen ledde till avmonetiseringen av silver. Ur nödvändigheten att centralisera guldet kom statligt utfärdade pengar uppbackade av en guldreserv, vilka hade högre säljbarhet över kvantitet. Med dessa pengar kom dock också den statliga expansionen av penningmängden och ökad kontroll, som till slut förstörde pengarnas hårdhet och möjligheten till självägarskap. Längs vägen skedde tekniska framsteg som utvecklade monetära standarder, som anammades, och fördelarna för ekonomin och samhället var enorma. Samhällen och individer som valde en sund monetär standard, såsom romarna under Caesar, bysantinerna under Konstantin och européerna under guldstandarden, åtnjöt oerhörda fördelar. De som använde sig av osunda eller tekniskt underlägsna pengar, såsom invånarna på Yap vid O'Keefes ankomst, västafrikanerna med sina glaspärlor och kineserna under silverstandarden på 1800-talet, fick betala ett högt pris.

Bitcoin representerar en ny teknisk lösning på pengaproblemet. En lösning som har uppstått ur den digitala eran och som innefattar flera tekniska innovationer som har utvecklats under de senaste årtiondena. Det är en lösning som bygger på ett flertal tidigare försök att skapa digitala pengar och som tillför något som var nästan omöjligt att föreställa sig innan den uppfanns. För att förstå varför den uppfanns fokuserar vi på de monetära egenskaperna hos bitcoin samt nätverkets ekonomiska prestationer sedan starten. Precis som en bok om guldstandarden inte skulle diskutera de kemiska egenskaperna hos guld kommer inte det här kapitlet att gå in särskilt djupt i de tekniska detaljerna i driften av bitcoinnätverket, utan kommer istället att fokusera på de monetära egenskaperna hos valutan bitcoin.

Bitcoin som digitala kontanter

För att förstå betydelsen av en teknik som möjliggör digitala kontanter kan det vara lärorikt att titta på hur världen såg ut innan bitcoin uppfanns, när det prydligt gick att dela upp betalningsmetoderna i två distinkta, ej överlappande kategorier:

1. **Kontantbetalningar**, vilka utförs direkt mellan två parter. Dessa betalningar har fördelen att de är omedelbara och slutgiltiga. De kräver inte heller någon tillit från någon av parternas sida. Det finns ingen fördröjning i slutförandet av betalningen och det finns inte någon tredje part som kan träda emellan och stoppa betalningen. Den främsta nackdelen med sådana betalningar är att båda parter måste vara fysiskt närvarande på samma plats vid samma tidpunkt. Det är ett problem som blir allt tydligare, då telekommunikation gör det mer sannolikt att individer vill genomföra transaktioner med personer som inte befinner sig i det omedelbara närområdet.

2. **Betalningsförmedling** – betalningar via mellanhänder, vilka kräver en tillförlitlig tredje part och som omfattar checkar, kreditkort, betalkort, banköverföringar, penningöverföringstjänster samt nyare innovationer såsom PayPal. Betalningar via mellanhänder inbegriper per definition en tredje part som hanterar penningöverföringen mellan de två handlande parterna. De främsta fördelarna med betalningar via mellanhänder är att betalningar kan genomföras mellan två parter som inte befinner sig på samma plats vid samma tidpunkt samt att betalaren kan genomföra betalningen utan att behöva bära omkring på pengarna. De främsta nackdelarna är den tillit som krävs till genomförandet av transaktionerna, risken att den tredje parten utsätts för intrång samt den kostnad och tid som krävs för att betalningen ska slutföras och stämmas av så att mottagaren kan spendera pengarna.

Det finns både för- och nackdelar med båda betalningsmetoderna, och de flesta använder sig av en kombination av dem i sina ekonomiska transaktioner. Innan bitcoin uppfanns omfattade betalningar via mellanhänder – men var inte begränsade till – alla former av digitala betalningar. Ett digitalt objekt var till sin natur inte en knapp resurs. Digitala objekt kunde tvärtom reproduceras i oändlighet, vilket innebar att det var omöjligt att skapa en valuta av dem, då de bara hade duplicerats om man hade skickat dem. Alla former av elektroniska betalningar var tvungna att genomföras via mellanhänder på grund av risken för dubbelspendering. Det fanns helt enkelt inget sätt att garantera att betalaren hanterade sina medel på ett ärligt vis och inte spenderade dem mer än en gång, om det inte fanns en tillförlitlig tredje part som övervakade kontot och kunde verifiera integriteten i de genomförda betalningarna. Kontanttransaktioner var begränsade till direkta fysiska kontakter, medan alla digitala betalningsmetoder var tvungna att övervakas av en tredje part.

Efter flera år av innovativa försök av programmerare och med hjälp av ett flertal olika tekniska lösningar, blev bitcoin den första tekniska lösningen som möjliggjorde digitala betalningar utan att behöva förlita sig på några mellanhänder. Då bitcoin är det första digitala objektet som är en verifierbart knapp resurs, är bitcoin också det första exemplet på *digitala kontanter.*

Det finns flera nackdelar med att genomföra transaktioner via en tredje part, vilket gör digitala kontanter till ett värdefullt alternativ. En tredje part är till sin natur en extra säkerhetsrisk[1], då inblandandet av ytterligare en part i transaktionen ökar riskerna för stöld och tekniska bakslag. Dessutom medför betalningar via mellanhänder en ökad osäkerhet för att parterna övervakas eller åläggs förbud och restriktioner av politiska myndigheter. När det gäller digitala betalningar hade man helt enkelt inget annat val än att ge sin tillit åt en tredje part och de styrande politikerna. Det innebär att man utsätter sig för risken att en politisk myndighet stoppar betalningen

---

1 Szabo, Nick. "Trusted Third Parties Are Security Holes." *Satoshi Nakamoto Institute,* 2001, nakamotoinstitute.org/trusted-third-parties/

under förevändning av att främja säkerhet eller hindra terrorism och penningtvätt. Situationen förvärras ytterligare av det faktum att betalningar via mellanhänder alltid innebär en fara för bedrägeri, vilket leder till ökade transaktionskostnader och fördröjningar i slutavräkningen av betalningen.

Med andra ord eliminerar betalningar via mellanhänder en betydande del av de egenskaper som gör pengar till ett bytesmedel som kontrolleras av ägaren och som har hög likviditet, så att ägaren när som helst kan sälja. Ett par av de mest beständiga egenskaperna hos pengar historiskt sett är *fungibilitet* (utbytbarhet, det vill säga värdet för en enhet motsvarar värdet för en annan likadan enhet) och *likviditet* (möjligheten för ägaren att sälja snabbt till marknadspris). Människor väljer pengar som är utbytbara och likvida eftersom de vill ha suveränitet och självägarskap över sina pengar. Suveräna pengar innehåller allt som krävs för att kunna spendera dem, det vill säga att önskan för andra att äga dem överstiger möjligheten för andra att införa kontroll över dem.

Medan betalningar via mellanhänder medför att en del av de önskvärda egenskaperna hos pengar försvinner, omfattas inte transaktioner i fysiska kontanter av dessa tillkortakommanden. Men sedan allt mer handel och arbete sker på distans, tack vare modern telekommunikation, blir transaktioner i fysiska kontanter oöverkomligt opraktiska. Utvecklingen mot digitala betalningar gav människor minskat självbestämmande över sina egna pengar och gjorde dem beroende av godtycket hos de tredjeparter som de inte hade något annat val än att lita på. Vidare ledde utvecklingen bort från guld, vilket är pengar som ingen kan trycka, till fiatvalutor, vars tillgång styrs av centralbanker. Denna manöver ledde till att människor hade än mindre makt över sina tillgångar och gjorde dem hjälplösa mot den långsamma urvattningen av värdet i pengarna, då centralbanker ökade penningmängden i syfte att finansiera staten. Det blev allt mer opraktiskt att ackumulera kapital och förmögenhet utan tillstånd från staten som utfärdar pengarna.

Satoshi Nakamotos grundidé med bitcoin var att skapa en "renodlad peer-to-peer-version av elektroniska kontanter", som inte skulle kräva tillit till en tredje part för att genomföra transaktioner och vars tillgång inte skulle kunna ändras av någon part. Med andra ord skulle bitcoin ta de önskvärda egenskaper som finns hos fysiska kontanter, såsom avsaknaden av mellanhänder och slutgiltigheten i transaktioner. Målet var att tillämpa det i den digitala världen och kombinera dem med en orubblig penningpolitik, som inte skulle kunna manipuleras till att skapa inflation och gynna utomstående parter på bekostnad av bitcoininnehavare. Nakamoto lyckades uppnå detta med hjälp av ett antal viktiga men inte allmänt kända tekniker: ett distribuerat peer-to-peer-nätverk utan någon enskild svag punkt, hashing, digitala signaturer och proof-of-work.[2]

Det Nakamoto gjorde var att eliminera behovet av tillit till en tredje part genom att bygga bitcoin på en grund av mycket noggrann och orubblig *bevisning* och *verifiering*. Man kan faktiskt säga att verifiering är den centrala funktionen hos bitcoin. Endast tack vare verifiering kan bitcoin helt och hållet eliminera behovet av tillit.[3] Varje transaktion måste registreras av alla medlemmar i nätverket, så att alla kan ta del av den gemensamma liggaren innehållande alla saldon och transaktioner. När en medlem i nätverket överför ett belopp till en annan medlem kan alla nätverksmedlemmar verifiera att avsändaren har tillräckliga medel, och bitcoinminers konkurrerar om att bli först med att uppdatera liggaren med ett nytt block av transaktioner. Ett nytt block tillkommer ungefär var tionde minut. För att en bitcoinminer ska kunna knyta ett transaktionsblock till liggaren måste den förbruka processorkapacitet och beräkna komplicerade matematiska problem, som är svåra att lösa men vars korrekta lösning är enkel att verifiera. Det är det här som kallas för ett *proof-of-work-system* (PoW). Endast med den korrekta lösningen kan ett block verifieras av nätverksmedlemmarna och adderas till liggaren. Även om dessa matematiska problem inte har något att göra med bitcointransaktionerna är de absolut

---

2 En kort beskrivning av begreppen peer-to-peer nätverk, hashing och digitala signaturer finns som bilaga till detta kaptel. Proof-of-Work diskuteras ingående i detta kapitel och i kapitel 10.
3 Graf, Konrad. "On the origins of Bitcoin: Stages of Monetary Evolution" (2013) Tillgänglig på konradsgraf.com

nödvändiga för driften av systemet, då de tvingar verifierande miners att förbruka processorkapacitet som skulle varit bortkastad om blocket innehöll bedrägliga transaktioner. När en miner löser proof-of-work-problemet och meddelar transaktionerna verifierar andra deltagare i nätverket om blocket är giltigt, och när en majoritet har verifierat giltigheten godkänns blocket och miners börjar lägga till transaktioner i ett nytt block. Detta läggs sedan till efter det föregående blocket och miners sätter igång med att lösa det nya proof-of-work-problemet. Av yttersta vikt för detta system är att den miner som knyter ett giltigt transaktionsblock till nätverket får en så kallad *blocksubsidy*, en miningersättning som utgörs av helt nya bitcoin i nätverket. Till den adderas blockets alla transaktionsavgifter som betalats av de handlande parterna, och tillsammans bildar de den *blockreward* som minern erhåller.

Den här processen kallas *mining*, likt engelskans ord för utvinning av ädelmetaller genom gruvdrift, och de noder som löser proof-of-work-problemen kallas därför *miners*. Den *blockreward* som tilldelas miners är en ersättning för de resurser de förbrukat genom proof-of-work. Medan nytryckta pengar i en modern centralbank används för att finansiera utlåning och statliga utgifter, fördelas nyutvunna bitcoin enbart till de som förbrukat resurser på att uppdatera liggaren. Nakamoto programmerade bitcoin så att ett nytt block produceras ungefär var tionde minut och så att varje block innehöll en belöning på 50 bitcoin under de första fyra åren. Denna belöning halverades därefter till 25 bitcoin och fortsätter att halveras var fjärde år.

Antalet bitcoin som skapas är förprogrammerat och kan inte ändras oavsett hur mycket kraft och energi som förbrukas genom proof-of-work. Detta uppnås genom en process som kallas *svårighetsjustering*, som är den kanske mest geniala aspekten av bitcoins design. När fler och fler människor väljer att äga och spara i bitcoin drivs marknadsvärdet på bitcoin upp, vilket innebär att mining blir lönsammare, vilket i sin tur leder till att fler miners förbrukar mer resurser på att lösa proof-of-work-problemen. Fler miners innebär mer energi, vilket leder till att lösningarna av proof-of-work-problemen sker snabbare och därmed till att utfärdandefrekvensen av nya bitcoin ökar. Men när energiförbrukningen ökar höjs svårighetsgraden på de matematiska problem som måste lösas för att ge tillgång till mining-belöningen, för att säkerställa att blocken fortsätter att produceras ungefär var tionde minut.

Svårighetsjusteringen är den mest tillförlitliga tekniken för att skapa hårdvaluta och förhindra att lager/inflödes-kvoten försämras. Den här tekniken gör att bitcoin skiljer sig fundamentalt från alla andra former av pengar. Det har visat sig att annat som använts som pengar i historien lett till att mer resurser avsätts till produktionen och därmed till ett ökat lager av dessa pengar. Så är inte fallet med bitcoin. När bitcoins värde stiger och mer resurser avsätts till produktionen av bitcoin, leder detta inte till en ökad produktion av bitcoin. Istället leder det bara till att mer energi krävs för att knyta giltiga transaktioner till bitcoinnätverket, vilket gynnar nätverket då det blir säkrare och svårare att korrumpera. Bitcoin är de mest solida pengar som någonsin har uppfunnits. Ett ökat värde kan inte leda till ökad penningmängd. Det kan endast göra nätverket säkrare och mer motståndskraftigt mot attacker.

När det gäller alla andra pengar kommer de som kan producera mer att producera mer, när värdet på pengarna stiger. Det spelar ingen roll om det är Raistenar, snäckor, silver, guld, koppar eller statligt utfärdade pengar. Alla har ett incitament att försöka producera mer. Ju svårare det är att producera nya pengar som svar på värdestegringar, desto sannolikare är det att pengarna anammas och används på bred front, och desto mer blomstrar samhället. Det innebär att enskilda individers ansträngningar för att skapa förmögenhet också gynnar andra individer, istället för att gå till att producera mer pengar. Att bara producera mer pengar är en aktivitet som inte tillför något värde till samhället, eftersom vilken penningmängd som helst är tillräcklig för att driva vilken ekonomi som helst. Guld blev den primära formen av pengar i alla civiliserade samhällen just för att guld var svårast att producera, men bitcoins svårighetsjustering gör att bitcoin är ännu svårare att producera. En stor ökning i priset på guld skulle i det långa loppet leda till att större mängder guld produceras, men hur högt priset på bitcoin än stiger förblir den maximala penningmängden densamma och säkerheten för nätverket bara ökar.

Säkerheten hos bitcoin ligger i det asymmetriska förhållandet mellan kostnaden för att lösa proof-of-work-problem, och därmed knyta en transaktion till liggaren, och kostnaden för att verifiera transaktionens giltighet. Kostnaden att registrera transaktioner i liggaren är ständigt ökande sett till mängden elektricitet och den processorkapacitet som krävs, men kostnaden för att verifiera transaktionernas giltighet är nära noll och kommer att förbli på den nivån oavsett hur mycket bitcoin växer. Att försöka knyta bedrägliga transaktioner till bitcoins liggare är att avsiktligt slösa dyra resurser på att lösa proof-of-work-problem som kommer avvisas av noder, vilka kan utföra verifieringen till nästan ingen kostnad alls.

Med tiden blir det allt svårare att göra ändringar i liggaren, då den mängd energi som krävs för att göra ändringen är högre än mängden energi som redan har förbrukats, det vill säga liggarens samlade historik. Denna komplicerade iterativa process har vuxit sig så stor att den nu kräver enorma mängder processorkapacitet och elektricitet för att upprätthållas. Detta innebär att bitcoins liggare är obestridlig och varje transaktion som någonsin gjorts på bitcoins nätverk finns registrerad, helt utan att förlita sig på någon enskild tredje part. Bitcoin är byggt på 100 % verifiering och 0 % tillit.[4]

Bitcoins gemensamma liggare kan liknas vid Raistenarna på ön Yap som diskuterades i kapitel 2, på så sätt att pengarna inte faktiskt flyttas för att transaktionerna ska genomföras. Invånarna på Yap samlades för att meddela ägarbytet av stenarna så att hela byn skulle veta vem som ägde vilken sten. En transaktion med bitcoin sker digitalt, och alla deltagande

---

4 Jag har inte för avsikt att dra in den här boken eller läsaren i metafysiska frågor, men det slog mig en gång att bitcoins liggare över transaktioner mycket väl kan vara den enda objektiva uppsättningen fakta i världen. Man kan hävda (som många filosofer gör) att alla fakta är subjektiva och att dess sanningsenlighet beror på personen som gör utlåtandet och personen som lyssnar på det, men bitcoins liggare över transaktioner skapas genom att omvandla elektricitet och processorkapacitet till sanning utan att man behöver lita på någons ord.

noder kan verifiera att avsändaren har tillräckliga medel för att genomföra transaktionen och krediterar mottagaren beloppet. I den mån de digitala pengarna existerar, är de helt enkelt transaktioner som har registrerats och verifierats i en liggare där pengarnas ägarskap överförts från avsändaren till mottagaren. Ägarskap av pengarna tilldelas genom publika adresser och inte genom innehavarens namn. Åtkomst till pengar som ägs av en adress säkras genom ägarskapet av den privata nyckeln kopplad till den publika adressen. Den privata nyckeln är en teckensträng och kan liknas vid ett lösenord.[5]

Medan Raistenarnas storlek gjorde att de inte kunde delas upp i mindre delar på ett enkelt sätt har bitcoin inte några sådana problem. Bitcoin har en maximal penningmängd på 21 000 000 enheter, som var och en kan delas upp i 100 000 000 mindre enheter, kallade *satoshi*. Detta gör att bitcoin är synnerligen säljbara över kvantitet. Stenarna på Yap var endast praktiska för ett fåtal transaktioner på en mindre ö med en liten folkmängd, där de flesta kände varandra väl. Bitcoin har överlägsen säljbarhet över avstånd, då den digitala liggaren kan öppnas av vem som helst i hela världen som har en internetuppkoppling.

Enskilda nätverksdeltagare hålls ärliga eftersom oärliga miners upptäcks omedelbart. Det innebär att oärlighet är precis lika effektivt som att inte göra någonting alls, men till en högre kostnad. En majoritet av miners som samverkar och är oärliga tillsammans skulle, om de lyckas, hota integriteten hos liggaren och bitcoins hela värde och fundament hade raserats. Priset på bitcoin skulle kollapsa till ingenting. Ett samarbete skulle alltså kosta mycket pengar och leda till att själva bytet blir värdelöst. Med andra ord förlitar sig bitcoin på ekonomiska incitament som innebär att kostnaden

---

5 Det enda sättet det går att äga bitcoin på är att ha kontrollen över sin privata nyckel. Denna kallas ofta *seed phrase*. Om någon lyckas komma åt din privata nyckel har den personen dina bitcoin. Stöld av privata nycklar är precis som stöld av fysiska kontanter eller guld: slutgiltig och oåterkallelig. Det finns inte någon man kan ringa för att återkalla stölden. Det här är en oundviklig del av det faktum att bitcoin är kontanter och en viktig poäng som potentiella investerare måste förstå innan de placerar några pengar i bitcoin. Det är inte någon enkel uppgift att skydda sin privata nyckel, men att inte skydda den innebär mycket hög risk.

för bedrägerier blir mycket högre än belöningen.

Det finns inte någon enskild entitet som ansvarar för att upprätthålla liggaren, och ingen enskild person kan göra ändringar i den utan medgivande från en majoritet av nätverkets medlemmar. Det är inte ett utlåtande från en enskild myndighet som fastställer giltigheten i en transaktion, utan programvaran som körs av de enskilda noderna på nätverket.

Ralph Merkle, uppfinnaren av datastrukturen *Merkleträdet*, som används av bitcoin för att registrera transaktioner, beskrev bitcoin på ett anmärkningsvärt sätt:

Bitcoin är det första exemplet på en ny livsform. Den lever och frodas på internet. Den lever för att den kan betala människor för att hålla den vid liv. Den lever för att den tillhandahåller en användbar tjänst som människor betalar den för att tillhandahålla. Den lever för att vem som helst, var som helst kan köra en kopia av dess kod. Den lever för att alla som kör kopior konstant talar med varandra. Den lever för att om en av kopiorna är korrupt kasseras den, snabbt och utan tjafs. Den lever för att den är otroligt transparent: vem som helst kan se dess kod och exakt vad koden gör.

Den går inte att ändra. Den går inte att argumentera med. Den går inte att manipulera. Den går inte att korrumpera. Den går inte att stoppa. Den går inte ens att störa.

Om halva världen förstördes i ett kärnvapenkrig skulle den fortsätta att leva, okorrumperad. Den skulle fortsätta att tillhandahålla sina tjänster. Den skulle fortsätta att betala människor för att hålla den vid liv.

Det enda sättet att stänga ned den på är att ta kål på varenda server den finns på, vilket är svårt eftersom den finns på många servrar, i många länder, och många människor vill använda den.

Realistiskt sett är det enda sättet att döda den på att göra de tjänster den erbjuder så meningslösa och föråldrade att ingen vill använda den. Så föråldrade att ingen vill betala för den. Ingen vill ha den. Då har den inga pengar att betala någon. Då svälter den ihjäl.

Men så länge det finns människor som vill använda den är den väldigt svår att döda eller korrumpera eller stoppa eller störa.[6]

---

6 Merkle, Ralph. "DAOs, Democracy and Governance." *Cryonics*, vol. 37, nr 4, jul.–aug. 2016, Alcor, sid. 28–40,www.alcor.org

Bitcoin är en teknologi som överlever av precis samma anledning som gör att hjulet, kniven, telefonen eller någon annan uppfinning överlever: användarna gynnas av den. Användare, miners och nodoperatörer belönas alla ekonomiskt genom interaktionen med bitcoin, och det är det som upprätthåller nätverket. Det ska dock tilläggas att ingen av de parter som får bitcoin att fungera är oumbärlig. Ingen enskild part är avgörande för bitcoins överlevnad. Om någon skulle vilja ändra bitcoin, är bitcoin fullt kapabelt att fortsätta driften som förut oavsett vad någon anser om detta. Detta hjälper oss att förstå bitcoins oföränderlighet, som beskrivs i kapitel 10, och varför alla försök att göra betydande förändringar av bitcoinkoden nästan oundvikligen leder till att en ny, sämre version av bitcoin skapas parallellt med det ursprungliga bitcoinnätverket. En version som omöjligt kan återskapa den ekonomiska balans av incitament som bevarar bitcoins funktionalitet och oföränderlighet.

Bitcoin kan också ses som en spontant framväxande och självständig firma som tillhandahåller en ny form av pengar och ett nytt betalningsnätverk. I den här firman finns inte någon ledning eller bolagsstruktur, utan alla beslut är förprogrammerade och fattas automatiskt. Frivilliga kodare och programmerare i det här projektet med öppen källkod kan presentera förslag på ändringar och förbättringar av koden, men det är upp till användarna att välja om de antar dessa förslag eller ej. Firmans värdeerbjudande är att penningmängden är helt oelastisk, även om både efterfrågan och penningvärdet stiger. Tack vare svårighetsjusteringen leder en ökad efterfrågan istället bara till att nätverket blir säkrare. Miners investerar elektricitet och processorkapacitet i mining-infrastrukturen som skyddar nätverket eftersom de belönas för det. Bitcoinanvändare betalar transaktionsavgifter och köper bitcoin från miners eftersom de vill använda digitala kontanter och dra nytta av värdestegringen över tid, och på så vis finansierar de miners investeringar i driften av nätverket. Investeringen i maskinvara för PoW-mining gör nätverket säkrare och kan ses som firmans kapital. Ju mer efterfrågan på nätverket växer, desto värdefullare blir belöningarna och transaktionsavgifterna för miners. Detta leder till att mer processorkapacitet allokeras till att generera nya bitcoin, vilket ökar firmans kapital och gör nätverket säkrare och pengarna svårare att producera. Det är ett ekonomiskt arrangemang som har visat sig vara produktivt och lukrativt för alla inblandade, vilket i sin tur har lett till att nätverket har fortsatt växa i ofattbar takt.

Genom denna tekniska lösning kunde Nakamoto skapa *digital knapphet*. Bitcoin är det första exemplet på en digital vara som är absolut begränsad och inte kan reproduceras i oändlighet. Det är ingen konst att skicka ett digitalt föremål från en plats till en annan inom ett digitalt nätverk, som ett e-postmeddelande, ett sms eller en datafil, men dessa processer kan mer korrekt beskrivas som att *kopiera* snarare än att *skicka*, då de digitala föremålen finns kvar hos avsändaren och kan reproduceras i oändlighet. Bitcoin är det första exemplet på en digital vara vars överföring innebär att den inte längre ägs av avsändaren.

Förutom digital knapphet är bitcoin även det första exemplet på *absolut knapphet*. Det är den enda likvida handelsvaran (digital eller fysisk) som har en bestämd kvantitet som inte rimligtvis kan ökas. Innan bitcoin uppfanns var knapphet alltid relativ, aldrig absolut. Det är en vanlig missuppfattning att alla fysiska varor är ändliga, eller har absolut knapphet. I själva verket är begränsningen av en vara beroende på hur stor ansträngning och hur mycket tid som spenderas på att producera den. Tack vare denna absoluta knapphet är bitcoin den vara som har högst säljbarhet över tid. Detta är en viktig poäng som förklaras närmare i kapitel 9, som avhandlar bitcoins roll som värdebevarare.

Penningmängd, penningvärde och transaktioner

Det har alltid varit teoretiskt möjligt att producera en tillgång med ett förutsägbart konstant eller långsamt växande inflöde så att tillgången bevarar sin monetära roll, men som vanligt har det visat sig vara mycket krångligare i praktiken. En regering skulle aldrig låta privata parter utfärda sina egna privata valutor och därmed göra intrång på statens huvudsakliga källa till finansiering och tillväxt. Av den anledningen vill regeringar alltid monopolisera produktionen av pengar, och de utsätts därigenom för en alltför stor frestelse att öka penningmängden. Men i och med framväxten av bitcoin har världen äntligen fått en syntetisk form av pengar med en orubblig garanti som styr den långsamma penningmängdstillväxten. Bitcoin avlägsnar makroekonomerna, politikerna, presidenterna, revolutionsledarna, diktatorerna och tv-experterna helt och hållet från penningpolitiken. Tillväxten i penningmängden fastställs av en programmerad funktion som accepteras av alla nätverksmedlemmar. Det kan hända att det vid uppstarten av den här valutan fanns en möjlighet att ändra inflationsschemat, men den möjligheten passerade för länge sedan. I praktiken är bitcoins inflationsschema, precis som dess transaktionsregister, oföränderligt.[7] Under de första åren av bitcoins liv var tillväxten i penningmängden väldigt hög, och det fanns ingen garanti att mängden bitcoin inte kunde ökas på ett eller annat vis. Med tiden har dock utgivningstakten av nya bitcoin minskat och trovärdigheten för att nätverket kommer att upprätthålla tillväxtschemat ökat, och fortsätter att öka för varje dag som går utan några betydande förändringar av nätverket.

Bitcoinblock läggs till i den gemensamma liggaren ungefär var tionde minut. Vid uppstarten av nätverket var den blockreward som miners belönades med programmerad till 50 bitcoin per block. Ungefär var fjärde år, eller efter 210 000 block, halveras denna blockreward. Den första halveringen inträffade den 18 november 2012, vilket innebar att utfärdandet av nya

---

7 Se kapitel kapitel 10 för en förklaring kring bitcoins censurresistens och förmåga att stå emot förändring.

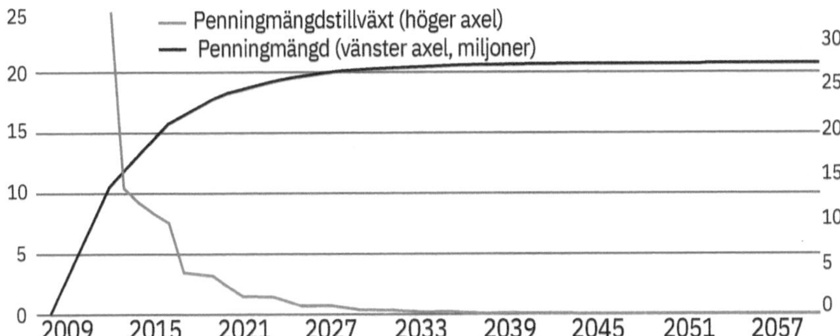

Figur 14: Bitcoins penningmängd och penningmängdstillväxt, under förut-sättning att block utfärdas exakt var tionde minut.

bitcoin sjönk till 25 per block. Den 9 juli 2016 halverades belöningen igen, till 12,5 bitcoin per block, och den kommer att sjunka till 6,25 per block år 2020. Enligt detta schema kommer penningmängden att fortsätta öka i en minskande takt i en asymptotisk linje mot 21 miljoner bitcoin någon gång omkring år 2140. Efter detta kommer inga fler bitcoin att utfärdas. Se figur 14 för en visualisering av utfärdandetakten.

Eftersom nya bitcoin endast utfärdas i samband med att ett nytt block skapas finns det en verklig kostnad för produktionen av nya bitcoin, då varje nytt block som skapas kräver lösningen av ett proof-of-work-problem. När priset per bitcoin stiger på marknaden ansluter sig fler miners för att konkurrera om att lösa PoW-problemet och därmed erhålla en blockre-ward. Detta leder till att svårighetsgraden på problemen stiger och därmed även till att kostnaden för att erhålla belöningen stiger. Kostnaden för att producera en bitcoin stiger därför oftast tillsammans med marknadspriset.

När Satoshi Nakamoto hade konfigurerat schemat för penningtillväxten delade han upp varje bitcoin i 100 000 000 enheter. Dessa enheter gavs senare namnet satoshi i hans pseudonyma ära. Att varje bitcoin är delbar ner till åtta decimaler innebär att penningmängden kommer att fortsätta växa i minskande takt fram till omkring år 2140, då alla decimaler fylls i och vi når 21 000 000 bitcoin. Den minskande tillväxttakten innebär emellertid att de första 20 miljonerna har utvunnits någon gång kring år

År	2009	2010	2011	2012	2013	2014	2015	2016	2017
Totalt mängd BTC (milj.)	1,623	5,018	8,000	10,613	12,199	13,671	15,029	16,075	16,775
Årlig tillväxttakt (%)		209,13	59,42	32,66	14,94	12,06	9,93	6,80	4,35

Tabell 6: Bitcoins penningmängd och tillväxttakt.[8]

2025 och att den sista miljonen utvinns under mer än ett sekel.

Antalet nya bitcoin som utfärdas stämmer inte exakt överens med algoritmens prognos, då nya block inte skapas exakt var tionde minut. Det beror på att svårighetsjusteringen inte är en precis process, utan en kalibrering som justeras varannan vecka och som kan träffa över eller under målet beroende på hur många nya miners som ansluter för att tävla om ersättningen. År 2009, då väldigt få människor använde bitcoin, låg utfärdandet av nya bitcoin långt bakom schemat, medan det år 2010 utfärdades fler än det teoretiska antal som förutsetts. Det exakta antalet varierar, men avvikelsen från den teoretiska tillväxten minskar i takt med att penningmängden växer. Det som inte kommer att variera är det maximala antalet bitcoin och det faktum att penningmängdstillväxten kommer att ske i allt långsammare takt, då ett ständigt minskande antal bitcoin läggs till i ett ständigt växande lager.

Vid slutet av år 2017 hade 16,775 miljoner bitcoin skapats, vilket utgör 79,9 % av alla bitcoin som någonsin kommer att existera. Den årliga tillväxten i penningmängd år 2017 var 4,35 %, ner från 6,8 % år 2016. I tabell 6 visas den faktiska tillväxten hos bitcoin samt dess tillväxttakt.

I tabell 7 tar vi tar en närmare titt på bitcoins tillväxtschema för de kommande åren och får då följande uppskattningar av tillväxten och tillväxttakten. De faktiska siffrorna kommer säkerligen att avvika från denna uppskattning, men inte med särskilt mycket.

I figur 15 extrapoleras tillväxttakten av det breda penningmåttet, vilket innebär att vi använder en metod som ger en prognos för den framtida pen-

---

8 Källa: blockchain.com.

År	2018	2019	2020	2021	2022	2023	2024	2025	2026
Total mängd (milj.)	17,415	18,055	18,527	18,855	19,184	19,512	19,758	19,923	20,087
Årlig tillväxttakt (%)	3,82	3,68	2,61	1,77	1,74	1,71	1,26	0,83	0,82

Tabell 7: Bitcoins penningmängd och tillväxttakt (förväntad).[9]

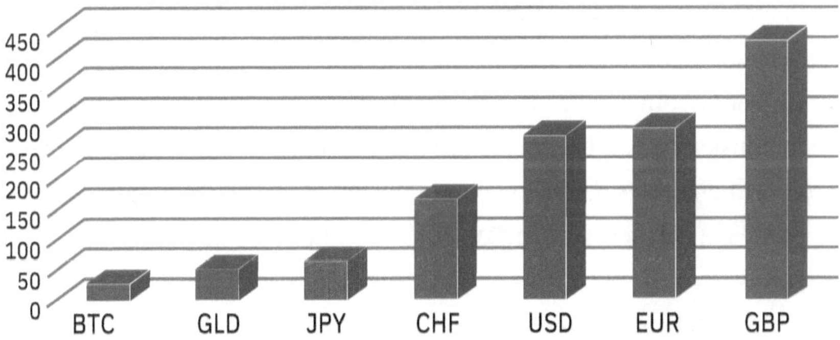

Figur 15: Prognos för procentuell penningmängdstillväxt i bitcoin och nationella valutor över 25 år.

ningmängden av respektive tillgångsslag baserat på tidigare data. Antalet bitcoin ökar enligt den programmerade tillväxttakten. Enligt dessa beräkningar kommer mängden bitcoin att öka med 27 % under de kommande 25 åren, medan mängden guld kommer att öka med 52 %, japanska yen med 64 %, schweiziska franc med 169 %, amerikanska dollar med 272 %, euro med 286 % och brittiska pund med 429 %.

Den här redogörelsen kan hjälpa oss att förstå bitcoins säljbarhet och hur bitcoin uppfyller sin funktion som pengar. Då tillväxten hos bitcoin år 2025 kommer att falla under tillväxten hos guld, har bitcoin de tillväxtrestriktioner som kan leda till ökad efterfrågan på bitcoin som en värdebevarare. Med andra ord kan bitcoin uppnå säljbarhet över tid. Då bitcoin är ett digitalt medium är det enkelt att skicka världen över, vilket gör det säljbart över avstånd på ett sätt som aldrig tidigare skådats hos andra former av pengar. Eftersom en bitcoin går att dela upp i 100 000 000 satoshi uppnås

---

9 Källa: Författarens beräkningar.

även säljbarhet över kvantitet. Bitcoin har inte heller de nackdelar som statligt utfärdade pengar har, och dessutom kan inga mellanhänder eller myndigheter konfiskera, ändra eller påverka valutan. Precis som den digitala eran redan har introducerat förbättringar och effektiviseringar i de flesta aspekter av våra liv, är bitcoin ett enormt tekniskt steg framåt som en monetär lösning på problemet som indirekt utbyte utgör. Kanske ett lika stort steg som det från boskap och salt till guld och silver.

Medan traditionella valutor ständigt ökar i mängd och minskar i köpkraft, har bitcoin hittills upplevt en stor ökning i köpkraft trots en måttlig men minskande och begränsad tillväxt i penningmängd. Eftersom miners som verifierar transaktioner belönas i bitcoin har de ett starkt intresse av att upprätthålla nätverkets integritet, vilket i sin tur leder till att valutans värde stiger.

Bitcoinnätverket togs i bruk i januari 2009 och var under en tid ett obskyrt projekt som endast användes av ett fåtal personer intresserade av kryptografi, vilka kommunicerade via en gemensam e-postlista. Den kanske viktigaste milstolpen i bitcoins liv var den första dagen då nätverkets valuta gick från att vara ekonomiskt värdelös till att ha ett marknadsvärde. Bitcoin hade klarat marknadstestet: nätverket fungerade så pass bra att någon var villig att spendera faktiska pengar i utbyte mot ett antal bitcoin. Detta inträffade i oktober 2009, då onlinebörsen New Liberty Standard sålde bitcoin till ett pris om 0,000994 dollar. I maj 2010 genomfördes det första riktiga köpet med bitcoin, då någon betalade 10 000 bitcoin för två pizzor värda 25 dollar. Det innebär att priset för en bitcoin då var 0,0025 dollar. Med tiden har fler och fler människor hört talas om och blivit intresserade av att investera i bitcoin, och priset har fortsatt att stiga.[10]

Efterfrågan på bitcoin kommer av det faktum att dessa enheter utgör själva valutan i, och därmed är helt nödvändiga för, upprätthållandet av det som blivit världens hittills enda fungerande och tillförlitliga system för

---

10 Popper, Nathaniel. *Digital Gold: Bitcoin and the Inside Story of the Misfits and Millionaires Trying to Reinvent Money.* HarperCollins, 2015.

digitala kontanter.[11] Det faktum att nätverket var fullt fungerande redan från start gav bitcoin ett samlarvärde bland små grupper av kryptografientusiaster och libertarianer, som provade bitcoinmining på sina egna datorer och som senare började sälja enheterna till varandra[12]. Att mängden bitcoin var strikt begränsad och att de inte kunde kopieras bidrog till denna initiala samlarobjektstatus. Individer började sedan köpa bitcoin för att använda inom nätverket, vilket ledde till att bitcoin fick ett ekonomiskt värde och i förlängningen till att bitcoin monetiserades i och med att fler människor efterfrågade bitcoin som en värdebevarare. Det här händelseförloppet stämmer överens med Ludwig von Mises regressionsteorem om pengars ursprung, som hävdar att en monetär vara börjar som en marknadsvara för att sedan användas som bytesmedel. Bitcoins status som samlarobjekt bland små grupper går att likställa med det prydnadsvärde som gav snäckor, Raistenar och ädelmetaller en monetär roll som ledde till en betydande värdestegring.

Då bitcoin är helt nytt och bara har börjat sprida sig har både efterfrågan och priset fluktuerat kraftigt, men eftersom det är omöjligt för någon myndighet att godtyckligt öka mängden bitcoin när priset skenar har valutans köpkraft stigit dramatiskt. Vid hög efterfrågan kan bitcoinminers inte öka produktionen utöver det fasta schemat, som till exempel en koppargruva kan. Inte heller kan någon centralbank översvämma marknaden med större mängder bitcoin, som Alan Greenspan, en tidigare chef för amerikanska centralbanken, ville göra med guld. Det enda sättet för marknaden att tillgodose en växande efterfrågan är att priset stiger så pass mycket att innehavare övertygas att sälja en del av sina bitcoin till nykomlingar. Detta förklarar varför bitcoinpriset under de första åtta åren gick från 0,000994 dollar den 5 oktober 2009 (den första registrerade transaktionen) till 4 200 dollar den 5 oktober 2017. Det är en ökning på 422 520 000 % på åtta år

---

11 Se kapitel 10 för en diskussion om varför bitcoinkopior inte kan beskrivas som digitala kontanter.

12 En bra diskussion om den här poängen finns i Kyle Torpeys "Here's What Goldbugs Miss About Bitcoin's 'Intrinsic Value.'" *Forbes Digital Money,* 27 okt. 2017, forbes.com/sites/ktorpey/2017/10/27/heres-what-gold-bugs-miss-about-bitcoins-intrinsic-value

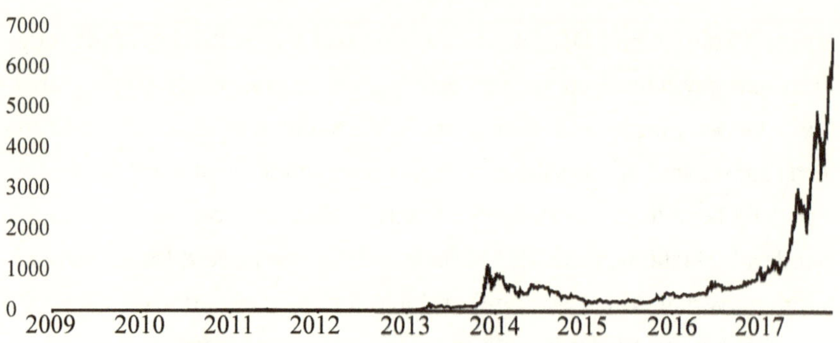

Figur 16: Bitcoinpris i amerikanska dollar.[13]

och en genomsnittlig årlig tillväxttakt om 573 %. Se figur 16.

För att bitcoinpriset ska öka måste innehavare se det som en värdebevarare och inte bara spendera sina bitcoin. Om det inte finns någon som är villig att äga valutan under en längre tid hålls priset nere av den kontinuerliga försäljningen.

I november 2017 var det totala marknadsvärdet för alla bitcoin i omlopp omkring 110 miljarder dollar, det vill säga ett högre värde än det breda penningmåttet för de flesta länders nationella valutor. Om bitcoin var ett land skulle valutan vara den 56:e största nationella valutan i världen. Det är ungefär i samma storlek som valutan i Kuwait eller Bangladesh, större än valutorna i Marocko och Peru, men mindre än valutorna i Colombia och Pakistan. Om man istället jämför med det smala penningmåttet, vilket omfattar sedlar och mynt, skulle bitcoin ligga på omkring plats 33 i världen, med ett värde motsvarande det smala penningmåttet för Brasilien, Turkiet och Sydafrika[14]. Det är kanske en av internets allra mest anmärkningsvärda prestationer, att en ekonomi som spontant och frivilligt vuxit fram online kring ett nätverk som har utformats av en anonym programmerare, på nio år har vuxit sig så stor att den har ett högre värde än penningmängden i de

---

13 Källa: Coindesk Bitcoin Price Index. Tillgänglig via: www.coindesk.com/price/bitcoin/.
14 Källa: CIA World Factbook, www.cia.gov/the-world-factbook/.

flesta nationer och nationella valutor.[15]

Den konservativa penningpolitiken och den följande värdestegringen är avgörande för att bitcoin ska fungera, då dessa faktorer är anledningen till att miners är villiga att spendera elektricitet och processorkapacitet på att verifiera transaktioner på ett hederligt sätt. Om bitcoin hade skapats med en mjukare penningpolitik, som en keynesiansk eller monetaristisk ekonom hade rekommenderat, skulle penningmängden växa i proportion till antalet användare eller antalet transaktioner. Det skulle dock inneburit att bitcoin hade förblivit ett experiment bland ett fåtal kryptografientusiaster på nätet. Ingen betydande mängd processorkapacitet hade spenderats på att utvinna bitcoin, eftersom det inte hade funnits någon mening med att förbruka energi på att verifiera transaktioner och lösa proof-of-work-problem för att belönas med en valuta vars värde devalveras i takt med att fler människor ansluter sig till systemet. Då bitcoin är ett frivilligt system som inte tvingar någon att använda det hade bitcoin inte kunnat skapa någon betydande efterfrågan. Till följd av detta hade dess status som digitala kontanter inte varit garanterad. Jämfört med fiatvaluta, som omges av lagar och förordningar, skulle ett frivilligt system med den expansiva penningpolitik som dagens fiatekonomer vurmar för aldrig klara marknadstestet på ett rättvist sätt.

Även om transaktionerna hade kunnat genomföras utan något behov av tillit till en tredje part, hade nätverket varit sårbart för attacker från illvilliga aktörer med förmågan att mobilisera stora mängder processorkapacitet. Utan en konservativ penningpolitik och utan svårighetsjusteringen hade bitcoin med andra ord endast fungerat som digitala kontanter i teorin, då det hade varit för osäkert för att kunna användas i stor omfattning i praktiken.

Det stigande priset återspeglar den ökade användning och nytta som nätverket erbjuder användarna. Även antalet transaktioner på nätverket har ökat: år 2009 genomfördes 32 687 transaktioner (i snitt 90 transaktioner

---

15 Dessa jämförelser bör tas med en nypa salt, då de inte är helt rättvisa. Statligt utfärdade pengar skapas inte endast av centralbanker, utan även av själva bankerna. Någon sådan process finns inte inom bitcoin. Måtten på penningmängden skiljer sig också från land till land med avseende på vilka finansiella tillgångar som inräknas i penningmängden.

År	Transaktioner	Transaktioner per dag i genomsnitt
2009	32 687	90
2010	185 212	507
2011	1 900 652	5 207
2012	8 447 785	23 081
2013	19 638 728	53 805
2014	25 257 833	69 200
2015	45 661 404	125 100
2016	82 740 437	226 067
2017	103 950 926	284 797

Tabell 8: Årligt antal transaktioner och genomsnittligt dagligt antal transaktioner.[16]

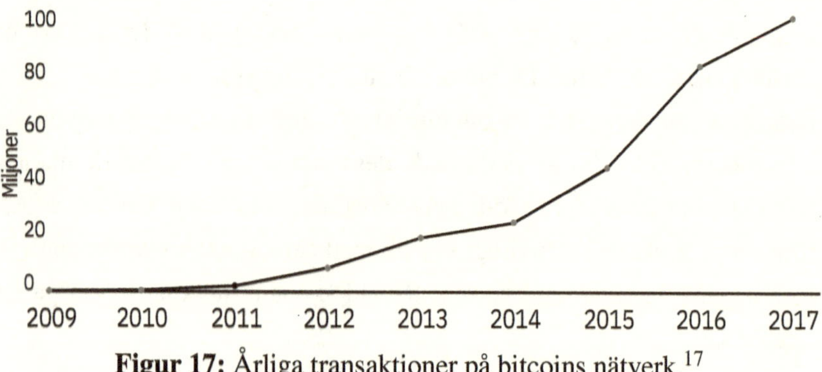

Figur 17: Årliga transaktioner på bitcoins nätverk.[17]

per dag), medan det år 2017 genomfördes över 103 miljoner transaktioner (i snitt 284 797 transaktioner per dag). Det totala antalet transaktioner var drygt 300 miljoner i januari 2018.

I tabell 8 och figur 17 visas den årliga tillväxten. Även om transaktionstillväxten är imponerande är den ingenting mot ökningen i värde för det totala lagret av bitcoin.

Detta framgår av det faktum att antalet transaktioner är långt färre än vad som skulle genomföras i en ekonomi vars valuta är av samma storlek som bitcoin. Ett snitt på 300 000 transaktioner om dagen är vad en liten

---

17 *Källa*: blockchain.com.

År	Transaktionernas totala värde i dollar
2009	0
2010	985 887
2011	417 634 730
2012	607 221 228
2013	14 767 371 941
2014	23 159 832 297
2015	26 669 252 582
2016	58 188 957 445
2017	375 590 943 877
Totalt	**499 402 199 987**

Tabell 9: Totalt årligt värde i dollar, för alla transaktioner på bitcoins nätverk.[18]

stad uppnår. Bitcoin är som ovan nämnt jämförbart med hela länders ekonomi, inte mindre städers. Storleken på bitcoinblocken är för närvarande begränsad till 1 megabyte. Det innebär att den övre gränsen för vad bitcoinnätverket kan genomföra och alla nätverksmedlemmar kan registrera ligger runt 500 000 transaktioner om dagen. Fastän denna gräns nås och dess förekomst är väl känd har tillväxten i valutans värde och värdet av de dagliga transaktionerna inte avtagit. Detta pekar på att bitcoinanvändare ser bitcoin mer som en värdebevarare än ett bytesmedel, vilket diskuteras vidare i kapitel 9.

Bitcointransaktionernas särskilda karaktär gör det svårt att uppskatta det exakta transaktionsvärdet i bitcoin eller dollar, men en lägre uppskattning för år 2017 är en genomsnittlig daglig volym på omkring 260 000 bitcoin. Under bitcoins livstid har denna tillväxt varit mycket volatil. Även om transaktionsvärdet räknat i bitcoin inte har ökat väsentligt med tiden, har marknadsvärdet för dessa transaktioner räknat i dollar gjort det. År 2017 var transaktionsvolymen 375,6 miljarder dollar. På sin nionde födelsedag hade bitcoin genomfört transaktioner till ett värde av en halv biljon dollar, med dollarvärdet beräknat vid transaktionstillfället. Se tabell 9.

Ytterligare ett mått på tillväxten i bitcoinnätverket är värdet på de

---

18 *Källa*: blockchain.com.

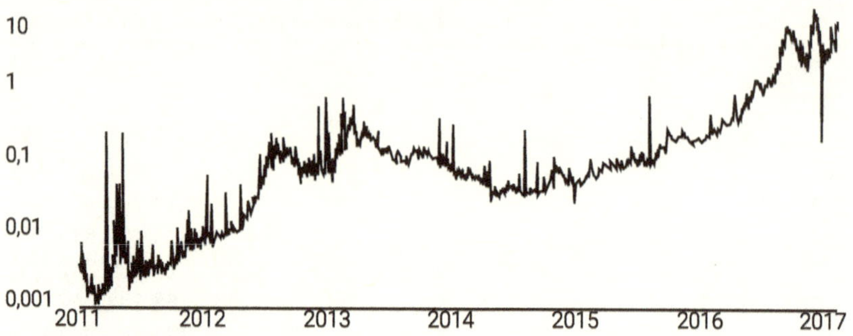

Figur 18: Genomsnittligt värde i dollar för transaktionsavgifter på bitcoin-nätverket, logaritmisk skala.[19]

transaktionsavgifter som betalas för att genomföra transaktionerna. Även om bitcointransaktioner teoretiskt sett kan genomföras utan kostnad åligger det miners att hantera dem. Ju högre avgiften är för en transaktion, desto troligare är det att en miner tar hand om transaktionen snabbt. Under bitcoins tidiga år, när bara ett fåtal transaktioner genomfördes, hanterade miners transaktioner utan avgift eftersom den avgift de tjänade på att addera transaktioner i blocket inte var värd besväret. De fick emellertid själva miningersättningen, *blocksubsidy*, som beskrevs tidigare. När efterfrågan på bitcointransaktioner steg kunde miners bli mer selektiva och prioritera transaktioner med högre avgift. Fram till slutet av 2015 låg avgiften per transaktion på under 0,1 dollar, men började stiga till över 1 dollar per transaktion i början av 2016. Bitcoinpriset steg kraftigt år 2017, och den genomsnittliga transaktionsavgiften nådde 7 dollar i slutet av november det året. Se figur 18.

Priset på bitcoin har stigit över tid, men denna stegring har varit mycket volatil. I figur 19 visas standardavvikelsen över 30 dagar för den dagliga avkastningen under de senaste fem åren av bitcoinhandel. Även om volatiliteten verkar sjunka är den fortfarande mycket hög i jämförelse med volatiliteten hos nationella valutor och guld, och trenden är än så länge alltför svag för att man ska kunna fastställa om den kommer att fortsätta

---

19 *Källa*: blockchain.com.

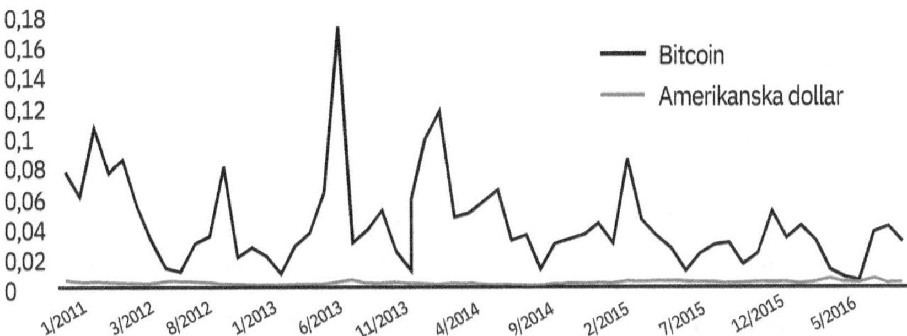

Figur 19: Månatlig volatilitet över 30 dagar för bitcoin och USD index.[20]

	Genomsnittlig daglig förändring (%)	Standardavvikelse
CNY	0,002	0,136
USD	0,015	0,305
GBP	0,005	0,559
INR	0,019	0,56
EUR	-0,013	0,579
JPY	0,02	0,61
CHF	0,003	0,699
Guld	-0,018	1,099
Bitcoin	0,37	5,072

Tabell 10: Genomsnittlig procentuell daglig förändring och standardavvikelse i marknadspris för valutor per dollar under perioden 2011.09.01–2016.09.01[21]

sjunka. För att sätta bitcoins volatilitet i perspektiv innehåller figur 19 även volatiliteten hos U.S. Dollar Index över 30 dagar.

Om prisdata för guld, de stora nationella valutorna och bitcoin jämförs, ser man en påtaglig skillnad i volatilitet hos marknadspriset mellan dessa valutor. Den dagliga avkastningen har registrerats för de senaste fem åren för guld, de stora fiatvalutorna och bitcoin. Bitcoins avkastning hade en standardavvikelse som var mer än sju gånger större än för de nationella

---

20 *Källa*: Författarens beräkningar baserade på USD-data från St. Louis Federal Reserve Economic Data, fred.stlouisfed.org, och bitcoindata från coindesk.com

21 Priserna på alla valutor mäts i dollar, medan USD Index används för USD. Data om nationella valutor från St. Louis Federal Reserve Economic Data. Data om guld från World Gold Council. Data om bitcoin från coindesk.com

valutorna, vilket framgår av tabell 10.

Bitcoins volatilitet är en följd av att penningmängden helt saknar flexibilitet och inte reagerar på förändringar i efterfrågan, då bitcoin har programmerats till att växa i en förutbestämd takt. För en vanlig handelsvara skulle en förändring i efterfrågan påverka producentens beslut avseende produktionen av handelsvaran. En ökad efterfrågan skulle leda till ökad produktion, en styrd prisökning och ökad lönsamhet, medan en minskad efterfrågan skulle leda till minskad produktion för att minimera förlusterna. En liknande situation råder när det gäller nationella valutor, då centralbanker förväntas upprätthålla en relativ stabilitet i köpkraft för valutan genom att fastställa parametrarna för penningpolitiken och hantera fluktuationer på marknaden. Med ett tillväxtschema som inte reagerar alls på efterfrågan och utan någon centralbank som hanterar penningmängden uppstår sannolikt volatilitet, särskilt i ett tidigt skede då efterfrågan kan variera kraftigt från dag till dag och de finansiella marknader som handlar med bitcoin ännu är i sin linda.

Men i takt med att storleken på marknaden växer och de finansiella institutioner som handlar med bitcoin utvecklas kommer denna volatilitet sannolikt att minska. Med en större och mer likvid marknad blir den dagliga variationen i efterfrågan troligtvis mindre, vilket innebär att marknadsaktörer kan gynnas av att ta olika positioner för att gardera sig mot prisförändringar och jämna ut priset. Detta uppnås endast om och när ett stort antal sparare och investerare äger bitcoin och avser att spara dem långsiktigt, då detta skulle leda till att marknadsvärdet på bitcoin stiger avsevärt och en stor likvid marknad kan möjliggöras med en liten del av den totala penningmängden. Om nätverket någon gång når en stabil storlek där in- och utflödet av pengar är förhållandevis jämnt, skulle det innebära att priset på bitcoin kan stabiliseras. I ett sådant fall kommer bitcoin åtnjuta både större stabilitet och tillräcklig likviditet för att priset ska hållas stabilt frånsett dagliga transaktioner på marknaden. Men så länge bitcoin fortsätter att växa och anammas av allt fler kommer det stigande priset att locka allt fler användare, vilket i sin tur leder till ytterligare prisökningar och till att vi kommer allt längre bort från en minskad volatilitet. Så länge bitcoin växer kommer dess växlingskurs att bete sig som priset på aktierna för ett nystartat företag med mycket snabb tillväxt. Om bitcoins tillväxt hade avstannat och stabiliserats skulle nätverket inte längre locka till sig inflöden av riskinvesteringar, utan blivit en normal monetär tillgång som förväntas stiga måttligt i värde varje år.

Bilaga till kapitel 8

Här följer en kort beskrivning av tre tekniker som är viktiga för bitcoins nätverk:

Hashing är en process som kan ta vilken dataström som helst som indata och omvandla den till en datauppsättning av fast storlek (kallad hash) med hjälp av en icke-reversibel matematisk formel. Det är med andra ord mycket enkelt att använda den här funktionen till att generera en hash av enhetlig storlek för vilken dataenhet som helst, men det är inte möjligt att ur denna hash fastställa vilken den ursprungliga datasträngen är. Hashing är avgörande för driften av bitcoinnätverket, då funktionen används i digitala signaturer, proof-of-work, merkleträd, transaktionsidentifierare, bitcoin-adresser och ett antal andra tillämpningar. I princip möjliggör hashing offentlig identifiering av data utan att avslöja någonting om själva datan. Det kan därmed användas för att på ett säkert och tillitslöst sätt kontrollera att flera parter besitter samma data.

Kryptografi med publik nyckel är en metod för autentisering som baseras på ett antal matematiskt relaterade nummer: en privat nyckel, en publik nyckel och en eller flera signaturer. Den privata nyckeln, som måste hållas hemlig, kan generera en publik nyckel, som kan spridas fritt då det är omöjligt att fastställa den privata nyckeln med hjälp av den publika nyckeln. Den här metoden används för autentisering på följande sätt: När man har offentliggjort sin publika nyckel kan man hasha data och sedan signera denna hash med sin privata nyckel och därigenom skapa en signatur. En person med samma data kan skapa samma hash och se att den användes för att skapa signaturen. Därefter kan man jämföra signaturen med den publika nyckel som man tidigare mottagit och se att de är matematiskt relaterade, vilket bevisar att personen med den privata nyckeln signerade de data som omfattas av hashen. Bitcoin använder kryptografi med publik nyckel för att möjliggöra ett säkert utbyte av värde över ett öppet och oskyddat nätverk. En bitcoininnehavare kan endast komma åt sina bitcoin om han eller hon har den privata nyckel som är knuten till dem, medan den publika adressen som är kopplad till dem kan spridas fritt. Alla nätverksmedlemmar kan verifiera giltigheten i en transaktion genom att verifiera att avsändaren har använt rätt privat nyckel. Det enda ägarskap som existerar inom bitcoin är ägandet av privata nycklar.

Peer-to-peer-nätverk är en nätverksstruktur inom vilken alla medlemmar har lika rättigheter och skyldigheter gentemot varandra. Det finns ingen central koordinator som kan ändra reglerna för nätverket. Nodoperatörer som inte är nöjda med hur nätverket fungerar kan inte påtvinga andra nätverksmedlemmar sina åsikter eller åsidosätta deras rättigheter. Det mest välkända exemplet på ett peer-to-peer-nätverk är BitTorrent, som är ett protokoll för fildelning online. Medan medlemmar i ett centraliserat nätverk laddar ner filer från en central server laddar BitTorrent-användare ner filer direkt från varandra, uppdelade i mindre bitar. När en användare har laddat ner en del av filen kan denne bli en så kallad seed för den filen, vilket innebär att andra kan ladda ner den därifrån. Med den här designen kan en stor fil spridas relativt snabbt utan några stora servrar eller någon omfattande infrastruktur, samtidigt som processen skyddas mot hot som skulle kunna skada ett system med en enskild svag punkt. Alla filer som delas på nätverket skyddas av en kryptografisk hash, som med enkelhet kan verifieras för att säkerställa att noder som delar hashen inte har korrumperat den. Brottsbekämpande organ slog ner hårt på centraliserade fildelningswebbplatser som Napster, men BitTorrents decentraliserade karaktär innebar att de aldrig lyckades stänga ner det. Nätverket av användare världen över växte och vid ett tillfälle stod BitTorrent för omkring en tredjedel av all världens internettrafik. Bitcoin använder ett nätverk som liknar BitTorrents, men istället för att som medlemmarna av BitTorrent-nätverket dela bitar av data som bildar en film, låt eller bok, delar medlemmarna av bitcoinnätverket liggaren över alla bitcointransaktioner.

KAPITEL 9

VAD KAN BITCOIN ANVÄNDAS TILL?

Lagring av värde

Uppfattningen att resurser är knappa och begränsade grundas i bristande förståelse av vad begreppet knapphet innebär. Knapphet är ett nyckelkoncept inom ekonomisk teori. Den absoluta mängden av jordens olika ämnen är så stor att vi som människor inte ens kan relatera till den, och den sätter i praktiken ingen gräns för vad vi människor kan producera. Vi har knappt skrapat på ytan av jordklotet när vi utvunnit de mineraler vi hittills behövt. Ju mer vi letar och ju djupare vi gräver, desto mer hittar vi av dessa resurser. Det som sätter en praktisk gräns för mängden resurser som kan produceras, är alltid hur mycket mänsklig tid vi avsätter för att utvinna dem. Tid är nämligen den enda verkligt knappa resursen (tills bitcoin skapades). I sin mästerliga bok, *The Ultimate Resource*[1] förklarade ekonomen Julian Simon

---

1 Simon, Julian. *The Ultimate Resource.* Princeton University Press, 1981.

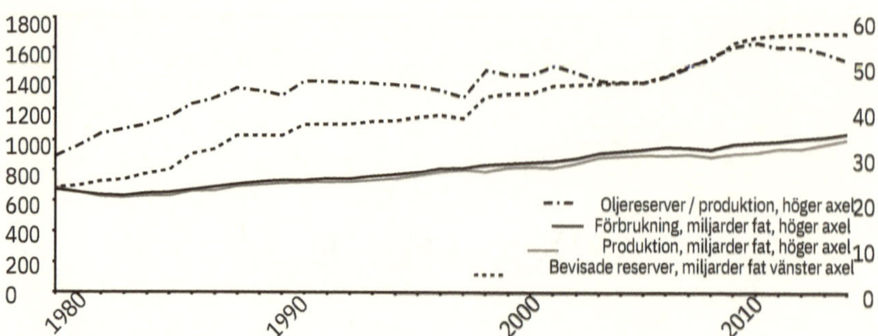

Figur 20: Global oljekonsumtion, produktion, verifierade oljereserver och förhållandet mellan reserver och årlig produktion, 1980-2015.[2]

att den enda begränsande resursen är mänsklig tid. Varje människa har en begränsad tid på jorden, och det är den enda bristvara vi som individer måste förhålla oss till. På samma sätt begränsas samhället i stort av den totala mängd tid som är tillgänglig för dess medborgare för produktion av olika varor och tjänster. Mer av en vara kan alltid produceras om mer tid används för ändamålet. Den verkliga kostnaden för en vara är därmed alltid dess alternativkostnad, i termer av andra varor som kunde ha producerats i dess ställe.

Under hela vår historia har det aldrig hänt att något material eller någon resurs helt tagit slut. Det är dessutom så att priset för dessa resurser är lägre idag än det varit vid tidigare punkter i historien. Detta beror på att tekniska framsteg möjliggör lägre produktionskostnad i termer av tidsåtgång. Vi har inte bara sluppit se våra resurser ta slut, utan istället sett de bevisade reserverna av dessa resurser öka med tiden. Om dessa resurser varit begränsade skulle de existerande lagren minska med tiden, i takt med att vi konsumerar mer. Men trots att vi hela tiden konsumerar mer fortsätter priserna att falla, och tekniska framsteg innebär att vi kan hitta och utvinna mer och mer. Oljan är det bästa exemplet på detta och där finns också tillförlitlig statistik. Som figur 20 visar, ökar de bevisade reserverna från år till år i snabbare takt än vad konsumtionen och produktionen gör.

Enligt data från BP så var den årliga oljeproduktionen 46 % högre år

---

2 Källa: BP Statistical Review.

2015 än vad den var 1980, medan konsumtionen var 55 % högre. Oljere-serverna å andra sidan hade ökat med 148 %, ungefär tre gånger mer än ökningen av produktion och konsumtion.

Liknande statistik kan tas fram för resurser med varierande förekomst i jordskorpan. Graden av sällsynthet avgör den relativa kostnaden för att utvinna en resurs. Metaller med hög förekomst, såsom järn och koppar, är enkla att hitta och därmed relativt billiga. Mer sällsynta metaller, som silver och guld, är dyrare. Gränsen för hur mycket vi kan producera av var och en av dessa metaller fastställs av alternativkostnaden för deras produktion i förhållande till varandra, och inte deras absoluta kvantitet. Det bästa beviset för detta är det faktum att guld, som är den mest sällsynta metallen i jordskorpan, har utvunnits i tusentals år. Guld fortsätter att utvinnas i ökande kvantitet, i takt med den tekniska utvecklingen, vilket visas i kapitel 3. Om den årliga produktionen av den mest sällsynta metallen i jordskorpan ökar varje år, är det inte meningsfullt att säga att någon naturresurs i praktiken är begränsad. Knapphet är bara ett relativt mått för naturresurser, där skillnaden i utvinningskostnad bestämmer graden av knapphet. Den enda formen av knapphet, som Julian Simon så briljant demonstrerade, är den tid som vi människor har att tillgå för produktion av dessa resurser. Detta är orsaken till att löner fortsätter att öka i världen, medan produkter och material hela tiden blir allt billigare uttryckt i termer av mänskligt arbete.

Knapphet är ett av de koncept inom ekonomisk teori som människor har svårast att förstå. Det ger bränsle åt den ändlösa hysteri som miljörörelsen tvingat på oss i decennier med apokalyptisk skrämselpropaganda. Julian Si-mon gjorde sitt bästa för att bekämpa detta. Han utmanade en av de främsta representanterna för denna hysteri, med en vadslagning som sträckte sig över tio år. Paul Ehrlich hade skrivit flera böcker som argumenterade för att jorden var på gränsen till en katastrof, orsakad av att vitala resurser höll på att ta slut. Böckerna gjorde precisa förutsägelser för vid vilken tidpunkt dessa resurser skulle vara helt uttömda och vi därmed skulle befinna oss i stor fara. Simon utmanade Ehrlich, år 1980, att precisera ett antal ämnen som var på väg att ta slut samt en godtycklig tidsperiod. De slog vad om 10 000 dollar om att marknadspriset för dessa ämnen, justerat för inflation, skulle vara lägre vid periodens slut än före. Ehrlich valde koppar, krom, nickel, tenn och volfram som de ämnen han förutsåg skulle sina. Det visade sig vid periodens slut, år 1990, att priset för var och en av dessa metaller hade sjunkit och den årliga produktionen ökat. Detta trots att världens befolkning under denna tid ökat med 800 miljoner, den största ökningen på ett enstaka decennium någonsin.

I själva verket är det så att ju fler människor det finns, desto större produktion av råvaror kan vi uppnå. En kanske ännu viktigare faktor för mänskliga framsteg än tillgången på råvaror, är de tekniska lösningar vi hittar på våra problem, enligt ekonomen Michael Kremer[3]. Ny teknik är till sin natur allmännyttig, i den mening att när någon uppfinner något kan andra kopiera och dra nytta av det. Ny teknik är också en icke-rivaliserande vara, i den mening att en persons nytta av den inte förhindrar att någon annan också drar nytta av den. Ta hjulet som exempel. När det väl uppfunnits kunde fler kopiera och tillverka sitt eget hjul, utan att reducera andras nytta av denna uppfinning. Genialiska idéer är sällsynta och bara en liten andel människor bidrar med sådana. Större befolkningar kommer därmed att producera mer ny teknik och idéer än mindre befolkningar, och eftersom nyttan tillkommer alla är det bättre att leva i en värld med stor befolkning. Ju fler människor det existerar i världen, desto mer teknik och produktiva idéer skapas och desto fler kan gynnas och kopiera dessa idéer, vilket leder till högre produktivitet och höjd levnadsstandard.

Kremer illustrerar detta genom att visa på att medan jordens befolkning genom tiderna har ökat, har befolkningsökningen accelererat, snarare än bromsat in. Om människan varit en resursslukande belastning hade en större befolkning inneburit att mängden resurser för varje individ minskat, vilket i sin tur skulle ha begränsat den ekonomiska tillväxten och därmed befolkningsökningen, vilket den *malthusianska modellen* förutsäger. Men

---

3 Kremer, Michael. "Population Growth and Technological Change: One Million B.C. to 1990." *Quarterly of Journal of Economics,* vol. 108, no. 3, 1993, sid. 681–716.

eftersom människor själva utgör resursen och idéer är drivkraften bakom ekonomisk produktivitet innebär större population mer produktiva idéer och teknik, mer produktion per capita och högre kapacitet för att långsiktigt bära en större befolkning. Dessutom visar Kremer hur isolerade landmassor som var mer tätbefolkade såg högre ekonomisk tillväxt och snabbare framsteg än de som var mer glesbefolkade.

Det är missvisande att kalla råvaror för resurser, eftersom människor inte är passiva konsumenter av manna från himlen. Råvaror är alltid en produkt av mänskligt arbete och uppfinningsrikedom, och därför är människor den ultimata resursen. Mänsklig tid, ansträngning och påhittighet kan alltid användas för att producera mer.

Det eviga dilemma människor ställs inför är hur de kan bevara värdet som de producerar via sin tid och sitt arbete in i framtiden. Medan mänsklig tid är begränsad, är allt annat i praktiken obegränsat och mer kan produceras vid behov, om mer tid används till detta. Vilken vara människan än valde för att bevara värde steg värdet på denna, och eftersom mer av varan alltid kunde produceras innebar det att andra aktörer började producera mer av varan, för att komma över värdet som lagrades i denna form. Yapeserna fick uppleva hur O'Keefe hämtade sprängämnen och avancerade båtar för att tillverka fler Raistenar, för att tillägna sig det värde som lagrades i de befintliga stenarna. Afrikanerna drabbades av att européer anlände med båtar fullastade med glaspärlor, för att komma över värdet som fanns lagrade i sådana. Varje metall, förutom guld, som använts som monetärt medel har överproducerats tills dess pris kollapsat. I moderna ekonomier låtsas keynesianska centralbanker ständigt bekämpa inflationen, samtidigt som de gradvis eller i snabb takt eroderar värdet av landets valuta, vilket diskuterats i kapitel 4. När amerikaner nyligen började se sina hem som ett sätt att lagra värde, ökade utbudet av nyproducerade hus så mycket att priserna föll dramatiskt. När den monetära inflationen fortskrider, kan man förstå det ökande antalet spekulativa bubblor som ett resultat av människors försök att hitta ett medel som kan bevara värdet på deras besparingar. Endast guld har varit i närheten av att lösa detta problem. Tack vare guldets kemiska sammansättning har det varit omöjligt för någon att på konstgjord väg öka dess utbud, och detta resulterade i en av de mest blomstrande perioderna i mänsklighetens historia. Men centralbankernas gradvisa övertagande av kontrollen över guldet begränsade dess monetära roll och ersatte den med statsvalutor, vars meritlista är urusel.

Detta belyser en fascinerande aspekt av det tekniska mästerverk som bitcoin är. För första gången i mänsklighetens historia finns ett tillgångsslag vars utbud är ändligt och strikt begränsat. Oavsett hur många som använder nätverket, hur mycket dess värde än ökar eller hur avancerad utrustningen som används för tillverkningen än är, kan antalet existerande bitcoin aldrig överstiga 21 miljoner. Det finns ingen teknisk möjlighet att öka utbudet för att möta en ökande efterfrågan. Om fler människor vill äga bitcoin innebär det att värdet av det existerande utbudet ökar. Eftersom varje bitcoin är delbar i 100 miljoner satoshi finns det stort utrymme för bitcoin att växa genom att allt mindre enheter används i takt med att värdet ökar. Detta gör bitcoin som tillgång ytterst lämpad att använda som värdebevarare.

Innan bitcoin uppfanns fanns det ingen form av pengar med ett strikt begränsat utbud, vilket gjorde det svårt att bevara värde över tid. Dess oföränderliga utbud gör bitcoin till det bästa medel som finns för lagring av det värde som produceras genom användandet av mänsklig tid. Man kan därför säga att bitcoin är den bästa värdebevarare mänskligheten någonsin haft tillgång till. Annorlunda uttryckt är bitcoin det billigaste sättet att köpa framtiden, eftersom bitcoin är det enda medel som inte kan inflateras och därmed spädas ut, oavsett hur mycket dess värde ökar. I figur 21 syns en uppställning av detta.

År 2018, bara 9 år efter dess skapelse, hade bitcoin anammats av flera miljoner[4] människor världen över, och dess årliga inflationstakt är jämförbar med de största reservvalutorna i världen. Dess förhållande mellan lager och inflöde, *lager/inflödes-kvoten*, som diskuterades i kapitel 1 , är sådant att antalet existerande bitcoin 2017 (lagret) var ungefär 25 gånger

---

4 Det finns inget enkelt sätt att uppskatta antalet bitcoinanvändare, eftersom varje användare kan ha flera bitcoinadresser. De uppskattningar som gjorts visar att antalet ligger mellan 10 och 100 miljoner år 2017.

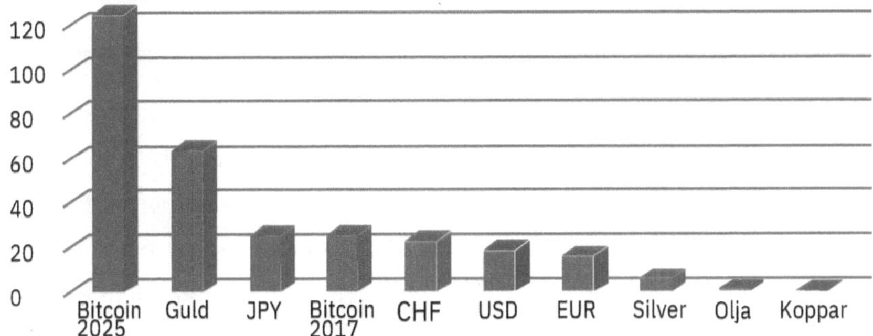

Figur 21: Total tillgängligt lager dividerat med årlig produktion.[5]

större än de nya bitcoin (inflödet) som producerades 2017. Detta förhållande är fortfarande ungefär hälften så stort som motsvarande kvot för guld, men runt 2022 kommer bitcoin att passera guld i detta avseende för att sedan kring 2025 ha en kvot som är dubbelt så stor som guld. Bitcoins förhållande mellan lager och inflöde fortsätter sedan att öka snabbt in i framtiden, medan kvoten för guld ligger kvar ungefär på dagens nivåer, givet den dynamik som styr utvinning av guld, vilket diskuterades i kapitel 3 . Omkring år 2140 kommer det inte länge att tillkomma några nya bitcoin, och förhållandet mellan lager och inflöde blir därmed oändligt. Detta har aldrig tidigare hänt för någon råvara eller monetär tillgång.

En viktig konsekvens av den minskade inflödestakten av nya bitcoin är att den befintliga mängden bitcoin är väldigt stor i förhållande till de nya som produceras. På så vis liknar bitcoin och guld varandra. Jämfört med andra sorters pengar läggs relativt sett mindre fokus på att säkra nytillförseln av bitcoin, och mer fokus läggs på nyttig ekonomisk produktion, vars resultat sedan kan utväxlas mot bitcoin. När ersättningen för att hitta och leverera nya bitcoinblock minskar med tiden, kommer belöningen för de resurser som investeras i bitcoinmining i huvudsak vara för att säkra nätverket, snarare än för att skapa nya bitcoin.

---

5 Källor: USGS geologiska kartläggningar för guld, Silverinstitutets data för silver, blockchain.info, författarens beräkningar för bitcoin, BP:s statistiska granskning av världens energi för olja, amerikanska centralbankens data om nationella valutor, fred.stlouisfed.org. Författarens beräkningar för koppar.

Genom historien har allt som oftast fysiska objekt använts för att lagra värde. Användningen av ett fysiskt objekt gjorde det svårare att öka mängden lagrat värde genom manipulation av räkenskaperna. Bitcoin är helt digital och existerar inte som ett fysiskt objekt. Det gör att bitcoin lyckas ha ett utbud som är ändligt i strikt bemärkelse. Inget delbart och transporterbart fysiskt material har någonsin uppvisat denna egenskap. Bitcoin ger dess användare möjlighet att transportera värde digitalt, utan att vara beroende av den fysiska världen. Detta möjliggör att stora summor kan överföras över hela världen, med slutavräkning på en tid som kan mätas i minuter.

Bitcoin med sin strikta digitala knapphet har de bästa av de egenskaper som kännetecknar fysiska monetära medel, utan att drabbas av motsvarande nackdelar vad gäller transporterbarhet. Bitcoin kan därför göra anspråk på att vara den bästa tekniken för sparande som någonsin uppfunnits.

Självägarskap

Som den första formen av digitala kontanter är bitcoins viktigaste roll att ge alla som vill tillgång till en obunden och suverän form av pengar med självägarskap. Den som äger bitcoin kan uppnå en grad av ekonomisk frihet som inte tidigare varit möjlig. Bitcoinägare kan skicka stora värden vart som helst utan att be någon om lov. Bitcoins värde är inte beroende av någonting i den fysiska världen och kan därför inte hindras, förstöras eller konfiskeras av några fysiska krafter, varken politiska eller kriminella.

Med tanke på den rådande politiska situationen under tjugohundratalet är detta en viktig uppfinning. För första gången sedan framväxten av den moderna staten har individer en teknisk lösning för att parera det långtgående finansiella inflytande staten har. Anmärkningsvärt är att den bästa beskrivningen av hur signifikant en sådan teknik kan vara, återfinns i en bok som skrevs redan 1997, hela 12 år innan bitcoin skapades. Boken förutspådde en digital valuta, med stora likheter med bitcoin, och hur denna skulle transformera samhället.

I *The Sovereign Individual*[6] argumenterar James Davidson och William Rees-Mogg att den moderna nationalstaten, med sina inskränkande lagar, höga skatter och totalitära inslag, har blivit så stor att den undertrycker och belastar sina medborgare. Jämförelser görs med kyrkan på medeltiden, och författarna hävdar att vi nu är lika redo för omvälvning. Kyrkan, med sin tunga skattebörda, personkontroll och ritualer innebar en allt mer outhärdlig kostnad för medborgarna. Nyare och mer produktiva politiska och ekonomiska organisationsformer växte fram och gjorde kyrkan allt mindre relevant. Uppkomsten av maskiner, tryckpressen, kapitalism och den moderna nationalstaten var startpunkten för det industriella samhället och en ny syn på dess medborgare.

Femhundra år senare är det industrisamhället och den moderna nationalstaten som har blivit underkuvande, sklerotiska och belastande, medan ny teknik flyttar fram sina positioner och ifrågasätter de befintliga strukturerna. Den provokativa tesen i boken är att "mikroprocessorerna kommer att omstörta och förgöra nationalstaten". Nya organisationsformer kommer att växa fram med informationsteknologin och underminera statens förmåga att tvinga sina medborgare att betala mer än de önskar för dess tjänster. Den digitala revolutionen kommer att rasera statens makt över sina medborgare, reducera dess roll som organiserande enhet och ge individerna möjlighet att själva styra över sina liv.

Det är tydligt att denna process redan pågår, tack vare den revolution som telekommunikationstekniken medför. När tryckpressen kom gav den de fattiga i världen tillgång till kunskap som var förbjuden och förbehållen kyrkan. Den var dock begränsad till att trycka fysiska böcker, som kunde konfiskeras, bannlysas eller brännas. Sådana hot saknas i cybervärlden, där nästan all mänsklig kunskap existerar och är direkt tillgänglig för individer utan risk för begränsning eller censur från statsmakter.

På liknande sätt möjliggör tekniken att handel och anställningsformer kringgår myndigheters restriktioner och bestämmelser, vilket bäst illustre-

---

6 Davidson, James och Rees-Mogg, William. *The Sovereign Individual: Mastering the Transition to the Information Age.* Simon och Schuster, 1999

ras av företag som Uber och Airbnb. Dessa företag har inte bett myndigheterna om tillstånd för att introducera sina produkter och tjänster, som blivit framgångsrika trots att de inte är anpassade efter befintliga regelverk och övervakningssystem. Moderna individer kan göra transaktioner med andra de träffar online, via system där identitet och skyddsmekanismer baseras på medgivande och ömsesidig respekt, utan behov av påtvingade myndighetsprocedurer.

Framväxten av billiga former av telekommunikation online innebär också att den geografiska platsen för arbetet inte längre är viktig. Producenter av många varor kan numera välja sin hemvist efter behag då deras produkter, vilka blir alltmer informationsbaserade och ickemateriella, kan överföras globalt på ett ögonblick. Myndigheters bestämmelser och skatteregler blir mindre verkningsfulla när individer kan bo och arbeta där det passar dem och leverera sitt arbete via telekommunikation.

När en allt större del av värdet av den ekonomiska produktionen är i form av ickemateriella varor, blir fysiska produktionsfaktorer och mark relativt sett mindre värda. Det gör det mindre lönsamt att med våld tillägna sig dessa produktionsmedel. Det produktiva kapitalet utgörs i större utsträckning av individerna själva, vilket innebär att detta kapital endast är tillgängligt med individens samtycke. I samhällen där bönder arbetade på mark de inte själva ägde, och deras produktivitet och överlevnad var kopplad till denna mark, var det effektivt för markägaren att använda hot om våld för att tillägna sig böndernas produktivitet. På liknande sätt var industrisamhället beroende av sitt fysiska produktionskapital, som var enkelt för staten att ta kontroll över, vilket illustrerades på ett blodigt sätt under nittonhundratalet. Men när individens mentala kapacitet blir den primära produktiva faktorn i samhället, blir hot om våld mycket mindre effektivt. Människor kan välja att flytta till en plats där deras rättigheter respekteras, eller så kan de utföra produktivt arbete, med datorer, utan att myndigheterna ens vet vad de producerar.

Det saknades en viktig pusselbit i digitaliseringen av samhällsekonomin, och det var en mekanism för överföring av pengar och värde. Även om informationsteknologin omstöpt hur människor jobbade geografiskt och hur myndigheter kontrollerade deras arbete, så var betalsystemen fortfarande helt reglerade av myndigheterna och bankmonopolen. Som alla statskontrollerade monopol har bankväsendet i åratal förhindrat innovation och förändringar som skulle ha gynnat konsumenterna och försvårat för bankerna att ta ut räntor och avgifter. Detta var ett monopol som växte till en allt större belastning i takt med att den globala ekonomin utvecklades. Davidson och Rees-Mogg beskrev med stor framsynthet en digital och monetär utväg, i form av kryptografiskt säkra pengar, oberoende av fysiska begränsningar, som inte kan hindras eller konfiskeras av myndigheterna. Även om detta verkade främmande när boken skrevs, används nu sådana pengar av miljontals människor i världen. Vikten av detta har ännu inte insetts på bred front.

Bitcoin, och kryptografi i allmänhet, är till sin natur defensiva tekniker, vilket gör kostnaden för att skydda digital information mycket lägre än att attackera den. Eftersom det gör stöld extremt dyrt och osäkert, främjas samarbete och de som vill leva i fred, utan aggressioner mot andra. Användningen av bitcoin har långtgående följder som återställer den förskjutning i maktbalans som skedde under föregående århundrade, när staten och centralbanken lyckades ta kontroll över pengarna och gjorde medborgarna beroende av dem för sin överlevnad och sitt välstånd. Den historiska versionen av sunda pengar, guld, hade inte dessa fördelar. Guldets materiella egenskaper innebar en sårbarhet för statsmaktens kontroll. Att guld inte kunde flyttas på ett enkelt sätt gjorde att betalningar centraliserades till banker, varför konfiskering blev relativt enkel. Med bitcoin å andra sidan, är det enkelt och nästan gratis att verifiera transaktioner, eftersom alla med en internetansluten enhet har tillgång till nätverkets transaktioner[7]. För att skala bitcoin behövs antagligen någon form av tredjepart eller mellanhand, men det kommer skilja sig från hur guldtransaktioner fungerar i flera viktiga avseenden. En tredjepart måste i slutändan avräkna sina transaktioner på den publika blockkedjan, vilket ger transparens och möjliggör granskning.

---

7 Enheter med internetanslutning är billiga och blir hela tiden billigare.

Bitcoin ger den moderna individen möjlighet att välja bort totalitära, keynesianska och socialistiska stater. Bitcoin utgör ett enkelt botemedel mot den moderna pest som utgörs av statsmakter, vilka livnär sig på att utnyttja de produktiva individer som råkar leva och verka inom deras territorium. Om bitcoin fortsätter att växa och attrahera en allt större andel av den globala förmögenheten kanske statsmakter tvingas verka på en mer frivillig basis, med verksamhet och skattenivåer som motsvarar vad dess medborgare är villiga att betala.

Den politiska visionen bakom bitcoin kan förstås genom att undersöka idéerna inom cypherpunk-rörelsen som gav upphov till bitcoin. Timothy May skrev följande:

> Kombinationen av stark kryptering, med oknäckbara publika nycklar och virtuella nätverk i cyberrymden, kommer att leda till djupgående förändringar i ekonomiska och sociala system. Kryptoanarki är motsvarigheten till anarkokapitalism i cyberrymden, som överskrider nationella gränser och låter individer ha ekonomiskt utbyte på frivillig basis ... Kryptoanarki frigör individer från tvång från sina fysiska grannar eller myndigheter, som inte kan veta vem de är på nätet. För libertarianer utgör stark kryptering ett medel för att undvika myndigheterna.[8]

Den vision för anarkokapitalism som May beskriver är den politiska filosofi som utvecklades av Murray Rothbard, en amerikansk ekonom inom den österrikiska skolan. I sin bok *The Ethics of Liberty* förklarar Rothbard hur libertariansk anarkokapitalism är en logisk följd av individens fria vilja och självägande:

> Låt oss nu å andra sidan beskriva de naturliga rättigheter en person har vad gäller ägandeskap under frihetens etik. Alla personer omfattas av de grundläggande reglerna: ägandeskap av sig själv, ägandeskap av hittills oanvända resurser personen besitter och förädlar, samt ägandeskap av vad som kan härledas från dessa antingen i form av frivilligt utbyte eller frivilliga gåvor. Dessa regler, som vi kan kalla "regler för naturligt ägande", är tydligt applicerbara och försvarbara, oavsett tid eller plats, och oberoende

---

8 May, Timothy C. "Crypto Anarchy and Virtual Communities." *Satoshi Nakamoto Institute,* 1994, nakamotoinstitute.org/virtual-communities/

av samhällets ekonomiska välstånd. Det är omöjligt för ett alternativt samhällssystem att följa en sådan universell naturlag, för om det finns någon part som med tvång styr över någon annan (och allt styre innebär en maktställning) är det omöjligt att applicera samma regler för alla. Endast en värld utan härskare, en libertariansk värld, kan uppfylla kriterierna för naturliga rättigheter och naturlig lag, och ännu viktigare, uppfylla villkoren för en universell etik för hela mänskligheten.[9]

Icke-aggressionsprincipen är fundamental i Rothbards anarkokapitalism, och därav kan ingen aggressiv handling rättfärdigas, vare sig av myndigheter eller individer. Bitcoin, vars användning är helt frivillig och vars karaktär är fredlig, erbjuder en monetär infrastruktur väl lämpad för en värld baserad på frivillig samverkan. I motsats till den populära avbilden av anarkister, som banditer i huva, är bitcoins version av anarki helt fredlig och ger individer de verktyg som behövs för att undvika inflation och statsmakternas personkontroll. Om bitcoinnätverket växer och blir framgångsrikt beror det på dess egna meriter och för att det är en fredlig neutral teknik för ekonomiska transaktioner, inte för att det påtvingas någon.

Under överskådlig framtid, medan nätverket fortfarande har relativt få användare, kommer bitcoin att utgöra ett kostnadseffektivt alternativ för individer som vill kringgå myndigheternas bankrestriktioner och lagra värde i en likvid tillgång, oberoende av centralbankernas inflation. Om bitcoin slår igenom på bred front kommer kostnaden för transaktioner på blockkedjan troligen öka kraftigt, vilket diskuteras senare i avsnittet om skalning, och det blir mindre troligt att individer skulle använda sådana transaktioner för att kringgå myndigheters regler och kontroll. Ett sådant scenario skulle dock innebära en mycket större positiv effekt för individuell frihet, eftersom statens möjligheter att finansiera sin verksamhet genom inflation skulle begränsas kraftigt. Det var statliga pengar som under 1900-talet födde en statsapparat med totalitära och auktoritära tendenser. I ett samhälle drivet av sunda pengar skulle ekonomiskt improduktiva politiska beslut inte bli långlivade, eftersom det saknas incitament att finansiera dem.

---

9 Rothbard, Murray. *The Ethics of Liberty*. 1998, sid. 43.

Internationell och elektronisk avräkning

Traditionellt har guld varit det medium som använts för avräkning och värdebevaring i världen, eftersom det inte varit möjligt för någon part att öka dess utbud märkbart. Dess värde etablerades på den fria marknaden och utgjordes inte av en fordran på någon annan. När kommunikation och handel började ske över allt större avstånd under artonhundratalet, flyttades guldet från folkets händer, in i bankernas valv och, i slutändan, till centralbankerna. Under denna bankbaserade guldstandard användes papperscertifikat eller checkar för guld. De fungerade som betalning utan att guldet behövde flyttas fysiskt, vilket effektiviserade den globala handeln.

När myndigheterna sedan konfiskerade guldet och utgav sin egen valuta var det inte längre möjligt att använda guld för globala betalningar individer emellan. Dessa fick istället göras med nationella valutor, som varierade i värde och skapade avsevärda problem för internationell handel, vilket diskuteras i kapitel 6. I och med uppfinnandet av bitcoin skapades ett nytt system för internationell betalning och avräkning, som inte är beroende av mellanhänder och som kan operera helt oberoende av den existerande finansiella infrastrukturen.

Att vem som helst kan använda en bitcoinnod och skicka sina pengar utan att be någon om lov eller avslöja sin identitet är en viktig skillnad mellan guld och bitcoin. Bitcoin behöver inte lagras på en dator; den privata nyckeln till en persons bitcoin är en sträng tecken eller en serie ord som personen kommer ihåg eller skriver ner. Det är mycket enklare att förflytta sig och byta jurisdiktion med en privat bitcoinnyckel än att bära runt på en hög med guld. Därtill är det mycket enklare att skicka bitcoin runt om i världen utan risk för stöld eller konfiskering. Medan myndigheter förr kunde konfiskera människors guld och tvinga dem att använda papperspengar, kan människor idag lagra huvuddelen av sina bitcoin utom räckhåll för myndigheter och bara använda mindre belopp för transaktioner via mellanhänder. Bitcoins egenskaper jämfört med andra former av pengar innebär att myndigheterna hamnar i ett underläge som gör att konfiskering blir mycket svårare.

En ytterligare fördel för bitcoinägare är möjligheten att, via den publika blockkedjan, verifiera att tredjepartsaktörer faktiskt förfogar över en tillräcklig mängd bitcoin. Under guldstandarden hade bankerna guldreserver som endast motsvarade en fraktion av den utestående valutan, vilket inte var tydligt för dess användare. Med bitcoin är det svårt för banker att komma undan med fraktionella reserver eftersom bokföringen kan granskas med kryptografisk säkerhet.

Mindre betalningar med bitcoin kommer i framtiden inte att ske via blockkedjan utan istället via ett lager-två-protokoll, vilket förklaras i avsnittet om skalning i kapitel 10. Bitcoin kan betraktas som en framväxande reservvaluta för elektroniska transaktioner. De nätverksbaserade motsvarigheterna till banker kommer antagligen ge ut en elektronisk valuta som backas av en motsvarande bitcoinreserv i förvar hos dessa institutioner. Användarna kan i realtid granska att bitcoinreserven verkligen motsvarar den utgivna valutan så att ingen inflation sker. Med valutor baserade på lager-två-protokoll kan ett oändligt antal transaktioner utföras elektroniskt, utan att begränsas av transaktionskostnader på blockkedjan.

Efter hand som bitcoins marknadsvärde ökar och dess transaktionsavgifter blir högre, börjar bitcoin mer och mer likna en reservvaluta, snarare än en valuta för dagliga affärer. Redan nu, när bitcoin fortfarande används av relativt få, sker majoriteten av alla bitcointransaktioner vid sidan om blockkedjan. Dessa transaktioner sker genom olika företag med handelsplattformar på nätet, som börser och kasinon. Företagen krediterar och debiterar bitcoin till sina kunder i interna databaser och gör endast avräkning mot den publika blockkedjan när kunderna sätter in eller tar ut sina medel.

Genom att vara en digital form av kontanter möjliggör bitcoin kontant betalning över stora avstånd. Betalningar på plats med små belopp kan å andra sidan göras på flera sätt: fysiska kontanter, byteshandel, kreditkort, checkar och så vidare. Många elektroniska alternativ för småskalig betalning finns redan, till låg kostnad. Det är inte troligt att bitcoin kommer konkurrera ut de befintliga lösningarna för betalningar med små belopp och korta avstånd. Bitcoins styrka är snarare stora betalningar med snabb slutavräkning, över nationella gränser och stora avstånd. Det är i jämförelse med hur sådana betalningar görs idag som bitcoins fördelar framstår tydligt. Det finns idag bara ett fåtal valutor som accepteras för internationella betalningar, nämligen den amerikanska dollarn, euro, guld och IMF:s särskilda dragningsrätter (SDR). Den stora majoriteten av internationella betalningar genomförs med någon av dessa valutor, och bara någon enstaka procent av betalningarna sker med någon av de övriga stora valutorna. Att skicka motsvarande några tusen dollar internationellt, med någon av dessa valutor, kostar tiotals dollar, tar flera dagar och granskas under lupp av finansiella institutioner. Den höga kostnaden beror framförallt på volatilitet i valutahandeln, komplexitet i avräkningen mellan institutioner i olika länder samt att flera lager mellanhänder är inblandade.

På de mindre än tio år som bitcoin funnits har en hög global likviditet uppnåtts, vilket möjliggör internationella betalningar med lägre avgifter än de befintliga nätverken. Detta innebär inte att bitcoin kommer att ersätta den befintliga marknaden för valutaöverföring, men visar på bitcoins potentiella likviditet internationellt. I dagsläget är volymen av internationella transaktioner, sett till antalet, så stor att dessa inte skulle rymmas på bitcoins blockkedja, och ju fler sådana transaktioner som görs med bitcoin, desto högre kommer transaktionskostnaderna bli. Detta innebär dock inte slutet för bitcoin, eftersom gränsen för dess användbarhet inte sätts av antalet individuella transaktioner.

Bitcoin är pengar fria från motpartsrisk, och nätverket medger slutavräkning av stora värden inom loppet av minuter. Bitcoin kan därför i första hand ses som ett alternativ till den slutavräkning som sker mellan centralbanker och stora finansiella institutioner. I detta avseende står sig bitcoin väl med sin verifierbara distribuerade databas, kryptografiska säkerhet och immunitet mot säkerhetsbrister hos tredje part. Att använda de stora nationella valutorna dollar och euro för avräkning innebär risk för fluktuationer i växlingskurser och kräver tillit till mellanhänder. Slutavräkning mellan centralbanker och stora finansiella institutioner tar flera dagar, ibland veckor. Under denna tid är båda parter exponerade mot väsentlig valuta- och motpartsrisk. Guld är det enda traditionella monetära medel som inte utgörs av en fordran på någon annan, och saknar därmed motpartsrisk, men att flytta guld är extremt dyrt och förenat med risk.

Eftersom bitcoin saknar motpartsrisk och inte är beroende av tredje part, är bitcoin på ett unikt sätt lämpad att spela samma roll som guld gjorde under guldstandarden. Bitcoin är en neutral form av pengar för ett internationellt system. Bitcoin är pengar som inte ger ett specifikt land en stor fördel genom att vara utgivare av en global reservvaluta. Bitcoin har inte heller nackdelen att vara kopplad till det ekonomiska läget i ett enskilt land, vilket ofta resulterar i svängningar i växlingskursen. Med bitcoin får man också slutlig avräkning utan att vara beroende av en enskild bank. Därmed kan ekonomiska aktörer samverka globalt med samma förutsättningar. Det skiljer sig från dagens centraliserade valutaordning. Bitcoinnätverket är baserat på en form av pengar vars utbud inte kan expanderas av en enskild bank. Det gör bitcoin till en attraktiv tillgång för att lagra värde. Det kan jämföras med nationella valutor, vars utbud kan ökas av centralbanker för att finansiera statsmakterna.

Bitcoins transaktionskapacitet är mycket större än vad nuvarande centralbanker skulle behöva, även om de avräknade sina balanser dagligen. Nätverkets nuvarande kapacitet på runt 350 000 transaktioner per dag kan låta varje bank i ett globalt nätverk av 850 banker utföra en daglig transaktion med varje annan bank i nätverket. (Antalet unika förbindelser i ett nätverk är n(n-1)/2, där n är antalet noder.)

Ett globalt nätverk av 850 centralbanker kan utföra en daglig slutavräkning med varandra över bitcoinnätverket. Om varje centralbank betjänar cirka 10 miljoner kunder skulle detta täcka hela jordens befolkning. Detta är ett räkneexempel som visar ett värsta-falls-scenario i vilket bitcoins kapacitet inte ökas på något sätt. Som vi ska diskutera i nästa kapitel finns det flera sätt att öka kapaciteten så att daglig avräkning kan ske mellan tusentals banker, och detta utan att ändra bitcoins arkitektur på ett icke bakåtkompatibelt sätt.

I en värld där inga statsmakter kan skapa fler bitcoin skulle dessa centralbanker uppbackade av bitcoin konkurrera fritt med varandra. De skulle erbjuda monetära instrument och lösningar för betalning som var kopplade till, och uppbackade av, deras bitcoinreserv. I en sådan värld skulle utlåning med fraktionella reserver vara en extremt riskabel verksamhet. Min uppfattning är att det endast är de banker vars finansiella instrument till 100 % är uppbackade av bitcoin som kommer överleva, men åsikterna bland ekonomer går isär i denna fråga och tiden får utvisa vem som har rätt. Dessa banker skulle själva avräkna betalningar mellan sina egna kunder, för att sedan utföra dagliga slutavräkningar sinsemellan på själva blockkedjan.

Även om detta till synes avviker från bitcoins ursprungliga vision, som innebar peer-to-peer, är detta inte en ny tanke. Hal Finney, som var mottagare av Nakamotos första bitcointransaktion, skrev så här på bitcoinforumet 2010:

> Det finns faktiskt goda skäl för att det ska finnas banker med bitcoinreserver. Dessa kan utge sin egen digitala valuta, inlösbar mot bitcoin. Bitcoin kan på egen hand inte skala på ett sådant sätt att varje finansiell transaktion i världen kan noteras på den publika blockkedjan. Det behövs ett andra lagrets betalsystem som är mer effektivt och lättviktigt. Dessutom tar det för lång tid för en bitcointransaktion att bekräftas, vilket är opraktiskt även för medelstora köp.
>
> Banker med bitcoinreserver löser detta problem. De kan fungera på samma sätt banker gjorde innan valutorna nationaliserades. Olika banker kan ha olika policys, vissa mer aggressiva och vissa mer konservativa. Vissa kanske har fraktionella reserver medan andra har bitcoinreserver som backar upp deras valuta till 100 %. Räntorna kan också variera mellan bankerna och deras respektive valutor kan vara olika värda.
>
> George Selgin har framfört en detaljerad teori som beskriver hur banker

konkurrerar med varandra på en fri marknad. Han hävdar att ett sådant system skulle innebära stabilitet, motverka inflation och vara självreglerande.

Jag tror att bitcoin i slutändan kommer att spela rollen som bankernas reservvaluta och göra det möjligt för dem att ge ut sina egna digitala valutor. De flesta bitcointransaktioner kommer att göras mellan banker, som slutavräkning. Att individer direkt gör bitcointransaktioner kommer att vara lika ovanligt som ... ja, som bitcointransaktioner är idag.[10]

Antalet transaktioner i en framtida bitcoinbaserad ekonomi kan vara lika stort som idag, men avräkningen av dessa kommer inte att ske på blockkedjan, vars egenskaper är för värdefulla för enskilda konsumentbetalningar. Oavsett vilka begränsningar som finns hos nuvarande betalningslösningar kommer de att ha stor nytta av införandet av fri marknadskonkurrens för banker och betalningar. Bankindustrin är navet i den moderna världens ekonomi, eftersom den kontrolleras av regeringar som själva kan skapa de pengar som driver industrin.

Om bitcoin fortsätter att öka i värde och används av allt fler finansiella institutioner kan bitcoin anta rollen som reservvaluta för en ny form av centralbank. Dessa centralbanker kan vara baserade i den digitala eller den fysiska världen. En intressant fråga är om de nationella centralbankerna också borde köpa bitcoin som en del av sina reserver. Dessa reserver utgörs idag huvudsakligen av dollar, euro, pund och IMF:s särskilda dragningsrätter samt guld. Reserverna används för avräkning mellan centralbanker och för att skydda marknadsvärdet av de lokala valutorna. Om bitcoins värdeökning fortsätter i framtiden är det troligt att centralbankerna kommer att följa detta med intresse.

Om bitcoins värde ökar kraftigt skulle centralbanker som äger bitcoin få ökad möjlighet att utöva sin penningpolitik. Det största skälet för centralbanker att äga bitcoin är dock som en form av försäkring mot ett scenario där bitcoin faktiskt lyckas bli en reservvaluta. Det kan vara klokt för en centralbank att spendera ett litet belopp och köpa bitcoin idag som försäk-

---

10 Finney, Hal.*Bitcoin Bank,* BitcoinTalk Forum. 30 dec. 2010, bitcointalk.org/index.php?topic=2500.msg34211#msg34211

ring i händelse att dess värde ökar kraftigt i framtiden. En centralbank utan bitcoin skulle hamna i ett ofördelaktigt läge om dess tillgångar i form av valutor och guld minskar dramatiskt i bitcointermer, om banken senare bestämmer sig för att köpa bitcoin.

Bitcoin anses fortfarande vara ett lite udda internetexperiment, men genom att överleva och öka i värde med tiden, så attraheras allt fler individer, investerare och institutioner samt på sikt kanske även centralbanker. Ett scenario där flera centralbanker börjar köpa bitcoin kan ses som en omvänd bankrusning på bitcoin. De första centralbankerna som köper bitcoin kommer väcka de andras intresse och få dem att också vilja köpa. Det kommer utlösa en våg av köp, vilket innebär att priset blir avsevärt högre för de centralbanker som köper vid ett senare tillfälle. Med detta scenario i åtanke skulle den centralbank få det bästa utfallet, som har möjligheten att köpa bitcoin utan att tillkännage detta och därmed hinna köpa mer till ett lägre pris före andra centralbanker.

Bitcoin kan också vara användbart för centralbanker som ålagts internationella sanktioner och restriktioner, eller som missgynnas av det dollarcentrerade globala monetära systemet. Möjligheten att anamma bitcoin kan vara en värdefull förhandlingsbricka för en sådan centralbank i internationella överläggningar.

Även om centralbanker än så länge avfärdat bitcoin kanske det inte låter sig göras på sikt. Fastän det är svårt för centralbankschefer att tro, är bitcoin en direkt konkurrent till deras verksamhet, som varit avskild från den fria marknaden det senaste århundradet. Bitcoin möjliggör för vem som helst att utföra globala betalningar med slutavräkning till en låg kostnad. Bitcoin ersätter dagens monetära politik, som styrs av människor på centralbanker, med digitala och förutsägbara algoritmer. Den rådande centralbanksmodellen slutar gradvis att fungera. Centralbankerna kan inte längre förhindra den fria marknaden genom ny lagstiftning. Den nya digitala konkurrenten kan inte tyglas genom regleringar i den fysiska världen. Om de nationella centralbankerna väljer att inte använda bitcoins snabba avräkning och sunda monetära egenskaper lämnar de fritt spelrum för nystartade digitala företag med lösningar för värdelagring och betalningar.

Ponera att den moderna världen är det antika Rom och dollarn är antikens aureus-mynt. Man lider av ekonomiska problem och en monetär kollaps är förestående. Satoshi Nakamoto är vår Konstantin, bitcoin är hans solidus och internet är vårt Konstantinopel. Bitcoin tjänar som en livbåt för individer som annars tvingas betala med, och spara i, pengar som ständigt devalveras av staten. Som vi sett är den verkliga fördelen med bitcoin dess egenskap som värdebevarare över tid och att dess användare kan göra transaktioner utan att be om lov eller vara beroende av någon bank. Bitcoins huvudsakliga användning under överskådlig framtid är en följd av dessa egenskaper snarare än dess möjlighet att erbjuda billiga eller allmänt accepterade betalningar.

Global beräkningsenhet

Den sista tillämpningen ligger längre fram i tiden, men är ändå intressant att diskutera nu, givet bitcoins unika egenskaper. Sedan guldstandarden upphörde har den globala handeln begränsats av variationen i växlingskurserna mellan olika länder och valutor. Detta har effektivt förstört möjligheten för indirekt utbyte, då ett globalt och allmänt accepterat bytesmedel saknats. Istället har handel av varor över gränser inneburit att köparen först tvingats införskaffa den valuta säljaren velat ha betalt i, innan nästa steg av handeln kunnat ta vid, nästan som vid byteshandel. Detta har kraftigt försvårat ekonomiska kalkyler för handel över gränser och lett till framväxten av en jättelik industri för valutaväxling. Denna industri producerar egentligen inget värde, men kan ses som smärtlindring för de fruktansvärda konsekvenserna av monetär nationalism.

Guldstandarden erbjöd en lösning på detta problem genom att guld var en gemensam form av pengar, oberoende av ett enskilt land eller en enskild myndighet, och därigenom kunde utgöra en global monetär standard. Priser kunde kalibreras mot guld och uttryckas i termer därav, vilket underlättade beräkningar vid handel över gränser. Svårigheten att lagra och transportera guld på ett säkert sätt innebar att dess hantering efter hand centraliserades till centralbanker, som i sin tur gjorde avräkningar sinsemellan. När hanteringen av guld centraliserats lockades statsmakterna att ersätta guld, i dess roll som betalmedel, med fiatpengar vars utbud de kunde kontrollera. I ett slag blev hårda och sunda pengar istället mjuka och osunda.

Det är fortfarande en öppen fråga huruvida bitcoin kan spela rollen som en global beräkningsenhet för handel och andra ekonomiska aktiviteter. För att detta ska kunna ske måste bitcoin anammas av väldigt många människor runt om i världen, mest troligt indirekt, genom dess roll som reservvaluta. Det är också nödvändigt att dess marknadsvärde efter hand stabiliseras, i takt med att den dagliga omsättningen som andel av det totala värdet minskar. I dagsläget utgör bitcoins värde ungefär 1 % av det totala penningvärdet i världen. Därför kan bitcoinpriset påverkas kraftigt av enskilda, stora, transaktioner. Även mindre variationer i efterfrågan kan ge stora svängningar i priset. Detta beror på att bitcoin i rollen som valuta och globalt nätverk för avräkning bara utgör en bråkdel av den totala penningmängden och antalet globala betalningar. Att köpa bitcoin idag kan anses vara en satsning på den snabba tillväxten i nätverket och valutan i form av värdebevarare. Eftersom nätverket fortfarande är relativt litet kan det förväntas växa flera gånger sin storlek och snabbt öka i värde. Om bitcoins andel av det globala penningvärdet, och de internationella transaktionerna växer, så att det utgör en majoritet av marknaden, stabiliseras efterfrågan av bitcoin, vilket innebär att även dess värde stabiliseras. I det hypotetiska fallet att bitcoin blir den enda formen av pengar i världen, finns inte längre något utrymme för kraftig tillväxt. Efterfrågan skulle endast utgöras av hur mycket likvida pengar som efterfrågas, och den spekulativa aspekten av att köpa bitcoin som vi ser idag skulle försvinna. I en sådan situation skulle värdet variera beroende på vilken nivå av tidspreferens världens befolkning har, där en ökad efterfrågan på att lagra värde i bitcoin endast ökar dess värde måttligt.

Att det saknas en enskild instans som kontrollerar bitcoins utbud bidrar i dagsläget till dess volatilitet, men avsaknaden av en sådan instans kommer troligen innebära att värdet blir mer stabilt i det långa loppet. Att bitcoins utbud är helt förutsägbart, i kombination med ett ständigt ökande antal användare, innebär på sikt att de dagliga fluktuationerna i efterfrågan kommer få en mindre påverkan på dess pris. Detta genom att aktörer på marknaden, via olika finansiella instrument, kan försäkra sig mot variationer i priset, vilket har en stabiliserande effekt.

Marknadsläget för bitcoin skulle likna det som rådde för guld under guldstandarden, vilket beskrevs i Jastrams studie i kapitel 5. Under de århundraden då guld användes som pengar, och dess nytillförsel var relativt konstant, var dess värde stabilt. Det gjorde guld perfekt som beräkningsenhet över avstånd och tid.

Men en viktig skillnad mellan guld och bitcoin är att det för guld finns en stor och väldigt elastisk efterfrågan i form av dess användning i industriella tillämpningar och smycken. De kemiska egenskaperna hos guld gör att det alltid efterfrågas i stor mängd, oavsett dess roll som monetärt medel. Om den monetära efterfrågan på guld minskar och priset till följd av detta sjunker, finns ändå ett nästintill omättligt industriellt behov av guld till dessa lägre priser. Dess egenskaper gör det till det bästa ämnet för användning i många tillämpningar, och andra ämnen används i dess ställe endast på grund av att guldpriset är högt. Även i ett scenario där alla centralbanker avyttrar sina guldreserver, är det troligt att efterfrågan från smyckestillverkning och industriella tillämpningar kan absorbera detta överskott med endast tillfälliga nedgångar i priset. Den låga halten av guld i jordskorpan innebär att guldpriset alltid kommer vara högt jämfört med andra material och metaller. Detta är orsaken till att guld varit den bästa formen av pengar genom tiderna, då dess värde varit relativt stabilt oavsett globala förändringar i dess monetära efterfrågan. Denna relativa stabilitet gjorde i sin tur guld till en attraktiv tillgång och säkerställde dess efterfrågan. Det förklarar varför centralbanker behåller sina guldreserver, flera decennier efter att deras valutor inte längre kan återlösas i guld. Om centralbankerna säljer sina guldreserver blir nettoeffekten endast att mycket mer guld används industriellt under några år, med liten prispåverkan. En sådan åtgärd skulle endast ge centralbanken ett tillskott av fiatvaluta den lika gärna kunnat trycka själv, men innebära en förlust av en tillgång som behåller sitt värde bättre än fiatvalutan.

Det finns en motsvarande icke-monetär efterfrågan på bitcoin: efterfrågan på bitcoin som behövs för själva driften av nätverket. Men till skillnad mot den industriella användning av guld som är helt oberoende av dess monetära efterfrågan, är användningen av bitcoin för att driva nätverket direkt kopplad till dess efterfrågan för lagring av värde. Man kan alltså inte på motsvarande sätt förvänta sig en prisutjämnande effekt från denna icke-monetära användning av bitcoin.

Å ena sidan är bitcoin, genom sitt strikt begränsade utbud, ett väldigt attraktivt alternativ för värdebevaring. Antalet människor som vill äga bitcoin ökar hela tiden, och de tolererar hög volatilitet eftersom den långsiktiga pristrenden pekat uppåt. Å andra sidan gör volatiliteten att bitcoin fortfarande inte kan anta rollen som beräkningsenhet. Detta kan förväntas vara fallet tills bitcoin har växt till flera gånger sin nuvarande storlek och andelen människor i världen som använder nätverket ökat dramatiskt.

Med tanke på att världens befolkning idag endast har levt i en värld med volatila fiatvalutor är det rimligt att anta att de som äger bitcoin idag är mer vana vid volatilitet än tidigare generationer var under guldstandarden. Bara de bästa fiatvalutorna har varit någorlunda stabila, åtminstone under kortare perioder, men långsiktigt har de alla tappat i värde. Guld har däremot behållit sitt värde långsiktigt men varit ganska instabilt under kortare perioder. Bitcoins avsaknad av stabilitet verkar inte hindra dess tillväxt, kanske på grund av att alternativen också är ganska instabila.

Det är svårt att förutsäga hur bitcoins monetära roll kommer att utvecklas i framtiden. Monetär status växer fram spontant som resultat av mänskliga handlingar snarare än genom att konstrueras på ett ritbord[11]. Individer handlar utifrån egenintresse, där tekniska förutsättningar och

---

11 Detta analyseras i mer detalj i Adam Fergusons, *An Essay on the History of Civil Society.* London, T. Cadell, 1782. Se även Vernon Smith, *Rationality in Economics.* New York, Cambridge University Press, 2008.

ekonomiska aspekter som tillgång och efterfrågan avgör resultatet av deras handlingar. Det ger individen incitament att anpassa sig eller uppfinna nya metoder och verktyg. En spontan monetär ordning växer fram genom komplexa interaktioner människor emellan. Detta kan inte åstadkommas genom akademiska debatter, rationell planering eller myndigheters beslut. Något som verkar vara en bättre teknologi för pengar i teorin, kanske inte fungerar alls i praktiken. Bitcoins volatilitet kanske får penningteoretiker att avfärda dess möjlighet att fungera som pengar, men deras teorier kan inte råda över den spontana ordning som växer fram på den fria marknaden som ett resultat av mänskliga handlingar. I sin roll som värdebevarare kan bitcoin fortsätta att attrahera mer sparkapital och därmed växa avsevärt jämfört med andra former av pengar tills bitcoin i slutändan blir förstahandsvalet för betalningar.

Om bitcoin lyckas uppnå viss värdestabilitet blir bitcoin överlägsen nationella valutor för avräkning av globala betalningar, eftersom nationella valutor fluktuerar i värde baserat på varje nations förutsättningar. Som internationell valuta vore bitcoin neutral och oberoende av penningpolitiken i olika länder, vilket var skälet till att guld spelade denna roll på ett så utmärkt sätt under guldstandarden. Bitcoin har en fördel jämfört med guld i denna roll, eftersom avräkning kan göras snabbt och transaktioners giltighet kan verifieras enkelt och nästintill gratis av vem som helst med en internetuppkoppling. Guld å andra sidan, tar längre tid att transportera och avräkning involverar förtroende för mellanhänder. Kanske kan guld behålla sin monetära roll för fysiska transaktioner person till person medan bitcoin används för internationell avräkning.

Kapitel 10

Frågor om Bitcoin

E fter att bitcoins grundläggande funktionalitet förklarats i kapitel 8 och dess viktigaste potentiella användningsområden diskuterats i kapitel 9, följer här några av de vanligaste frågeställningarna och missuppfattningarna kring hur bitcoin fungerar.

Är bitcoinmining slöseri?

Den som ansluter till bitcoins nätverk genererar en *publik adress* och en *privat nyckel*. Detta kan jämföras med en e-postadress och dess tillhörande lösenord; vem som helst kan skicka bitcoin till din publika adress medan din privata nyckel krävs för att kunna skicka bitcoin från din plånboks saldo. Din mottagningsadress kan också presenteras i form av en QR-kod.

När en transaktion utförs skickar avsändaren denna information till nätverket, vilket består av noder, som kan bekräfta att avsändaren har tillräckligt med bitcoin för att utföra transaktionen och att han inte redan har spenderat dessa coins i en annan transaktion. Den miner som skapar nästa block lägger till transaktionen i blocket och den skrivs därmed in i bitcoins liggare. Där kan nätverkets samtliga deltagare se och verifiera transaktionen, och de kan alla uppdatera saldot för de inblandade medlemmarna. Även om det är enkelt för samtliga medlemmar i nätverket att verifiera riktigheten i en transaktion, skulle ett system där varje deltagare får en röst kunna utnyttjas av en angripare genom att denne skapar en mängd noder för att rösta och på så sätt bekräfta falska transaktioner. Utan tillit till en tredje part kan problemet med dubbelspendering bara lösas genom att noggrant mäta hur mycket datorkraft respektive miner förbrukat, eller med andra ord, införa ett system för proof-of-work (PoW).

I huvudsak innebär proof-of-work att medlemmar i nätverket tävlar om att lösa matematiska problem, som är svåra att lösa men där lösningarna är lätta att kontrollera. Alla verifierade transaktioner som sker inom ett intervall av ungefär tio minuter grupperas i ett block. Bitcoinminers tävlar om att lösa det matematiska problemet för att få skapa ett block med transaktioner, och den första minern som kommer fram till rätt lösning sänder ut denna till de övriga medlemmarna i nätverket, som snabbt kan kontrollera att den stämmer. Därefter startar kampen om nästa block, och om föregående block godkänns kommer nästa block att läggas till efter det. Blockkedjan förlängs; det är så de tidigare transaktionerna verifieras.

När transaktionerna och lösningen på det matematiska problemet verifierats av en majoritet av nätverkets noder utfärdas en förutbestämd mängd bitcoin som belöning till den vinnande minern. Detta är känt som *blocksubsidy*, och själva processen för att skapa dessa nya bitcoin refereras numera till som *mining* eftersom detta är enda sättet att öka mängden bitcoin, på samma sätt som mängden guld bara kan ökas genom att utvinna det ur en gruva. Utöver blocksubsidyn får den vinnande minern också de *transaktionsavgifter* som inkluderas i blocket. Summan av transaktionsavgifterna och blocksubsidyn är en *blockreward*. På svenska kallas detta ofta blockbelöning.

Även om det vid en första anblick kan framstå som ett slöseri med elektricitet och datorkraft är mining via proof-of-work av största vikt för bitcoins funktion.[1] Eftersom det krävs stora mängder elektricitet och datorkraft för att skapa nya bitcoin är PoW hittills den enda metod som upptäckts för att göra produktionen av en digital vara tillräckligt kostsam för att kunna fungera som hårda pengar. Genom att säkerhetsställa att stora mängder elektricitet och datorkraft måste offras för att lösa de matematiska problemen som krävs för att utvinna nya block, får de miners som offrar resurserna mycket starka incitament att inte inkludera en felaktig transaktion i sitt block och därmed gå miste om sin blockreward. Eftersom det är mycket billigare att kontrollera giltigheten hos transaktioner och det nedlagda arbetet, än vad det är att faktiskt lösa det matematiska problemet kommer miners som försöker inkludera en felaktig transaktion i ett block inte få det godkänt av övriga nätverket och därmed inte heller erhålla någon blockreward för sin offrade datorkraft.

PoW gör kostnaden för att skapa ett block extremt hög och kostnaden för att verifiera dess riktighet extremt låg. Detta eliminerar i princip incitamenten att försöka skapa en felaktig transaktion, men om någon ändå försöker skulle de offra både elektricitet och datorkraft utan att få någon blockreward. På så sätt kan bitcoin betraktas som en teknologi som omvandlar elektricitet till pålitlig och verifierbar bokföring genom offrandet av datorkraft. De som offrar elektriciteten belönas med valutan bitcoin, och därför har de ett starkt incitament att bevara dess integritet. Som ett resultat av detta starka ekonomiska incitament för ärlighet har bitcoins liggare än så länge i praktiken varit förskonad från korruption och fusk, utan något exempel på en lyckad dubbelspenderingsattack eller ett i efterhand ändrat bitcoinblock. Integriteten hos bitcoins blockkedja uppnås helt utan att det krävs tillit till någon part. Genom att helt förlita sig på nätverkets samlade

---

1 Frågan om huruvida bitcoin slösar elektricitet är i grunden ett missförstånd av den fundamentalt subjektiva naturen hos värde. Elektricitet genereras världen runt i stor mängd för att tillgodose konsumenternas behov, och bedömningen av huruvida den slösats bort eller ej ligger endast hos konsumenten som har betalat för den. De som är villiga att betala för driften av bitcoinnätverket för sina transaktioner bekostar denna konsumtion av elektricitet, vilket innebär att den produceras för att tillfredsställa konsumenternas behov och därmed har den inte gått till spillo. Funktionellt sett är PoW hittills den enda metod människan uppfunnit för att skapa digitala, hårda pengar, och om det anses vara värt att betala för är elektriciteten inte bortslösad.

verifiering i konsensus sållas felaktiga transaktioner bort, vilket undanröjer behovet av tillit till någon part för att genomföra en transaktion.

För att inkludera en felaktig transaktion i bitcoins liggare skulle en angripare behöva få en majoritet av datorkraften bakom nätverket att acceptera hans bedrägeri. Ärliga noder i nätverket skulle inte ha några som helst incitament att agera så eller själva acceptera felaktiga transaktioner, eftersom detta skulle underminera nätverkets integritet, sänka värdet på deras ersättningar och därmed slösa bort de resurser de offrat. En angripares enda hopp vore att mobilisera så mycket datorkraft att det skulle motsvara mer än 50 % av nätverket för att bekräfta hans bedrägeri och fortsätta bygga på detta som om det vore giltigt. Ett sådant angrepp skulle kunna ha varit möjligt under bitcoins tidiga dagar, när den totala datorkraften bakom nätverket var mycket låg. Men eftersom det ekonomiska värdet i nätverket vid den tiden var litet eller nästintill obefintligt skedde inga sådana attacker. I takt med att nätverket fortsatte växa och fler medlemmar anslöt med mer datorkraft ökade också kostnaden för att attackera nätverket.

Den blockreward som delas ut till miners som bekräftar transaktioner har gjort det till ett lönsamt sätt att använda datorkraft. I januari 2017 motsvarade datorkraften bakom nätverket två biljoner laptops. Det är mer än två miljoner gånger mer datorkraft än världens största superdator, och mer än 200 000 gånger mer än de 500 största superdatorerna sammanlagt. Genom att omvandla datorkraft till pengar har bitcoin blivit världens största datornätverk som är specialiserat för en enskild uppgift.

En annan bidragande orsak till att datorkraften i nätverket ökar är att verifieringen av transaktioner och lösandet av PoW-problemen inte längre utförs av hemdatorer, utan av dedikerad hårdvara med processorer som specialkonstruerats för att vara extremt effektiva på att köra bitcoins programvara. Dessa "Application Specific Integrated Circuits" (ASIC) introducerades år 2012 och har gjort nätverket mer energieffektivt, eftersom ingen elektricitet slösas bort på andra oviktiga beräkningar som en vanlig dator som inte konstruerats för bitcoin skulle ägna sig åt. Ett globalt distribuerat nätverk av självständiga miners som är optimerade för uppgiften skyddar nu integriteten hos bitcoins liggare. Dessa miners kan inte användas för något annat syfte än att verifiera transaktioner och lösa proof-of-work. Om bitcoin av någon anledning fallerar skulle alla dessa maskiner bli värdelösa och ägarnas investeringar skulle gå förlorade. De har alltså starka incitament att upprätthålla nätverkets ärlighet.

Om någon vill förändra nätverkets register skulle de behöva investera hundratals miljoner, om inte miljarder, dollar för att köpa ny hårdvara som kan utvinna bitcoin. Om en angripare skulle lyckas med sin attack och ändra i blockkedjan är det högst osannolikt att han ekonomiskt skulle tjäna något på det. Eftersom nätverkets integritet äventyras skulle bitcoins värde minska till nära noll. Med andra ord: För att förstöra bitcoin måste en angripare spendera extremt stora summor pengar utan att få någon som helst avkastning. Faktum är att även om en sådan attack lyckades skulle nätverkets ärliga noder kunna gå tillbaka till en punkt i registret före attacken och återuppta driften därifrån. Angriparen skulle alltså vara tvungen att ådra sig betydande driftskostnader för att fortsätta attackera konsensus hos de ärliga noderna.

Under bitcoins tidiga år drev användarna noder och använde dem för att genomföra sina egna transaktioner och för att verifiera andra användares transaktioner, vilket innebar att varje nod var både en plånbok och en miner, men med tiden har dessa funktioner separerats. ASIC-chip och miningdatorer är nu specialiserade på att endast verifiera transaktioner för att få belöningar i form av nya bitcoin, vilket också är anledningen till att de kallas miners. Nod-operatörer kan nu generera ett obegränsat antal adresser, vilket ger företag möjligheten att erbjuda plånböcker åt användare som nu på ett enkelt sätt kan skicka och ta emot bitcoin utan att själva behöva driva en egen nod eller offra datorkraft för att verifiera transaktioner. Detta innebär att bitcoin inte längre är ett rent peer-to-peer-nätverk mellan identiska noder, men den huvudsakliga funktionen med ett decentraliserat och distribuerat nätverk är utan tvekan intakt då det fortfarande existerar en stor mängd noder och ingen tillit behövs för att nätverket ska fungera. Vidare har specialiseringen på mining tillåtit datorkraften som backar upp nätverket att växa till den enorma storlek den har idag.

Under de första åren, när bitcoin som valuta hade ett litet eller obefintligt värde, är det tänkbart att nätverket hade kunnat tas över och förstöras av en angripare, men eftersom nätverket hade ett så litet ekonomiskt värde verkar ingen ha brytt sig om att försöka. I takt med att det ekonomiska värdet som förvarades i nätverket blev större ökade också incitamenten för en attack, men kostnaden för ett angrepp ökade så mycket mer, vilket resulterat i att inga attacker ägt rum. Kanske ligger det riktiga skyddet av nätverket i det faktum att värdet på valutan är helt beroende av nätverkets integritet. En lyckad attack där en angripare kan göra förändringar i blockkedjan, stjäla coins eller dubbelspendera skulle vara av litet värde för angriparen, eftersom det skulle bli uppenbart för alla medlemmar att nätverket inte är säkert. Detta skulle i sin tur minska viljan att använda nätverket och dess valuta, vilket skulle få priset att rasa. Med andra ord ligger nätverkets säkerhet inte bara i att det är extremt dyrt att attackera, utan också i det faktum att en lyckad attack även skulle göra angriparens byte värdelöst. Då bitcoins nätverk helt och hållet bygger på frivillighet kan det bara fungera om det hålls ärligt, eftersom användare annars lätt kan lämna nätverket.

Fördelningen av datorkraft och den stora motståndskraften mot förändringar i koden, kombinerat med den fasta och absoluta policyn kring antalet bitcoin som någonsin kommer kunna skapas är vad som tillåtit bitcoin att överleva och öka i värde till dagens nivåer. Det är svårt för nya användare att inse hur många utmaningar vad gäller såväl logistik som säkerhet bitcoin har fått uthärda genom åren för att nå fram dit vi är idag. Med tanke på att internet har gett angripare möjligheten att attackera alla möjliga sorters nätverk och webbsidor för nöjes skull, men också för att tjäna pengar, är denna prestation ännu mer imponerande. Antalet intrång i datornätverk och e-postservrar som sker runt om i världen ökar för varje dag och rör oftast system där angriparens byte inte är mer än data eller möjligheten att göra politiska poänger. Bitcoins nätverk innehåller å andra sidan miljarder dollar i värde, men fortsätter ändå att fungera säkert och tillförlitligt eftersom det från första början är konstruerat för att verka i en mycket fientlig miljö med ständig risk för attacker. Programmerare och angripare från hela världen har försökt slita nätverket i stycken genom att använda alla tänkbara tekniker, och ändå fortsätter det att fungera exakt som det är tänkt att göra.

Utom kontroll: Därför kan ingen förändra bitcoin

Bitcoins natur är av sådant slag, att när version 0.1 väl släpptes var dess grunder huggna i sten för resten av dess livstid.

—*Satoshi Nakamoto, 17/6/2010*[2]

Bitcoins motståndskraft har hittills inte bara varit begränsad till att framgångsrikt motstå attacker; nätverket har också lyckats motstå alla försök till förändring av bitcoin och dess egenskaper. De flesta skeptiker har inte till fullo förstått innebörden av detta. Om bitcoin skulle jämföras med en centralbank hade det varit världens mest fristående centralbank. Om det skulle jämföras med en nationalstat hade det varit den mest suveräna nationalstaten i världen. Bitcoins suveränitet och konsensusregler gör det extremt motståndskraftigt mot förändringar utförda av individer och organisationer. Det är ingen överdrift att påstå att ingen kontrollerar bitcoin och att det enda val vi har är att antingen använda eller inte använda nätverket.

Detta motstånd mot förändring är inte en funktion i bitcoins mjukvara och kod, vilken är lätt att göra ändringar i för den som har kunskaper om kodning, utan är snarare grundat i valutans och nätverkets ekonomi och bygger på svårigheten att få samtliga medlemmar i nätverket att anta samma förändringar av mjukvaran och enas kring nya regler.

Mjukvaran som gör det möjligt för en individ att själv driva och ansluta en nod till bitcoinnätverket är allmänt tillgänglig i form av öppen källkod som från början skrevs av Satoshi Nakamoto, i samarbete med den numera avlidne Hal Finney och en grupp andra programmerare. Sedan dess har vem som helst kunnat ladda ner mjukvaran, använda den som han eller hon

---

2 Nakamoto, Satoshi, *Bitcoin Talk Forum*

önskat och göra ändringar i den. Detta skapar en fri och konkurrensutsatt marknad för implementationer, och vem som helst kan föreslå förändringar eller förbättringar av mjukvaran och presentera dessa för användarna, i hopp om att de ska acceptera och tillämpa ändringarna.

Med tiden har hundratals programmerare från hela världen slutit upp och jobbat ideellt för att förbättra nodernas mjukvara och därmed också förbättrat kapaciteten hos de individuella noderna. De har skapat flera olika implementationer, varav den största och mest populära är känd som "Bitcoin Core". Det finns flera andra implementationer och det är fritt fram för användarna att ändra källkoden om de vill. Det enda kravet som ställs för att en nod ska få vara en del av nätverket är att den följer de överenskomna reglerna. En nod som bryter mot konsensusreglerna genom att göra ändringar i kedjans struktur, transaktioners giltighet, blockrewarden eller någon annan av protokollets parametrar kommer få sina transaktioner avvisade av övriga noder.

Processen som definierar bitcoins parametrar är ett exempel på vad den skotska filosofen Adam Ferguson kallar "resultatet av mänskligt handlande, och inte av mänsklig design."[3] Även om Satoshi Nakamoto och Hal Finney med flera hade lagt grunden av mjukvaran i januari år 2009 har koden utvecklats och förbättrats betydligt sedan dess, genom att användare och programmerare bidragit med förslag och förändringar. Förslag som tusentals användare med egna noder också valt att använda och implementera i sina noder.

Det finns ingen central myndighet som bestämmer hur bitcoins mjukvara ska utvecklas, och ingen enskild programmerare kan bestämma vad som ska hända. Det har visat sig att nyckeln till att få en förändring accepterad är att hålla sig till parametrarna i den ursprungliga designen. I den mån förändringar har gjorts i programvaran har dessa främst varit förbättringar av hur de individuella noderna interagerar med nätverket, och inte förändringar av själva nätverket eller dess konsensusregler. Då det är utanför bokens tänkta område att beskriva dessa parametrar räcker det med att

---

3 Ferguson, Adam. *An Essay on the History of Civil Society.* London, T. Cadell, 1782.

konstatera följande: Om en nod implementerar en förändring som ställer den utanför konsensus med de andra noderna, måste alla andra noder också uppdateras till att acceptera ändringen för att den initierande noden ska finnas kvar i nätverket. Om bara en del av noderna i nätverket väljer att acceptera ändringen uppstår en så kallad *hard fork*, vilken beskrivs i korthet senare i detta kapitel och innebär en slags uppdelning av blockkedjan.

Inte ens de frivilliga programmerarna och bitcoinutvecklarna kan ta kontrollen över bitcoin. Enda sättet att få igenom en förändring i nätverket är att göra en så bra uppdatering eller funktion att alla nod-operatörer frivilligt väljer att uppgradera sin mjukvara. Inte heller alla miners med sin dyra utrustning kan styra eller kontrollera bitcoin. Det spelar ingen roll hur mycket datorkraft miners använder för att medvetet ändra eller förstöra något. En majoritet av noderna måste validera det, annars händer inget. Om en miner försöker ändra regelverket kommer blocken den producerar helt enkelt ignoreras av de medlemmar som äger noderna och validerar transaktionerna. En oärlig miner skulle alltså slösa bort resurserna som går åt för att lösa de matematiska problemen utan att få någon belöning. Miners är bara bitcoinminers i den mening att de skapar block med giltiga transaktioner enligt de överenskomna reglerna som accepteras av nätverkets konsensus.

Här vore det lockande att säga att nod-operatörerna kontrollerar bitcoin, och det är möjligen sant på ett abstrakt kollektivt sätt. Men det är snarare så att nod-operatörer bara kan kontrollera sina egna noder och bestämma vilka nätverksregler de själva vill följa och vilka transaktioner de anser vara korrekta eller felaktiga. Noderna har dock kraftigt begränsade möjligheter att välja vilka regler de vill följa, eftersom deras transaktioner kommer avvisas om de väljer att följa regler som det inte råder konsensus om med övriga noder. Varje nod har ett starkt incitament att bevara konsensus om nätverkets regler och fortsätta vara kompatibel med övriga noder. En individuell nod har ingen möjlighet att tvinga andra noder att ändra sin kod, vilket skapar en stark kollektiv vilja att bevara det rådande regelverket.

Sammanfattningsvis har bitcoinutvecklarna starka incitament att följa konsensusreglerna om de vill få sin kod accepterad av nätverket. Miners måste följa reglerna för att kunna ta del av blockrewarden när de spenderat datorkraft och energi på att lösa proof-of-work. Alla medlemmar i nätverket har starka incitament att hålla sig till de överenskomna reglerna för att kunna genomföra transaktioner på bitcoins nätverk. Ingen aktör inom bitcoins nätverk är oersättlig. Bitcoin står inte och faller med en specifik programmerare, miner eller nod-operatör. Om de inte följer regelverket är den mest sannolika utkomsten att de bara slösat bort sina resurser. Så länge miners får sin blockreward för utfört arbete kommer nya medlemmar sannolikt ersätta de som väljer att inte följa reglerna. Alla aktörer inom bitcoinnätverket är överens om rådande konsensus och kan således anses vara helt självständiga. I den mån bitcoin fortsätter existera kommer det alltid vara i enlighet med dessa parametrar och specifikationer. Det är tack vare denna mycket starka status quo som förändringar i utgivningstakten av nya bitcoin, eller av andra ekonomiska parametrar, är extremt svåra att genomföra. Bitcoins regler är fasta och accepterade av nätverkets deltagare. Det är bara på grund av denna stabila jämvikt som bitcoin kan anses vara hårda pengar. Om bitcoin skulle avvika från dessa konsensusregler skulle hela dess värdeproposition som hårda pengar falla.

Såvitt den här författaren vet har det aldrig gjorts några samordnade försök av betydelse att förändra bitcoins monetära policy, kring vilken det råder fullständig konsensus.[4] De försök som gjorts att ändra andra enklare tekniska specifikationer i koden har än så länge misslyckats. Att även till synes ofarliga ändringar i protokollet är extremt svåra att genomföra beror på nätverkets distribuerade natur. Många olika och motstridiga parter måste enas om det ska kunna ske förändringar. Eventuella förändringar och dess påverkan är svåra att greppa och se konsekvenserna av, medan det välbeprövade och stabila nätverket är pålitligt och alla involverade vet hur det fungerar. Bitcoins status quo kan ses som en stabil Schelling-

---

4 Efter den första halveringen av blocksubsidyn 2012 försökte en del miners fortsätta skapa block med 50 bitcoin som belöning. Dessa försök tillintetgjordes omgående, eftersom noder avvisade dessa block och tvingade dem att gå tillbaks till den ursprungliga inflationsplanen.

punkt,[5] vilken ger ett användbart incitament för alla parter att förhålla sig till, medan det alltid kommer innebära en potentiell förlust att inte följa nätverkets konsensus.

Om en grupp medlemmar i nätverket bestämmer sig för att ändra en parameter i bitcoins kod genom att introducera en ny version av mjukvaran, som inte är kompatibel med övriga medlemmars mjukvara, blir resultatet en så kallad *fork*. Detta innebär i praktiken att det bildas två separata valutor och nätverk. Blockkedjan delas alltså upp i två. Så länge medlemmar stannar på det gamla nätverket drar de nytta av den befintliga infrastrukturen, miningutrustningen, nätverkseffekten och varumärket. För att det nya nätverket ska lyckas skulle en överväldigande majoritet av användare, miningkraft och all annan relaterad infrastruktur behöva migrera till den nya blockkedjan samtidigt.

Såvida inte en överväldigande majoritet byter till den nya blockkedjan är det troligaste utfallet att dessa två varianter av bitcoin kommer handlas mot varandra. Om personerna bakom forken vill att deras nya variant ska lyckas måste de sälja alla sina gamla coins sedan innan forken skapades och hoppas att alla andra gör detsamma. På så sätt skulle priset på den gamla varianten rasa och priset på den nya stiga, vilket i sin tur skulle driva all miningkraft till det nya nätverket. Men eftersom en förändring av någon parameter i blockkedjan förmodligen skulle innebära fördelar för vissa medlemmar på bekostnad av andra är det osannolikt att konsensus skulle skifta till förmån för den nya varianten. En majoritet av alla bitcoinägare tilltalas av det faktum att ingen tredjepart kan styra eller kontrollera bitcoin tack vare dess decentraliserade natur. Därför är det osannolikt att de som förstår kraften i bitcoins egenskaper skulle acceptera att dess kod ändras. Huruvida en sådan majoritet av ägare finns eller ej är en omtvistad fråga. Det viktiga är att tillräckligt många av dem accepterar och använder bitcoins

---

5 En Schelling-punkt är en strategi som individer använder sig av när de inte kan kommunicera med andra, eftersom den verkar rimlig och de utgår från att andra kommer använda samma strategi. Givet att det inte finns något sätt att ens uppskatta hur många andra noder det finns, blir Schelling-punkten för varje individuell nod-operatör att hålla sig till det överenskomna regelverket och undvika att gå över till ett annat regelverk.

nuvarande regelverk och följer de konsensusregler som råder, om inte driften av någon anledning äventyras.

Om man utgår från att det inte finns några katastrofala brister i den nuvarande designen kan man vara säker på att en betydande andel av noderna och alla miners väljer att hålla fast vid den gamla implementationen, vilket per automatik också blir det säkraste valet framför att stödja en fork. Problemet du ställs inför om du bestämmer dig för att stödja den nya kedjan är att du måste sälja alla dina bitcoin på den gamla kedjan. Ingen vill riskera att sälja sina bitcoin från det gamla nätverket och flytta över till det nya bara för att inse att de flesta valde att stanna kvar på den gamla kedjan – vilket skulle få värdet på den nya valutan att kollapsa. Sammanfattningsvis kan ingen övergång till en ny implementation med konsensusregler ske om inte den stora majoriteten är villig att flytta tillsammans. Varje övergång till en fork som sker utan att den stora majoriteten följer med kommer sannolikt sluta i en ekonomisk katastrof för alla inblandade. Ett eventuellt skifte till en ny blockkedja skulle troligen ge initiativtagarna till forken en betydande makt över bitcoins framtid. Merparten av ägarna till valutan bitcoin motsätter sig med stor sannolikhet en sådan övergång. De tenderar nämligen att ha en stark ideologisk övertygelse att inte låta en enskild grupp ha stort inflytande över nätverket. Att en sådan grupp finns gör det riskabelt för alla andra att stödja en fork.

Den här analysen kan kanske vara till hjälp för att förklara varför bitcoin varit så motståndskraftigt mot betydande förändringar så här långt. Att försöka organisera en gemensam övergång till en ny version av bitcoin kommer förmodligen innebära stora samordningsproblem, då många bitcoinägare har stora egenintressen och en stark tro på bitcoins oföränderlighet. Sammantaget talar därför mycket för att användarna inte i första hand skulle välja att gå över till den nya forken med alternativ implementation.

Exempelvis skulle en förändring i utgivningstakten av nya bitcoin vara av intresse för miners, men skulle knappast tilltala majoriteten av bitcoinägarna, varför de sannolikt inte skulle gå med på ett sådant förslag. På samma sätt skulle en ökning av blockstorleken förmodligen vara till fördel för miners, eftersom de skulle kunna inkludera fler transaktioner i varje block och möjligen öka sin förtjänst i form av fler transaktionsavgifter. Detta skulle antagligen inte tilltala de som långsiktigt håller bitcoin, eftersom större block innebär mycket större blockkedja. I förlängningen skulle det bli dyrare att driva en fullnod, vilket i sin tur skulle innebära en minskning av antalet noder i nätverket, som därmed blir mer centraliserat och mer sårbart för attacker. Programmerarna som utvecklar mjukvara för noder kan inte tvinga någon att anta deras ändringar, de kan bara föreslå en kod, och användarna väljer fritt vilken kod och version de vill använda. Det är mycket större chans att en kod som är kompatibel med befintlig implementation blir nedladdad än en kod som inte är kompatibel. Den senare skulle bara kunna bli framgångsrik om en överväldigande majoritet av nätverket också valde att använda den.

Som ett resultat uppvisar bitcoin en extremt stark strävan efter status quo. Bara små, okontroversiella ändringar i koden har gjorts hittills, och alla försök till större förändringar har misslyckats. Detta till stor förtjusning hos de som håller bitcoin långsiktigt och uppskattar bitcoins motståndskraft mot förändring. De mest framträdande försöken till förändring har syftat till att öka blockstorleken och därmed antalet transaktioner. Det finns flera projekt som samlat några av de mer kända och tidiga bitcoininvesterarna och satsat stort på att skapa uppmärksamhet för bitcoin. Gavin Andresen, som var ett av de mer kända ansiktena inom bitcoin, har tillsammans med många intressenter, varav en del duktiga programmerare och kapitalstarka entreprenörer, flera gånger propagerat hårt för att införa större block.

I juni 2015 föreslog Andresen och en utvecklare vid namn Mike Hern bitcoin XT, med målet att öka blockstorleken från 1 MB till 8 MB. En majoritet av noderna vägrade dock att uppdatera sin mjukvara och valde att hålla fast vid block på 1 MB. Hern anställdes sedan av ett "blockchainkonsortium av finansiella institut" för att introducera "blockchain" på finansmarknaden. Han publicerade ett blogginlägg ihop med en artikel från *New York Times*, där han hyllades som en frälsare som desperat försökte rädda bitcoin som nu var dömt att misslyckas. Han proklamerade att detta var "slutet för bitcoinexperimentet" och hänvisade till att bristen på tillväxt i transaktionskapaciteten var en dödsdom för bitcoin och att han nu sålt alla sina bitcoin. Priset för en bitcoin den dagen var ungefär 350 dollar. Under de kommande två åren ökade priset mer än 40 gånger, medan det "blockchainkonsortium" han blev en del av fortfarande inte har producerat något överhuvudtaget.

Detta avskräckte dock inte Gavin Andresen, som genast föreslog ett nytt försök till fork av bitcoin under namnet "bitcoin classic", vilket skulle ha ökat blockstorleken till 8 MB. Inte heller detta försök rönte någon framgång, och i mars 2016 började antalet noder som stödde projektet tyna bort. Ändå startades ett nytt projekt under 2017. Den här gången var det en grupp supportrar under namnet "bitcoin unlimited", bestående av bland annat den största tillverkaren av datorchip ämnade för bitcoinmining samt förmögna individer som dels kontrollerade domänen bitcoin.com och som dessutom hade spenderat enorma summor på att förespråka större block. Detta ledde till en ljudlig rapportering i media, och för alla som mest följde nyheter om bitcoin i traditionella och sociala medier var känslan av kris högst påtaglig. I verkligheten gjordes dock inget försök till fork, eftersom majoriteten av noderna fortsatte köra de implementationer som var kompatibla med block på 1 MB.

Slutligen, i augusti 2017, föreslog en grupp programmerare, inklusive många av de tidigare förespråkarna av ökad blockstorlek, en ny fork under namnet "bitcoin cash". Det öde som mötte bitcoin cash är ett lysande exempel på vad som händer med en fork som saknar stöd hos majoriteten. Eftersom de flesta valde att stanna på originalkedjan och då den ekonomiska infrastrukturen på olika börser och företag som stödjer bitcoin fokuserar på originalet, har värdet på det ursprungliga bitcoin legat betydligt högre än för bitcoin cash. Priset på bitcoin cash har fortsatt minska tills det i november 2017 nådde en lägstanivå motsvarande 5 % av bitcoins värde. Inte bara har kedjan misslyckats med att öka i värde, den är också tyngd av en rad tekniska problem som gör den i princip oanvändbar. Eftersom den nya kedjan använder samma hash-algoritm som bitcoin kan miners använda sin datorkraft på båda kedjorna och få belöning från båda. Men eftersom bitcoins coins är mycket mer värdefulla förblir datorkraften bakom bitcoin mycket högre än den bakom bitcoin cash, och bitcoinminers kan välja att byta till bitcoin cash om belöningen blir hög. Detta skapar ett besvärligt dilemma för bitcoin cash: Om mining-svårigheten blir för hög kommer det ta lång tid att skapa nästa block och därmed lång tid för transaktioner att genomföras. Men om svårigheten är för låg kommer miningen av valutan att gå alldeles för snabbt. På så vis skulle mängden valuta öka snabbare på bitcoin cashs kedja och belöningen i form av nyskapade mynt skulle snabbt ta slut. Därmed försvinner incitamentet för framtida miners att lägga sina resurser på den kedjan. Detta kommer troligen leda till ytterligare en hard fork, där tillväxten i utbudet justeras för att miners ska kunna fortsätta belönas. Det här problemet är unikt för de kedjor som brutit sig loss från bitcoin, och har aldrig varit ett problem för bitcoin självt. Den övervägande datorkraften har alltid använts till mining av bitcoin, och i takt med att användare startat upp fler maskiner för mining har kraften ökat undan för undan. En valuta som bryter sig loss från bitcoin löper dock alltid en risk i och med sitt lägre värde och lägre svårighet, eftersom miningen av den skulle kunna gå alldeles för snabbt tack vare den enorma datorkraft som finns på den mer värdefulla kedjan.

Efter att detta försök att störta bitcoin från tronen misslyckats gjordes ännu ett försök där nystartade företag inom bitcoin förhandlade om att försöka dubblera blockstorleken. Försöket avbröts i mitten av november efter att dess förespråkare insett att de troligen aldrig skulle nå stöd för sitt förslag och att de istället förmodligen skulle skapa ännu en ny valuta och ett nytt nätverk. Erfarna bitcoinanvändare har lärt sig att ignorera sådana idéer. De har insett att oavsett hur mycket hype som skapas kring ett projekt kommer alla försök att ändra bitcoins konsensusregler bara sluta med att ännu en ny kryptovaluta skapas som försöker efterapa bitcoin, likt alla de altcoins som kopierat bitcoins egenskaper men utelämnat den enda av betydelse: oföränderligheten. Från ovanstående diskussion bör det vara klarlagt att bitcoins övertag inte beror på att det är snabbt, bekvämt eller användarvänligt. Nej, bitcoins värde härrör från dess oföränderliga penningpolitik, just av den anledningen att ingen lätt kan ändra på den. Alla kryptovalutor som skapats genom att en grupp individer gjort ändringar i bitcoins specifikationer har förlorat den enda egenskap som gjort bitcoin värdefullt från första början.

Bitcoin är enkelt att använda, men praktiskt taget omöjligt att förändra. Bitcoin bygger på frivillighet och det finns ingen som måste använda det. Den som vill använda bitcoin har dock inget annat val än att följa reglerna. Det är knappast möjligt att förändra bitcoin på något avgörande vis, och om någon ändå försöker kommer detta bara resultera i ännu en meningslös kopia likt de tusentals andra som redan finns där ute. Bitcoin ska ses för vad det är, accepteras på dess egna villkor och användas för vad det har att erbjuda. I alla praktiska avseenden är bitcoin helt självständigt. Det följer sina egna regler och det finns ingen utomstående som kan ändra dem. Det kan hjälpa att se på dessa parametrar på samma sätt som vi ser på jordens rotation, solen, månen eller stjärnorna. Krafter bortom vår kontroll som ska upplevas, inte förändras.

Antifragilitet

Bitcoin är ett förkroppsligande av idén *antifragilitet*, vilket innebär att något tjänar på motgångar och kaos. Bitcoin är inte bara motståndskraftigt mot attacker, utan kan anses vara antifragilt både på ett teknisk men också ekonomiskt plan. Även om alla försök att förgöra bitcoin hittills har misslyckats, har många av dem gjort nätverket starkare eftersom de hjälpt programmerare att identifiera svagheter och kunnat åtgärda dem. Vidare är varje avvärjd attack mot nätverket en fjäder i hatten för bitcoin. Det är ytterligare ett bevis för dess säkerhet och en signal till användarna att systemet är pålitligt.

Ett globalt team av frivilliga mjukvaruutvecklare, granskare och hackare har antagit ett professionellt, ekonomiskt och intellektuellt intresse av att förbättra bitcoins kod och stärka nätverket. Svagheter som upptäcks i koden kommer uppmärksammas av några av dessa kodare. Deras förslag på lösningar kommer debatteras och testas innan de slutligen föreslås för nätverkets medlemmar. Hittills har de enda ändringar som genomförts varit på en operativ nivå som har gjort nätverket mer effektivt. Inga ändringar som påverkat bitcoin i grunden har införts. Dessa kodare äger förmodligen bitcoin själva och har därmed ett ekonomiskt intresse av att bitcoin växer och blir framgångsrikt. Då bitcoin fortsätter öka i värde belönas kodarna ekonomiskt och kan ägna ännu mer tid och energi åt att underhålla bitcoin. Några av de mer framträdande utvecklarna som jobbar med att underhålla bitcoin har blivit så pass förmögna av sina investeringar i valutan att de kan ha det som sin huvudsakliga sysselsättning utan att få betalt från någon.

Vad gäller omnämningar i media kan i bitcoins fall uttrycket "all reklam är bra reklam" vara passande. I form av en ny teknologi som är svår att förstå sig på har bitcoin alltid fått utstå felaktig och direkt fientlig kritik i media, på samma sätt som många andra teknologier. Webbsidan 99bitcoins.com[6] har samlat mer än 200 exempel på framträdande artiklar som proklamerat bitcoins död genom åren. Somliga av dess författare har ansett att bitcoin strider mot deras världsbild – ofta vanligtvis relaterad till statens teorier om pengar eller en keynesiansk tro på vikten av en elasticitet i utbudet av pengar – och helt enkelt vägrat överväga att de kanske har fel. Därav har de dragit slutsatsen att det är bitcoin och dess existens som är fel och därmed förutspått att bitcoin snart kommer dö.

Andra har varit mycket övertygade om att bitcoin måste förändras för att kunna överleva, och när de misslyckats med att driva igenom sina önskade förändringar har de dragit slutsatsen att bitcoin måste dö. Dessa artiklar har bara gjort fler uppmärksamma på bitcoins existens. Ju fler gånger bitcoin dödförklarats, desto mer har dess datorkraft, transaktioner och marknads-värde ökat. Många bitcoinägare, den här författaren inkluderad, började inse bitcoins värde genom att notera hur många gånger det dödförklarats men ändå fortsatt att fungera som vanligt. Dödförklaringarna hade ingen makt att stoppa bitcoin, utan verkar bara ha ökat publiciteten och väckt allmänhetens intresse, då nätverket uppenbarligen jobbar på som vanligt,

---

6 99bitcoins.com/bitcoin-obituaries/

trots all fientlig och negativ press.

Ett lysande exempel på bitcoins antifragilitet kom under hösten 2013, när FBI arresterade den påstådda ägaren av webbsidan Silk Road. Silk Road var en, på riktigt, fri marknad på nätet som tillät sina användare att köpa och sälja precis vad de ville, inklusive olagliga droger. Då bitcoin vid den tiden mest associerades med köp av droger och andra brott förutspådde de flesta analytiker att nedstängningen av webbsidan skulle eliminera bitcoins användningsområde. Samma dag gick priset ner från ungefär 120 dollar till runt 100 dollar, men återhämtade sig fort och började istället öka i snabb takt. På bara ett par månader nåddes ett pris om 1 200 dollar per bitcoin. När detta skrivs har priset på en bitcoin aldrig sjunkit till de nivåer som var innan Silk Road stängdes ner. Genom att överleva nedstängningen av webbsidan visade bitcoin att det är så mycket mer än en valuta för kriminella, och i processen tjänade nätverket på mediernas rapportering om fallet.

Ett annat exempel är från september år 2017, då Kinas regering kungjorde att alla kinesiska börser som handlade med bitcoin skulle stängas. Även om den initiala reaktionen var panik och priset sjönk med ungefär 40% handlade det bara om timmar innan priset började återhämtas, och inom ett par månader hade priset mer än dubblats från nivåerna före förbudet. Trots att ett förbud för börser att handla med bitcoin skulle kunna ses som ett hinder i anammandet av bitcoin, eftersom dess likviditet då minskar, verkar det i det här fallet bara ha stärkt bitcoins värdeproposition. Fler transaktioner i Kina började ske utanför börserna, och antalet användare på webbsidor som localbitcoins.com fullkomligt exploderade. Det kan helt enkelt ha varit så att förbudet mot att handla med bitcoin i Kina hade helt motsatt effekt mot vad som var tänkt, eftersom det fick kinesiska användare att hålla fast vid sina bitcoins långsiktigt istället för att spekulera kortsiktigt.

Kan bitcoin skala?

När detta skrivs är en av de mest uppmärksammade debatterna den kring bitcoins möjligheter att skala, eller att öka mängden möjliga transaktioner. Bitcoins block har storleken 1 MB, vilket innebär att det är möjligt att genomföra strax under 500 000 transaktioner per dag. Bitcoin har redan nått detta antal dagliga transaktioner, vilket innebär att transaktionsavgifterna har ökat betydligt under de senaste månaderna. Införandet av en teknologi som kallas SegWit skulle kunna resultera i en fyrdubbling av transaktionskapaciteten, men det står ändå klart att det finns en gräns för hur många transaktioner som kan genomföras på blockkedjan på grund av dess decentraliserade och distribuerade natur. Varje transaktion som sker registreras av nätverkets samtliga noder, som alla måste spara en kopia av hela bitcoins liggare med alla genomförda transaktioner. Denna nödvändighet innebär att kostnaden för att spara alla transaktioner är mycket högre än för ett centraliserat alternativ där det hade räckt med ett enda register och ett fåtal backuper. De effektivaste betalningssystemen är centraliserade av en anledning: det är billigare att använda ett centraliserat register än att använda flera distribuerade som dessutom måste uppdateras och synkroniseras med varandra. En process som än så länge bara kan uppnås genom bitcoins proof-of-work.

Centraliserade betalningslösningar, som Visa eller MasterCard, använder ett centraliserat register för alla transaktioner samt en helt fristående backup. Visa kan hantera ungefär 3 200 transaktioner per sekund, eller 100,8 miljarder transaktioner per år.[7] Bitcoin med sina nuvarande 1 MB-block kan som mest hantera fyra transaktioner per sekund, 350 000 transaktioner per dag eller ungefär 120 miljoner transaktioner per år. För att bitcoin ska kunna hantera lika många transaktioner som Visa skulle blockstorleken behöva vara omkring 800 megabyte. Detta innebär att varje bitcoin-nod skulle behöva lägga till 800 megabyte data var tionde minut. På ett år skulle varje nod behöva lägga till 42 terabyte, eller 42 000 gigabyte, till sin

---

7 Facts and Figures. Visa, Inc., nov. 2015, usa.visa.com

blockkedja. Sådana mängder data är fullständigt otänkbart att hantera med de datorer som finns kommersiellt tillgängliga idag och inom överskådlig framtid. En genomsnittlig dator för privat bruk, eller en genomsnittlig hårddisk, har en kapacitet på ungefär 1 terabyte. Det motsvarar ungefär en veckas transaktioner av Visas volym. Som jämförelse kan det vara intressant att undersöka vad Visa har för datoriserad infrastruktur för att hantera sina transaktioner.

En rapport från 2013 visar att Visa äger ett datacenter som beskrivs som ett "digitalt Fort Knox". Det består av 376 servrar, 277 switchar, 85 routrar och 42 brandväggar.[8] Visserligen är Visas centraliserade system en svag länk, även kallad en systemkritisk felpunkt. Därför har de stora mängder redundans och extraresurser tillgängliga för att skydda sig mot oförutsedda händelser. Bitcoin å andra sidan kräver lägre säkerhet och resurser, eftersom nätverket består av så många noder som var för sig kan undvaras. En nod som kan addera 42 terabyte data varje år skulle dock vara extremt dyr, och bandbredden som krävs för att hantera denna volym skulle vara mycket kostsam. Det skulle helt enkelt vara för dyrt och komplicerat för att upprätthålla ett distribuerat nätverk.

Det finns bara en handfull sådana datacenter i världen och de tillhör Visa, MasterCard och ett fåtal andra tillhandahållare av betalningslösningar. Om bitcoin skulle försöka hantera en sådan volym skulle det omöjligen kunna tävla mot dessa centraliserade lösningar med ett distribuerat nätverk bestående av tusentals liknande datacenter. Bitcoin skulle behöva bli centraliserat och nöja sig med ett fåtal center av den magnituden. För att bitcoin ska förbli distribuerat måste det vara förhållandevis billigt att driva en nod, och överföringen av data mellan noder måste vara i en storleksordning som kan hanteras av vanliga internetuppkopplingar för hemmabruk.

Det är otänkbart att bitcoin skulle kunna hantera en lika stor mängd transaktioner på blockkedjan som ett centraliserat system. Detta är skälet till att transaktionsavgifterna stiger och troligtvis fortsätter stiga om nätver-

---

8 Kontzer, Tony "Inside Visa's Data Center". Network Computing 29 maj 2013, Visa, networkcomputing.com/networking/inside-visas-data-center/1599285558

ket fortsätter växa. Det är troligast att skalningen av bitcoins transaktioner till största delen kommer ske utanför blockkedjan, där många enklare teknologier kan användas för små och mindre viktiga betalningar. På så vis behöver ingen kompromiss göras mellan bitcoins två mest framträdande egenskaper, vilka rättfärdigar den stora mängden datorkraft som används: digital hårdvaluta och digitala kontanter. Det finns inga alternativa teknologier som kan erbjuda dessa två funktioner, men det finns många teknologier som kan erbjuda små transaktioner och betalningar till en låg kostnad. Sådana teknologier är enkla att implementera på ett pålitligt sätt i befintliga banksystem. Att använda bitcoin för vardagliga betalningar är knappast möjligt med tanke på att transaktioner endast bekräftas på blockkedjan i genomsnitt var tionde minut. Handlare och kunder kan inte vänta så länge vid en betalning, och även om risken för en dubbelspendering inte är av särskilt stor betydelse vid en mindre betalning är den påtaglig nog för handlare som tar emot ett stort antal betalningar. Attacken mot "Betcoin Dice", som diskuteras senare i avsnittet om attacker mot bitcoin, är ett exempel på detta.

För de som vill använda bitcoin som en långsiktig värdebevarare, eller vill genomföra viktiga transaktioner utan att gå via en repressiv och kontrollerande stat, är de höga transaktionsavgifterna värda sitt pris. Om bitcoin används för sparande behövs det av naturliga skäl inte så många transaktioner. Vid transaktioner som inte kan skötas via det traditionella banksystemet, exempelvis när människor försöker flytta sina pengar från ett land som lider av inflation och kapitalkontroll, är transaktionsavgifterna låga i förhållande till nyttan. Redan vid nuvarande utnyttjandegrad har efterfrågan på digitala kontanter och digital hårdvaluta fått transaktionsavgifterna att öka till en nivå där bitcoin inte kan tävla mot centraliserade alternativ som PayPal och kreditkort vid små betalningar. Detta har dock inte minskat bitcoins tillväxt, vilket visar att efterfrågan inte drivs av viljan att utföra digitala småbetalningar, utan snarare av dess egenskaper som värdebevarare och digitala kontanter.

Om bitcoin fortsätter öka i popularitet finns några potentiella skalningslösningar som inte kräver att bitcoins struktur förändras, utan snarare påverkar hur själva transaktionerna struktureras och på sätt ökar kapaciteten. En bitcointransaktion har flera inputs och outputs, och genom en teknik som kallas *CoinJoin* kan flera separata betalningar grupperas till en enda transaktion. Detta tillåter flera inputs och outputs på bara en bråkdel av det utrymme som annars skulle krävas i ett bitcoinblock. Detta skulle potentiellt kunna ge möjlighet för miljontals betalningar per dag och i takt med att avgifterna stiger blir det här en mer och mer sannolik lösning.

En annan skalningslösning är digitala USB-plånböcker. De kan konstrueras så att de inte går att manipulera fysiskt, och dess saldo kan kontrolleras när som helst. USB-stickan skulle innehålla privata nycklar för en specifik mängd bitcoin, och den som innehar plånboken kan om han eller hon vill spendera pengarna. De skulle kunna användas som fysiska kontanter, och användarna kan enkelt verifiera dess innehåll. Trots att avgifterna ökat fortsätter efterfrågan på bitcoin att växa, vilket bevisas av det stigande priset. Detta indikerar att användarna värderar transaktionerna högre än vad de får betala i transaktionsavgifter. Istället för att sakta ner anammandet av bitcoin har de ökade avgifterna bara resulterat i att mindre viktiga transaktioner sker utanför blockkedjan och att det blir de mer betydelsefulla transaktionerna som faktiskt utförs på kedjan. Bitcoins mest betydelsefulla användningsområden, dels som värdebevarare och dels som ett sätt att genomföra censurbeständiga betalningar, är väl värda att betala transaktionsavgifterna för. När någon köper bitcoin för att hålla långsiktigt är engångskostnaden för transaktionen ofta liten i jämförelse med den provision och premie säljaren tar. För de som vill fly kapitalkontroll eller skicka pengar till länder med ekonomiska problem är transaktionsavgifterna värda att betala eftersom bitcoin är deras enda alternativ. I takt med att fler börjar använda bitcoin och transaktionsavgifterna blir så höga att problem uppstår kommer det skapas ett ekonomiskt tryck för ett ökat användande av ovanstående skalningslösningar, utan att behöva kompromissa med nätverkets regler och därmed orsaka en delning av kedjan.

Utöver dessa möjligheter sker redan idag en majoritet av transaktionerna utanför blockkedjan och slutförs bara på kedjan via en avräkning, som istället för att notera all transaktionsinformation bara registrerar sista raden så att säga. Företag som fokuserar på bitcoin, som till exempel börser, kasinon eller spelsidor, använder bara bitcoins blockkedja när kunder sätter in eller tar ut pengar. Inom plattformarna registreras alla transaktioner i en lokal databas, men uttrycks i termer av bitcoin. Det är omöjligt att göra en korrekt uppskattning av hur många sådana transaktioner som utförs med tanke på det stora antalet företag, bristen på offentliga uppgifter om vad som sker på respektive plattform och den snabbt skiftande dynamiken inom bitcoinekonomin. En försiktig uppskattning skulle dock kunna vara att det sker tio gånger fler transaktioner utanför själva blockkedjan än på kedjan. I själva verket används bitcoin redan som en reservvaluta för majoriteten av transaktionerna inom bitcoinekonomin. Om bitcoin fortsätter att växa är det helt naturligt att vi kommer se antalet transaktioner utanför blockkedjan öka snabbare än dem på kedjan.

En sådan analys kan tyckas motsägelsefull vid en jämförelse med hur det lät när bitcoin växte fram, då bitcoin skulle sätta stopp för banker och bankrörelser. Tanken att miljoner, eller till och med miljarder, människor skulle kunna använda bitcoins nätverk direkt för alla sina dagliga transaktioner är orimlig, eftersom det innebär att alla medlemmar skulle behöva registrera samtliga medlemmars transaktioner. I takt med att antalet genomförda transaktioner ökar skulle dessa register blir större och snart utgöra en påtaglig börda att hantera för noderna. Bitcoins unika egenskap som värdebevarare kommer å andra sidan troligen fortsätta driva upp efterfrågan, vilket kommer göra det svårt för bitcoin att fortsätta vara ett nätverk som förlitar sig helt på peer-to-peer. För att nätverket ska fortsätta växa måste det finnas betalningslösningar som hanteras utanför bitcoins blockkedja, och sådana lösningar håller på att växa fram tack vare den konkurrensutsatta marknaden.

En annan viktig anledning till att bankväsendet som institution inte kommer försvinna är att det trots allt är ganska bekvämt att ha pengarna på banken. Även om många bitcoinförespråkare värdesätter friheten det innebär att själv ansvara för sina pengar och inte behöva lita på ett finansinstitut för att komma åt dem, vill den stora majoriteten inte ha den friheten. Dels vill de inte själva behöva ta ansvar, men också på grund av rädsla för stöld eller kidnappning. Anti-bankretoriken blir allt vanligare och det är lätt att glömma bort att människor runt om i världen har efterfrågat möjligheten att förvara pengar hos en bank i hundratals år och att det trots allt är en legitim affärsrörelse. De har gladeligen betalat för att ha sina pengar i säkert förvar och bara burit med sig en mindre summa. På så sätt har de minimerat sin risk för förlust. Den utbredda användningen av bankkort istället för kontanter gör det idag möjligt för människor att alltid bära med sig mindre summor pengar. Detta gör sannolikt vårt moderna samhälle säkrare än det annars skulle varit, eftersom eventuella rånare inser att de förmodligen inte kommer stöta på ett offer som bär omkring på en betydande summa kontanter och att stöld av bankkort sannolikt inte heller hinner generera några större summor innan korten spärras.

Även om det vore möjligt för bitcoins nätverk att hantera miljarder transaktioner per dag och därmed helt undanröja behovet av lösningar på ett andra lager, kommer sannolikt de flesta som har ett betydande innehav tids nog förvara sina bitcoin i någon av det ständigt växande antalet tjänster som erbjuder säker förvaring av bitcoin. Detta är en helt ny marknad som förmodligen kommer utvecklas enormt. Olika tekniska lösningar för förvaring av bitcoin med hänsyn till säkerhet och likviditet kommer med stor sannolikhet växa fram. Oavsett vilken form den här nya industrin än kommer ta, vilka tjänster den kommer erbjuda och hur den än utvecklas, kommer den sätta ramarna för hur framtidens bitcoinbaserade banksystem kommer se ut. Jag gör inga förutsägelser om vilken form dessa nya tjänster kommer ta eller vilken teknisk kapacitet de kommer ha. Men jag vågar påstå att de, för att stärka sitt varumärke och nå framgång, kommer använda sig av kryptografiska bevismekanismer. En möjlig lösning, känd som Lightning Network, är en teknologi under utveckling som påstås kunna öka antalet möjliga transaktioner avsevärt. Detta skulle uppnås genom att låta noder sätta upp betalningskanaler utanför blockkedjan och låta bitcoins liggare verifiera giltiga saldon, snarare än själva transaktionerna.

Under 2016 och 2017, då bitcoin närmade sig taket för antalet möjliga transaktioner per dag, fortsatte nätverket ändå växa, vilket klargjordes i kapitel 8. Bitcoin skalar genom att värdet på de transaktioner som sker direkt på blockkedjan ökar, inte genom att antalet faktiska transaktioner ökar. Fler och fler transaktioner sker utanför själva blockkedjan och regleras på börser eller webbsidor som hanterar bitcoin, vilket gör bitcoin snarare till ett nätverk för slutgiltiga avräkningar än för direktbetalningar. Detta är dock inte, till skillnad mot vad många tror, ett steg bort från bitcoins funktion som kontanter. Med tiden har begreppet *betala kontant* kommit att beteckna de små konsumenttransaktioner som utförs på daglig basis. Den ursprungliga betydelsen syftar dock på pengar som ett bärarinstrument, vars värde kan överföras direkt utan att transaktionen behöver gå via, eller bekräftas av, en tredje part. Under 1800-talet var det centralbankernas guldreserv som åsyftades med termen *kontanter*, och kontantavräkning var överföringen av fysiskt guld mellan banker. Om denna analys stämmer och bitcoin fortsätter att växa i värde och antalet transaktioner utanför kedjan fortsätter att öka, medan antalet transaktioner på blockkedjan inte ökar lika mycket, skulle bitcoin ligga närmare den gamla betydelsen av kontanter. Alltså mer likt en guldreserv än dagens papperspengar som används vid mindre transaktioner.

Sammanfattningsvis finns det många möjligheter att öka antalet transaktioner utan att för den skull behöva ändra bitcoins grundläggande funktioner och utan att alla noder ska behöva uppgraderas samtidigt. Lösningar för skalning kommer att komma från nod-operatörer som effektiviserar sättet de delar med sig av data om utförda transaktioner till de andra deltagarna i nätverket. Detta kommer ske i form av sammanslagna transaktioner, transaktioner utanför blockkedjan och betalkanaler. Skalningslösningar på blockkedjan kommer sannolikt inte räcka för att möta den växande efterfrågan på bitcoin, och lösningar på ett andra lager kommer troligen fortsätta att växa i betydelse. En ny form av finansinstitut, liknande dagens banker, kommer växa fram online och använda sig av kryptografi.

Är bitcoin för kriminella?

En av de vanligaste missuppfattningarna som följt bitcoin från första början är att valutan skulle vara särskilt lämpad för kriminella och terrorister. En lång rad artiklar med grundlösa påståenden om att terrorister och kriminella gäng använder bitcoin för sina aktiviteter har publicerats. Många av dessa artiklar har dragits tillbaka,[9] men idén har ändå fått fäste i medvetandet hos många människor, inklusive en del dåligt informerade brottslingar.

Sanningen är att bitcoins liggare är globalt tillgänglig och oföränderlig. Så länge bitcoin existerar kommer alla transaktioner som någonsin ägt rum vara nedtecknade och synliga i liggaren. Att bitcoin skulle vara helt anonymt är ett felaktigt påstående. Det är snarare *pseudoanonymt*. Det är i vissa fall möjligt att koppla samman en bitcoinadress med en verklig identitet, och man kan följa samtliga transaktioner en adress varit inblandad i. Vad gäller anonymitet kan det hjälpa att jämföra bitcoin med internet: allt beror på hur väl du gömmer dig och hur noga andra letar. Men bitcoins blockkedja gör det mycket svårare än att gömma sig på nätet. Det är lätt att göra sig av med en enhet, en e-postadress eller en IP-adress och aldrig mer använda den, men det är mycket svårare att sopa igen spåren efter transaktioner till en bitcoinadress. Bitcoins blockkedja är av naturliga skäl inte helt optimal för den som vill vara anonym.

Detta innebär att det är olämpligt för en brottsling att använda bitcoin vid ett brott där det faktiskt finns ett offer. Dess pseudoanonyma natur innebär att adresser kan länkas till verkliga identiteter, även många år efter att brottet utförts. Polisen, eller offren och utredare de anlitar, kan mycket väl hitta något som avslöjar den kriminelles identitet, även efter många år. Spåret av transaktioner har i själva verket varit anledningen till att många drogförsäljare, som trott att bitcoin är anonymt, kunnat identifieras och lagföras.

Bitcoin är en teknologi för pengar, och pengar kan alltid användas av

---

9 Stein, Mara Lemos. "The Morning Risk Report: Terrorism Financing via Bitcoin May Be Exaggerated." *Wall Street Journal,* 2017.

kriminella. Alla sorters pengar kan användas av kriminella eller för att främja brott, men bitcoins permanenta liggare gör den särskilt olämplig att användas i kriminella sammanhang. Åtminstone i de fall där det finns ett offer som förmodligen kommer göra efterforskningar. Bitcoin skulle kunna vara lämpligt vid brottslig verksamhet där det saknas ett offer, eftersom det då inte finns någon som kommer försöka fastställa den "kriminelles" verkliga identitet. I verkligheten, om man inte tar hänsyn till den propaganda som 1900-talsstaten står för, finns inget sådant som ett brott utan offer. Om en handling inte har några offer har det heller inte skett något brott. Det spelar ingen roll vad några självgoda jurister eller byråkrater har för tankar om sin egen rätt att stifta morallagar åt andra. För dessa olagliga, men moraliskt korrekta, handlingar skulle bitcoin kunna vara användbart eftersom det inte finns några offer som försöker hitta en gärningsman. Den harmlösa händelse som utförts dyker upp på blockkedjan som vilken transaktion som helst och skulle kunna ha genomförts av en mängd olika anledningar. Man kan alltså förvänta sig att bitcoin kommer användas vid offerlösa brott, som att spela på online-kasino eller för att undvika kapitalkontroll. Vid mord och terrorism kommer bitcoin sannolikt inte användas. Då en stor mängd drogköpare identifierats av rättsväsendet står det klart att viss drogförsäljning verkar ske på blockkedjan, även om det nog snarare beror på missbrukares abstinens och avsaknad av sunt förnuft. Även om statistiken saknas skulle det inte förvåna mig om det är betydligt mer riskfyllt att betala för droger med bitcoin än med statligt utgivna papperspengar.

Bitcoin kommer med andra ord troligen öka den personliga friheten utan att det nödvändigtvis blir lättare att begå brott. Det är inte ett verktyg vi ska vara rädda för, utan snarare omfamna som en del av en hoppfull och fredlig framtid.

En högprofilerad typ av brott som verkligen har utnyttjat bitcoin kraftigt är så kallad *ransomware*, eller digitala utpressningsattacker: en metod för obehörig åtkomst till offrets dator där filerna krypteras och endast återställs om offret gör en betalning till mottagaren, vanligtvis i bitcoin. Även om den typen av brottslighet fanns även tidigare har den blivit enklare att genomföra sedan bitcoin uppfanns. Detta är tveklöst det främsta exemplet där bitcoin främjar brott. Man kan dock dra slutsatsen att största anledningen till denna typ av brottslighet hänger samman med bristande it-säkerhet. Ett företag som kan få hela sitt datasystem låst av anonyma hackare som kräver ett par tusen dollar i lösensumma har betydligt större problem än själva utpressningen. För hackarna kan det handla om ett par tusen dollar, men för firmans konkurrenter, kunder eller leverantörer kan tillgången till sådan information vara värd mycket mer. Om något så har dess attacker hjälpt till att exponera brister i säkerheten. Detta leder till att företag tar säkerheten på större allvar och låter industrin kring it-säkerhet växa. Med andra ord bidrar bitcoin till att marknaden för it-säkerhet frodas. Även om hackare inledningsvis tjänat på detta kommer produktiva företag kräva de bästa säkerhetslösningarna.

Hur man dödar bitcoin: en nybörjarguide

Många bitcoiners har antagit en i det närmaste kvasireligiös tro på bitcoins förmåga att överleva allt. Den enorma datorkraften och det stora antalet noder som finns utspridda över världen och verifierar transaktioner innebär att nätverket är mycket motståndskraftigt mot förändring och att det troligen kommer fortsätta vara så. De flesta som saknar kunskap om bitcoin kommer med jämna mellanrum tro att nätverket är dödsdömt eftersom det till slut kommer hackas, precis som allt annat digitalt blir förr eller senare. När de väl förstått hur bitcoin fungerar inser de att det inte är så lätt att "hacka" bitcoin. Det finns dock flera andra möjliga hot mot bitcoin. It-säkerhet är ett i grunden svårlöst problem, eftersom det innefattar oförutsägbara angripare som hittar nya sätt att attackera. Det ligger dock utanför den här bokens område att avhandla alla tänkbara hot mot bitcoin, och därför fokuserar den här delen bara på några av de mer högprofilerade och mest relevanta hoten utifrån bokens inriktning på bitcoin som sunda pengar i form av hårdvaluta.

Hackning

Bitcoins motstånd mot attacker grundar sig i tre egenskaper. Dess enkelhet, den enorma datorkraften, som inte gör något annat än garanterar säkerheten hos denna enkla design, och de distribuerade noderna som måste uppnå konsensus för att en förändring ska kunna äga rum. Föreställ dig den digitala motsvarigheten av att hela USA:s militära infanteri med materiel ställdes upp kring en skolgård för att försvara den mot invasion. Så extremt överbeskyddat är bitcoin.

Bitcoin är i grunden ett register över ägandeskap av virtuella mynt. Det finns bara 21 miljoner av dessa mynt. Ägarskapet är fördelat på några miljoner olika adresser som äger dem. Varje dag sker mindre än 500 000 transaktioner där några av dessa mynt flyttas runt. Datorkraften som krävs för att driva ett sådant system är minimal. En laptop för under tusen kronor skulle klara av detta samtidigt som den används till att surfa på nätet. Anledningen till att hela bitcoins nätverk inte körs på en laptop är för att ett sådant arrangemang skulle kräva tillit till ägaren av datorn. Det skulle dessutom vara ett ganska enkelt mål för en hackare.

Alla datornätverk förlitar sig på att säkerheten upprätthålls genom att några datorer görs omöjliga för en hackare att komma åt, och att dessa används som säker backup. Bitcoin å andra sidan, har en helt annan inställning till it-säkerhet och bryr sig inte om att säkra några individuella datorer. Det utgår istället från att alla deltagare är fientliga angripare. Istället för att lita på någon deltagare i nätverket verifierar bitcoin allt de gör. Det är denna process som, genom proof-of-work, förbrukar stora mängder datorkraft. Den har visat sig vara mycket effektiv eftersom bitcoins säkerhet därmed baseras på rå datorkraft, och därför blir systemet osårbart för problem relaterade till intrång eller stulna autentiseringsuppgifter. Då alla antas vara oärliga måste också alla betala en stor kostnad för att tillföra transaktioner i den gemensamma liggaren, och alla som inte följer reglerna kommer förlora denna kostnad om de blir påkomna. De ekonomiska incitamenten gör det extremt dyrt att försöka fuska och chansen att lyckas är mycket liten.

För att hacka bitcoin, i den betydelsen att liggaren korrumperas för att felaktigt flytta bitcoin till en specifik adress, eller för att göra nätverket oanvändbart, skulle det krävas att en miner lägger till ett felaktigt block till blockkedjan. Dessutom skulle det krävas att nätverket accepterar blocket och fortsätter bygga vidare på det. Detta system innebär en väldigt liten kostnad för en nod att upptäcka ett bedrägeri, men det innebär en mycket stor kostnad, som dessutom hela tiden ökar, att lägga till ett block med transaktioner. Dessutom har majoriteten av noderna i nätverket ett egenintresse i att bitcoin ska överleva. Därför är det högst osannolikt att hackarna skulle gå segrande ur en sådan strid. Sannolikheten minskar dessutom i takt med att kostnaden för att lägga till ett block ökar.

I grunden av bitcoins design finns en asymmetri mellan kostnaden för att lägga till ett block med transaktioner och kostnaden för att verifiera giltigheten hos dessa transaktioner. Detta innebär att även om det är tekniskt möjligt att förfalska liggaren talar de extremt höga ekonomiska incitamenten mot detta. Som ett resultat utgör bitcoins liggare hittills ett odiskutabelt register över giltiga transaktioner.

51 %-attacken

En 51 %-attack är en metod där stora mängder hashrate används för att skapa felaktiga transaktioner genom att spendera samma bitcoin två gånger. En av dessa transaktioner kommer annulleras och mottagaren kommer stå utan betalning. Om en miner som kontrollerar en stor procentandel av all hashrate lyckas lösa proof-of-work-problemen snabbt skulle han kunna spendera en bitcoin på den publika kedjan som mottar bekräftelser, samtidigt som han också utför mining på en fork av blockkedjan där han skickar samma bitcoin till en annan adress, som tillhör honom själv. Mottagaren av den första transaktionen tar emot bekräftelser, men angriparen försöker använda sin datorkraft för att göra den nya kedjan längre. Om han lyckas göra den andra kedjan längre än den första lyckas attacken, och mottagaren av den första transaktionen kommer se sin mottagna betalning försvinna. Ju mer hashrate en angripare kontrollerar, desto större chans har han att göra den andra kedjan längre än den publika kedjan och därmed avbryta den första transaktionen och gå med vinst. Även om detta låter ganska enkelt i teorin har det visat sig vara mycket svårare i praktiken. Ju längre mottagaren väntar på att transaktionen ska bekräftas, desto mindre chans har angriparen att lyckas. Om mottagaren är villig att invänta sex bekräftelser via de kommande blocken sjunker risken för en lyckad attack till en försumbar nivå.

I teorin är en 51 %-attack tekniskt sett genomförbar, men i praktiken motsätter sig de ekonomiska incitamenten detta å det grövsta. En miner som utför en lyckad 51 %-attack skulle kraftigt underminera de ekonomiska incitamenten för någon att använda bitcoin, och därmed efterfrågan på bitcoin som valuta. Då mining av bitcoin har vuxit till en kapitalintensiv industri där enorma investeringar gjorts för att kunna producera nya coins, har miners ett stort egenintresse i att nätverkets integritet hålls intakt eftersom deras belöningar är beroende av detta. Det har aldrig skett någon lyckad attack där en transaktion som mottagit minst en bekräftelse blivit dubbelspenderad.

Det närmaste en lyckad dubbelspenderingsattack som inträffat skedde under 2013. En bettingsida, kallad "Betcoin Dice", bestals på ungefär 1 000 bitcoin (då värda cirka 100 000 dollar) genom en dubbelspenderingsattack som nyttjade betydande miningresurser. Attacken lyckades eftersom Betcoin Dice accepterade transaktioner med noll bekräftelser, vilket innebar att kostnaden för en attack var förhållandevis låg. Om de krävt åtminstone en bekräftelse hade en lyckad attack varit mycket svårare att genomföra. Detta är en annan anledning till varför bitcoins blockkedja inte är lämpad för stora mängder konsumentbetalningar. Det tar oftast omkring 10 minuter för ett nytt block att skapas och därmed få en transaktion bekräftad. Skulle en stor förmedlare av betalningar acceptera risken som följer av att godkänna betalningar med noll bekräftelser hade det utgjort ett lukrativt mål för koordinerade dubbelspenderingsattacker från någon med stora miningresurser.

Sammanfattningsvis kan sägas att en 51 %-attack är teoretiskt möjlig om betalningsmottagaren inte är villig att vänta ett par block för att bekräfta att en transaktion är giltig. I praktiken talar dock de ekonomiska incitamenten mot detta och ägarna av stora mängder datorkraft dedikerade till bitcoinmining har inget intresse av att delta i sådana attacker. Som ett resultat av detta har det aldrig utförs några lyckade 51 %-attacker där man väntat åtminstone en bekräftelse.

En 51 %-attack skulle troligen inte lyckas om den görs av vinstintresse, men den skulle också kunna utföras utan förhoppning om ekonomisk vinning. Målet skulle kunna vara att helt enkelt förgöra bitcoin. En stat eller privat entitet skulle kunna bestämma sig för att förvärva nog med miningkapacitet för att ta kontroll över en majoritet av nätverket, och använda sin hashrate för att utföra kontinuerliga dubbelspenderingsattacker. Många användare skulle få sina bitcoin stulna och förtroendet för nätverkets säkerhet skulle upphöra. Det är dock högst osannolikt att ett sådant scenario kan inträffa. Det ligger i bitcoins natur och i hur hela miningverksamheten fungerar. Marknaden för datorkraft är global och högst konkurrensutsatt, och bitcoinmining är en av de största, mest lönsamma och snabbast växande marknaderna för datorkraft i världen. En angripare skulle kunna vara villig att bära kostnaden för att ta över 51 % av nuvarande hashpower, och bestämma sig för göra de nödvändiga investeringarna i den hårdvara som krävs. Men om en sådan enorm mängd resurser skulle mobiliseras för att köpa miningutrustning skulle tillverkarna av nämnda utrustning få möjlighet att expandera sin verksamhet genom att de får mer kapital att investera och därmed kunna tillverka fler miners att sälja på marknaden. Detta skulle oundvikligen öka hashraten i nätverket och därmed öka svårigheten att utföra mining, varför attacken skulle bli ännu dyrare att utföra. En angripare som kommer in som en ny aktör på marknaden har alltid en nackdel eftersom hans egna inköp av miningutrustning leder till snabbare ökning av den del datorkraft han inte kontrollerar. Ju mer resurser som används för att tillverka datorkraft avsedd att skada bitcoin, desto snabbare sker tillväxten av bitcoins datorkraft och desto svårare blir nätverket att attackera. Så än en gång, även om det tekniskt sett är möjligt att attackera bitcoin är det högst osannolikt att en sådan attack skulle lyckas.

En angripare, särskilt om det rör sig om en stat, skulle kunna göra ett försök att attackera bitcoin genom att ta kontrollen över en befintlig infrastruktur och använda den utan vinstintresse för att underminera nätverkets säkerhet. Det faktum att bitcoins miningverksamhet är geografiskt distribuerad över stora områden gör detta till ett utmanande projekt, och det skulle krävas samarbete från flera olika regeringar runt om i världen. Ett bättre sätt att utföra detta är kanske inte genom att fysiskt beslagta miningutrustning, utan genom att ta kontrollen över dem via bakdörrar i hårdvaran.

Bakdörrar i hårdvaran

Ett annat möjligt sätt att störa eller förstöra bitcoinnätverket är genom att korrumpera hårdvaran som används för att köra bitcoins mjukvara och på så sätt göra den åtkomlig för utomstående. Utrustning som används till mining skulle exempelvis kunna infekteras med en svårupptäckt, skadlig kod så att kontrollen av hårdvaran kan tas över av utomstående. På så sätt skulle utrustningen kunna deaktiveras eller styras på distans när 51 %-attacken utförs.

Ett annat exempel är att spionprogram installeras på användarnas datorer och avslöjar deras privata nycklar, vilket skulle ge åtkomst till deras bitcoin. En sådan attack i stor skala skulle allvarligt kunna underminera förtroendet för bitcoin som tillgång och därmed minska efterfrågan.

Båda dessa attacker är tekniskt möjliga och till skillnad från de två föregående exemplen behöver de inte lyckas till hundra procent. De kan ändå skapa tillräckligt med förvirring för att skada nätverkets rykte och minska efterfrågan på bitcoin. En sådan attack på miningutrustning har större chans att lyckas eftersom det bara finns ett fåtal tillverkare av sådan utrustning, och detta är en av de mer kritiska punkterna där bitcoin kan misslyckas. I takt med att intresset för mining växer är det dock sannolikt att fler hårdvarutillverkare börjar producera utrustning för mining. Detta skulle minska de katastrofala konsekvenser för nätverket som skulle kunna uppstå om en tillverkares verksamhet infiltrerades och säkerheten därmed äventyras via bakdörrar i hårdvaran.

Med individuella datorer är risken inte lika överhängande för nätverket eftersom det finns ett stort, och potentiellt obegränsat, antal tillverkare av hårdvara runt om i världen som kan användas för att få tillgång till nätverket. Skulle en sådan tillverkare sälja hårdvara med bakdörrar skulle det förmodligen bara leda till att konsumenterna väljer en annan produkt. Dessutom kan användare generera privata nycklar till sina adresser på en dator som aldrig varit – och aldrig kommer – anslutas till internet. De som är extra paranoida kan generera sina adresser och nycklar på en ej uppkopplad dator som de sedan genast förstör. Bitcoin som förvaras med dessa privata nycklar kommer överleva alla sorters attacker mot nätverket.

Ett särskilt viktigt försvar mot den här typen av attacker är att bitcoiners tenderar att vara lagda åt anarkist- och cypherpunk-hållet. Detta får dem att tro mycket mer på verifiering än på tillit. Bitcoiners är i allmänhet mycket mer tekniskt kompetenta än den genomsnittliga befolkningen, och de undersöker den hård- och mjukvara de använder mycket noggrant. Den rådande kulturen med öppen källkod och peer review fungerar också som ett starkt försvar mot den här typen av attacker. Med tanke på nätverkets distribuerade natur är det betydligt högre sannolikhet att sådana attacker orsakar betydande kostnader och förluster för individer, och möjligen systematiska störningar i nätverket, men det skulle vara mycket svårt att stoppa nätverket eller att helt stoppa efterfrågan på bitcoin. Sanningen är att det är de ekonomiska incitamenten som gör bitcoin värdefullt, inte någon form av hårdvara. Det finns ingen enskild utrustning som är oumbärlig för bitcoins funktion. Alla delar kan bytas ut. Bitcoins robusthet och fortlevnad skulle dock förbättras om det fanns fler tillverkare av den hårdvara som krävs, för att inte någon av dem ska vara systematiskt viktig.

Attacker mot internet och infrastrukturen

En av de vanligaste missuppfattningarna kring bitcoin är att det kan stoppas genom att viktig infrastruktur som bitcoin förlitar sig på stängs av, eller genom att internet stängs ner. Problemet med dessa scenarion är missuppfattningen att bitcoin är ett traditionellt nätverk i den mening att det finns kritiska punkter i såväl hårdvara som infrastruktur som kan attackeras. Men bitcoin är ett mjukvaruprotokoll: det är en intern process som kan utföras av vilken som helst av de miljarder datorer som finns utspridda runt om i världen. Bitcoin har ingen enskild punkt där allt kan fallera, det finns ingen hårdvarustruktur någonstans i världen som nätverket förlitar sig på. Vilken dator som helst som kör bitcoins mjukvara kan ansluta till nätverket och vara delaktig i verksamheten. Det är likt internet på så vis att det är ett protokoll som tillåter datorer att kopplas samman; det är inte infrastrukturen som kopplar ihop dem. Mängden data som krävs för att sända vidare information om bitcoin är inte särskilt stor, och det är bara en minimal del av den totala trafiken på internet.

Bitcoin behöver inte en lika omfattande infrastruktur som resten av internet eftersom dess blockkedja egentligen bara handlar om att sända ungefär en megabyte data var tionde minut. Det finns en otalig mängd trådbundna och trådlösa tekniker runt om i världen för dataöverföring, och för den enskilde användaren behöver bara en av dessa tekniker fungera för att han eller hon ska kunna ansluta till nätverket. En värld där ingen bitcoinanvändare kan ansluta till någon annan användare skulle vara absolut förödande, för det innebär i praktiken att världens infrastruktur av annan information, data och uppkoppling inte heller är tillgänglig. Livet i dagens samhälle är till stor del beroende av anslutningsmöjlighet, och många vitala tjänster rörande liv och död är beroende av att infrastrukturen för kommunikation finns kvar.

Att försöka stänga av all internetkommunikation samtidigt skulle antagligen innebära en enorm skada för samhället, medan flödet av bitcoin antagligen inte skulle stoppas eftersom utspridda datorer alltid kan ansluta till varandra genom protokoll och krypterad kommunikation. Det finns helt enkelt alltför många datorer, anslutningar och användare utspridda runt om i världen för att något ska kunna få allt att sluta fungera samtidigt. Det enda tänkbara scenariot där detta skulle kunna ske är genom någon slags apokalyps av sådan magnitud att det inte finns någon kvar som ens kan fundera över huruvida bitcoin fortfarande fungerar eller ej. Av alla de hot som ofta nämns mot bitcoin, anser jag detta vara det minst trovärdiga eller meningsfulla.

Dyrare och färre noder

I motsats till påhittade, futuristiska sci-fi-scenarier innefattandes en total ödeläggelse av mänsklighetens hela infrastruktur för telekommunikation i ett försök att stoppa ett mjukvaruprogram, finns det faktiskt betydligt mer verklighetsförankrade hot mot bitcoin. Hot som grundas i dess fundamentala design. Bitcoins egenskaper som hårdvaluta med en fast, ej manipulerbar penningmängd, och som censurbeständiga digitala kontanter där ingen utomstående kan lägga sig i, är beroende av att nätverkets konsensusregler förblir mycket svåra att ändra, särskilt gällande penningmängden. Denna status quo uppnås, som tidigare nämnts, genom att det innebär en stor risk, och sannolikt medför negativa konsekvenser, om en nätverksdeltagare agerar utanför de överenskomna reglerna, om inte alla andra medlemmar i nätverket också bestämmer sig för att göra samma sak. Anledningen till att denna risk är så överhängande är att det finns ett så stort antal noder som kör mjukvaran att det inte finns något praktiskt sätt att koordinera dem. Om kostnaden för att driva en nod ökar betydligt skulle det bli svårare för många användare att driva en nod, vilket skulle leda till att antalet noder i nätverket minskar. Ett nätverk med bara ett fåtal dussin noder är inte längre ett tillräckligt decentraliserat nätverk, eftersom det blir möjligt för noderna att samarbeta och ändra regelverket för att få fördelar eller för att förstöra nätverket.

Det här är, enligt mig, det allvarligaste tekniska hotet mot bitcoin på medellång och lång sikt. Som det ser ut nu är internetanslutningens bandbredd den främsta begränsningen för individer som vill driva egna noder. Så länge blockstorleken är omkring 1 MB bör detta vara hanterbart. En fork som ökar blockstorleken skulle öka kostnaden för att driva en nod, vilket skulle leda till att antalet aktiva noder minskar. Detta är, precis som övriga hot, tekniskt möjligt men knappast troligt eftersom det motarbetas av de ekonomiska incitamenten. Att alla tidigare försök att öka blockstorleken har avvisats är ett bevis på detta.

Hackandet av hash-algoritmen SHA-256

Hashfunktionen SHA-256 är en integrerad del i hur bitcoinnätverket fungerar. Flyktigt kan sägas att hashing är en process där en godtycklig datamängd omvandlas till en hashsumma av känd storlek (kallad hash) genom en irreversibel matematisk formel. Med andra ord är det lätt att använda funktionen för att generera en hash från en bit data, men det är omöjligt att genom hashen avgöra hur den ursprungliga datasträngen såg ut. Bättre och snabbare processorer skulle kunna innebära att det blir möjligt för datorer att reversera hashfunktionen, vilket skulle äventyra säkerheten för alla bitcoinadresser och göra dem sårbara för stöldförsök.

Det är inte möjligt att avgöra om och när ett sådant scenario skulle kunna inträffa, men om det sker skulle det innebära ett mycket allvarligt hot mot bitcoin. Den tekniska lösningen för att motverka detta är att byta till en starkare kryptering. Det är dock svårt att koordinera en fork där en majoritet av nätverkets noder överger de gamla konsensusreglerna till förmån för den nya uppsättningen med en ny hashfunktion. Alla problem som diskuterats tidigare angående svårigheterna med att koordinera en fork gäller även här, men i ett sådant här fall, där hotet är högst påtagligt och där alla som stannar på den gamla kedjan löper stor risk att hackas, är det sannolikt att en stor majoritet av användarna deltar i forken. Den enda kvarvarande frågan av intresse är huruvida denna fork kommer gå ordnat till väga och alla användare migrerar till samma kedja, eller om den kommer leda till att kedjan delas i flera delar som använder olika krypteringsmetoder. Även om det säkert finns en möjlighet att krypteringsalgoritmen SHA-256 kan komma att hackas finns det ett ekonomisk incitament för användarna att i så fall byta till en starkare kryptering, och då byta tillsammans till en och samma algoritm.

En återgång till sunda pengar

Även om de flesta diskussioner kring hur bitcoin skulle kunna fallera eller förstöras fokuserar på attacker av mer teknisk karaktär, vore ett mer lovande sätt att istället underminera de ekonomiska incitamenten som talar för att använda bitcoin. Att försöka attackera eller förstöra bitcoin på något av de sätt som avhandlats tidigare kommer sannolikt inte att lyckas eftersom det ligger i konflikt med de ekonomiska incitamenten för att använda bitcoin. Hela situationen kan jämföras med att försöka förbjuda hjulet eller kniven. Så länge en teknologi är användbar för människan skulle försök till förbud misslyckas eftersom hon kommer hitta ett sätt att fortsätta använda den, oavsett om den är laglig eller ej. Det enda sättet att stoppa en teknologi är inte genom förbud, utan genom att uppfinna något bättre som kan ersätta det gamla eller genom att den görs överflödig. Skrivmaskinen kunde aldrig förbjudas eller lagstiftas bort, men framväxten av persondatorer gjorde den i stort sett obsolet.

Bitcoins efterfrågan grundas i att individer runt om i världen har behov av att kunna genomföra transaktioner bortom politisk kontroll och av ett inflationsresistent sätt att förvara och bevara värde. Det kommer fortsätta finnas en efterfrågan på bitcoin så länge politiska auktoriteter påtvingar folket restriktioner och begränsningar i hur de kan flytta sina pengar, och så länge statliga pengar är osunda pengar som kan spädas ut allt efter politikernas infall. Efterfrågan kommer finnas kvar, och dess minskande tillväxttakt kommer förmodligen leda till att dess värde fortsätter öka med tiden. Detta kommer i sin tur leda till att fler vill använda bitcoin som värdebevarare.

Om hela världens bankväsen och monetära system hypotetiskt sett ersattes av den guldstandard som rådde under sent 1800-tal, då individuell frihet och sunda pengar var av största vikt, skulle antagligen bitcoins efterfrågan minska betydligt. Detta skulle kunna innebära en kraftig sänkning av priset och stora förluster för de som investerat i bitcoin. Valutans volatilitet skulle öka och utvecklingen backas flera år. Den ökade volatiliteten i kombination med tillgången till en pålitlig och relativt stabil hårdvaluta som internationell monetär standard skulle drastiskt minska bitcoins användningsområde. I en värld där staters restriktioner och inflationära tendenser hålls i schack av en guldstandard skulle det faktiskt kunna vara så att guldet, med sin historia och relativt stabila köpkraft, helt enkelt vore ett för stort hinder för bitcoin. Nätverket skulle inte växa lika snabbt i antal användare räknat och bitcoin skulle inte nå en sådan storlek att priset skulle hållas någorlunda stabilt.

I praktiken är det å andra sidan extremt osannolikt att en global återgång till sunda pengar och liberala regeringar kan ske, då dessa koncept är mycket främmande för en stor majoritet av såväl politiker som väljare runt om i världen. De har nämligen i generationer fostrats att tro att regeringens kontroll över pengar och moral är en nödvändighet för ett fungerande samhälle. Även om en sådan förändring av politik och pengar vore möjlig skulle bitcoins minskande utbudstillväxt troligtvis fortsätta göra det till en lockande investering i spekulativt syfte för många, vilket i sig själv skulle få bitcoin att fortsätta växa och få en större monetär roll. Min bedömning är att en global återgång till guld skulle kunna vara det mest betydande hotet mot bitcoin, men det är osannolikt att det skulle kunna ske och det skulle förmodligen inte förgöra bitcoin helt.

En annan möjlighet att destabilisera bitcoins roll skulle vara genom att uppfinna en ny form av sunda pengar som är överlägsna bitcoin. Många verkar tror att andra kryptovalutor som efterapar bitcoin skulle kunna uppnå detta, men det är min fasta övertygelse att ingen av dessa altcoins som kopierat bitcoins design kan tävla mot bitcoin om att vara sunda pengar. Anledningarna till detta avhandlas i nästa avsnitt av det här kapitlet, men främst: bitcoin är den enda på riktigt decentraliserade digitala valutan som har växt fram spontant genom en väl balanserad jämvikt mellan miners, kodare och användare, där ingen av dem har kontrollen. Att utveckla en valuta baserad på den här designen var bara möjligt en gång. Sedan det blev uppenbart att det fungerade kommer alla framtida försök innebära ett toppstyrt nätverk som aldrig kan undkomma dess skapares kontroll.

Så, gällande bitcoins struktur och teknologi är det högst osannolikt att en kopia kan ersätta bitcoin. En ny design och teknologi för att implementera digitala kontanter och sunda pengar skulle kunna vara en utmanare. Det är dock inte möjligt att förutspå födelsen av en sådan teknologi innan den skapats, och de svårigheter som uppdagats kring digitala kontanter genom årens lopp gör klart att det inte är en lätt uppgift att uppfinna något sådant.

Altcoins

Även om bitcoin var det första exemplet på elektroniska kontanter som hanteras peer-to-peer så var det sannerligen inte det sista. När Nakamotos design släpptes lös i det fria och började få spridning med såväl ökande värde som antal användare, dröjde det inte länge innan liknande kopior började dyka upp. En av de första kopiorna som använde bitcoins kod var "Namecoin", som startades i april 2011. I februari 2017 hade åtminstone 723 digitala valutor skapats enligt coinmarketcap.com.

Även om det är en vanligt förekommande tanke att dessa valutor tävlar mot bitcoin och att en av dem kanske kommer ta över efter bitcoin i framtiden, finns det i verkligheten ingen tävling. Alternativen kan aldrig ha de egenskaper som ger bitcoin dess funktion som digitala kontanter och hårda pengar. För att ett digitalt system ska fungera som digitala kontanter måste det saknas kontroll från en tredje part; dess funktioner måste överensstämma med användarnas vilja i enlighet med protokollet, utan att det finns möjlighet för en tredje part att stoppa betalningarna. Det verkar omöjligt att något annat coin ska kunna återskapa det kontradiktoriska dödläge som råder mellan bitcoinintressenter och som hindrar tredjeparter från att kontrollera dess betalningar. Det innebär helt enkelt att ett jämviktsläge råder mellan bitcoinnätverkets deltagare som gör att ingen kan ta kontrollen.

Bitcoin designades av en programmerare under pseudonym vars riktiga identitet fortfarande är okänd, och han delade designen på en sluten e-postlista för programmerare intresserade av kryptografi. Efter att ha mottagit feedback under några månader lanserade han nätverket ihop med Hal Finney, som gick bort i augusti 2014. Efter ett par dagars utbyte med Finney, och experimenterande med mjukvaran, började fler medlemmar ansluta till nätverket för att genomföra transaktioner och mining. Nakamoto försvann i mitten av år 2010 för att, citat: "gå vidare till andra projekt" och han har troligen inte hörts av sedan dess.[10] Mest troligt finns det ungefär en miljon bitcoin på en plånboksadress som kontrolleras, eller kontrollerades, av Nakamoto, men dessa coins har aldrig flyttats. Nakamoto var extremt försiktig för att försäkra sig om att han inte skulle kunna identifieras, och än idag finns det inga övertygande bevis för vem som skulle kunna vara den riktiga Nakamoto. Om han hade velat bli identifierad hade han redan trätt fram. Hade han lämnat spår som skulle kunna leda till att han identifieras hade det förmodligen redan gjorts. Allt han skrivit eller kommunicerat har granskats minutiöst av journalister och utredare utan framgång. Det är hög tid för alla involverade i bitcoin att sluta bekymra sig om vem den riktige Nakamoto är och acceptera att det inte har någon betydelse för bitcoin som teknologi eller för dess funktion, på samma sätt som det inte längre spelar någon roll vem som uppfann hjulet.

Då Nakamoto och Finney inte längre finns med oss har bitcoin inte haft någon central ledarfigur eller auktoritet som har kunnat bestämma dess riktning eller utöva påtryckningar om hur bitcoin ska utvecklas. Till och med Gavin Andresen, som var i nära kontakt med Nakamoto, och som är

---

10 Det finns ytterligare två tillfällen där Nakamoto eventuellt uttalat sig sedan dess. Först för att förneka att hans riktiga identitet var den japansk-amerikanske ingenjören Dorian Prentice Satoshi Nakamoto, som identifierades av *Newsweek* magazine som den riktige Nakamoto. Det hela baserades inte på något annat än att de råkar dela namn och har kunskap om datorer. Sedan för att uttrycka sin åsikt om hur debatten om bitcoins förmåga att skala fortlöpte. Det är inte klargjort huruvida dessa två uttalanden gjordes av Nakamoto själv eller om någon kommit över hans konto, särskilt som det är ett känt faktum att det e-postkonto han använt faktiskt blivit hackat.

ett av de mer kända ansiktena inom bitcoin, har vid upprepade tillfällen misslyckats med att påverka riktningen i vilken bitcoin utvecklats. Ett mail som ofta citeras i pressen, och som anses vara det sista mailet Nakamoto skickade, lyder: "Jag har gått vidare till andra projekt. Bitcoin vilar i goda händer hos Gavin och de andra."[11] Andresen har vid upprepade tillfällen försökt öka storleken på bitcoins block, men alla hans förslag för detta har misslyckats att få nod-operatörernas godkännande.

Bitcoin har fortsatt växa och frodas inom alla de fält och områden som nämndes i kapitel 8, medan den makt någon individ eller annan part haft över bitcoin har minskat till en nära obefintlig nivå. Bitcoin kan ses som en suverän bit kod, och det finns ingen utomstående auktoritet som kan kontrollera dess beteende. Bara bitcoins regler styr bitcoin. Möjligheten att ändra dessa regler på något avgörande vis har blivit extremt svårt eftersom nätverkets status quo mellan aktörerna fortsätter forma incitamenten för alla som är involverade i projektet.

Det är kodens suveränitet, backad av proof-of-work, som skapar en genuint effektiv lösning av problematiken med dubbelspendering och funktionen som digitala kontanter. Det är denna inbyggda avsaknad av tillit som andra digitala valutor inte kan replikera. Alla andra digitala valutor som skapats efter bitcoin kommer framstå som mindre bra alternativ med sämre säkerhet, eftersom bitcoin redan finns och har högre säkerhet och en mer distribuerad natur med fler användare. Då kostnaden för att kopiera bitcoins kod och skapa en ny snarlik kryptovaluta i princip är obefintlig, och antalet nya alternativa projekt ständigt ökar, är det osannolikt att något av dem kommer utveckla någon betydande tillväxt eller momentum om det inte finns något aktivt team i bakgrunden som vårdar, odlar, kodar och säkrar valutan. Genom att vara den första innovationen av det här slaget demonstrerar bitcoin att dess värde som digitala kontanter och hårda peng-

---

11 Nakamoto, Satoshi. "Re: I had a few other things on my mind (as always) . . ." Mottagit av Mike Hearn, 23 apr. 2011. Notering: Författaren kan inte fastställa sanningshalten i detta meddelande, men det är talande nog att detta mail är vida citerat, till den punkt att MIT Technology Review publicerade en lång artikel om Andresen med titeln "Mannen som verkligen skapade bitcoin," och därmed påstod att Andresen var viktigare än Nakamoto vid utvecklandet av bitcoin.

ar var tillräckligt för att säkra en växande efterfrågan och låta bitcoin nå framgång, trots att grundaren var en anonym programmerare som knappt spenderade en krona på marknadsföring. Eftersom andra kryptovalutor i grunden bara är simpla kopior som är mycket enkla att återskapa, saknar altcoins lyxen av att ha en verklig efterfrågan och måste därför aktivt skapa och öka denna efterfrågan.

Detta är anledningen till att i princip alla altcoins har ett ansvarigt team. De startade och marknadsförde projektet, gjorde reklam och bombarderade media med pressmeddelanden maskerade som nyheter, medan de själva hade fördelen att tillskansa sig ett stort antal coins innan någon annan kände till projektet. Dessa individer är inte anonyma och oavsett hur mycket de försöker kan de aldrig på ett trovärdigt sätt visa att de saknar kontroll över valutan. Detta underminerar alla påståenden om att andra valutor kan fungera som digitala kontanter som inte kan påverkas eller kontrolleras av en tredje part. Med andra ord, efter att anden väl släppts ut ur flaskan kan den som försöker skapa ett alternativ till bitcoin bara lyckas genom enorma investeringar i valutan, vilket i praktiken också ger dem kontrollen. Så länge det finns en part med suverän makt över en digital valuta kan den inte anses vara digitala kontanter, utan snarare en slags förmedlare av betalningar – en väldigt ineffektiv sådan dessutom.

Detta innebär ett dilemma för utvecklare av alternativa kryptovalutor. Ingen digital valuta kan dra till sig någon uppmärksamhet i ett hav av tusentals andra valutor utan ett aktivt ledarskap från en grupp utvecklare och marknadsförare. Men med ett aktivt ledarskap, utveckling och marknadsföring från ett team, kan inte valutan på ett trovärdigt sätt visa att den inte kontrolleras av dessa individer. Om en grupp utvecklare har makt över majoriteten av nätverkets valuta, datorkraften och dess källkod är valutan i praktiken centraliserad, där teamets intressen helt styr hur den kommer utvecklas framgent. En centraliserad valuta behöver inte vara fel, och vi kan mycket väl se sådana konkurrenter på en fri marknad utan statliga restriktioner. Men det är något fundamentalt fel om en centraliserad valuta anammar en högst krånglig och ineffektiv design, vars enda fördel är att den skyddar mot risken det innebär att ha en centraliserad enhet.

Det här problemet är mer uttalat hos valutor som inleder med att erbjuda coins genom en så kallad "ICO" (Initial Coin Offering). Detta synliggör mycket tydligt hur en grupp utvecklare publikt kommunicerar med investerare, vilket gör det hela till ett högst centraliserat projekt. Detta illustrerar alla prövningar och vedermödor kring *ethereum*, den kryptovaluta med störst marknadsvärde näst efter bitcoin, på ett mycket bra sätt.

The Decentralized Autonomous Organization (DAO), eller den decentraliserade autonoma organisationen, var den första implementationen av smarta kontrakt på ethereums nätverk. Efter att mer än 150 miljoner dollar investerats i detta smarta kontrakt lyckades en angripare köra koden på ett sätt som flyttade ungefär en tredjedel av DAO:s tillgångar till angriparens egna konto. Det vore felaktigt att beskriva denna attack som en stöld, eftersom alla insättare hade accepterat att deras pengar skulle kontrolleras av koden och inget annat, och angriparen gjorde inte något annat än att just köra koden. I eftermälet av denna attack skapade ethereums utvecklare en ny version av ethereum, där detta obekväma missöde inte fanns med, konfiskerade angriparens tillgångar och delade ut dem till offren. Att som i detta fall göra mänsklig handpåläggning i koden strider mot målet att göra kod till lag. Med mänsklig påverkan, inklusive ångerrätt, faller hela poängen med smarta kontrakt.

Om ethereum, som är det näst största nätverket räknat i datorkraft, kan få sin blockkedja ändrad när transaktioner inte sker på ett sätt som passar utvecklingsteamet, faller hela föreställningen om att något altcoin enbart skulle regleras av kod och datorkraft. Hela poängen med att använda en blockkedja faller om valutan, datorkraften och programmeringskunskaperna är centrerade kring en grupp människor som i praktiken är partners och riskkapitalinvesterare i satsningen.

Vidare är det extremt svårt att se hur sådana privatutgivna valutor skulle kunna växa och nå status som världsvaluta när de har ett synligt team bakom sig. Om dessa valutor ökar extremt i värde skulle en liten grupp skapare bli extremt rika och få möjligheten att uppbära seigniorage, något som i den moderna världen är reserverat för nationalstater och innebär att det går att tjäna pengar på att ge ut nya pengar. Centralbanker och nationella regeringar kommer inte se mellan fingrarna på denna underminering av dess auktoritet. Det skulle vara ganska enkelt för centralbanker att få någon i teamet bakom valutan att förstöra eller ändra dess funktion så att den hindras från att tävla mot nationella valutor. Det finns inga altcoins som ens varit i närheten av att uppvisa bitcoins imponerande motstånd mot förändring, vilket kommer av dess decentraliserade natur och incitamenten som finns för alla deltagare att följa konsensusreglerna. Bitcoin kan bara stoltsera med detta efter att det sedan år 2009 vuxit fram på internets vildmarker bortom myndigheters kontroll, och genom att mycket skickligt motsatt sig några högst samordnade och välfinansierade kampanjer som velat ändra koden. Altcoins har å andra sidan en omisskännligt vänskaplig kultur av trevliga människor som arbetar tillsammans i sina projekt. Detta vore utmärkt för ett nystartat företag, men för ett projekt som vill påvisa ett trovärdigt engagemang för en fast penningmängd är det en förbannelse. Om teamet bakom valfritt altcoin bestämmer sig för att ändra dess monetära policy finns det inget som hindrar dem. Ethereum till exempel har ingen klar vision över hur deras monetära policy ska se ut framöver och har lämnat det öppet för användarna att diskutera. Även om detta gör underverk för gemenskapen inom ethereum, är det knappast rätt väg att gå för att skapa en global hårdvaluta. Förvisso är det heller inget som ethereum utger sig för att vara eller sträva efter att bli. De flesta altcoins marknadsför sig inte som en utmanare till bitcoin, utan utger sig för att lösa andra problem som bitcoin inte klarar av. Det är oklart om det beror på att de är medvetna om ovanstående resonemang, vill undvika konflikter med politiska auktoriteter eller om det bara är ett sätt att marknadsföra sig.

Det finns inget i bitcoins design som anger att bitcoin skulle vara särskilt lämpat för något av de många användningsområden som andra kryptovalutor hävdar att de skulle ha. Det finns heller inga andra kryptovalutor än bitcoin som har levererat några särskiljande förmågor som bitcoin saknar. Ändå har alla altcoins varsin valuta, vilket på något sätt skulle vara avgörande för att deras komplexa system ska kunna utföra vissa funktioner via internet på ett eller annat sätt via till exempel appar.

Föreställningen att nya webbappar behöver sina egna decentraliserade valutor är både desperat och naiv. Det finns en anledning till att företag i den verkliga världen inte ger ut sina egna valutor, och den är att ingen vill ha en valuta de bara kan spendera inom en viss verksamhet. Vitsen med att inneha pengar är att ha likvida medel som kan spenderas så enkelt som möjligt. Att ha pengar som bara kan spenderas i vissa affärer erbjuder väldigt lite likviditet och saknar mening. Människor kommer naturligtvis att föredra det mest likvida betalningsmedlet, och företag som insisterar på att kunder ska använda företagets egna, fritt handlade valuta utsätter bara kunderna för högre kostnader och större risker.

Vissa företag behöver någon form av polletter eller marker i sin verksamhet, till exempel nöjesparker och kasinon. Men där har polletten alltid ett fast värde i förhållande till likvida pengar, så kunderna alltid vet exakt vad de får och kan göra korrekta ekonomiska kalkyler. Skulle någon av alla dessa decentraliserade valutor som påstår sig vara revolutionerade faktiskt erbjuda något av värde, är det osannolikt att detta skulle betalas för med dess egna fritt handlade valuta.

Efter att ha utforskat det här området genom åren har jag fortfarande inte lyckats identifiera en enda digital valuta som erbjuder någon produkt eller tjänst som det faktiskt finns en efterfrågan på. Framtidens vitt omtalade, decentraliserade applikationer verkar aldrig dyka upp, men nya kryptovalutor med olika användningsområden fortsätter öka med flera hundra för varje månad. Man kan inte rå för att undra om deras enda syfte är att berika sina skapare.

Ingen annan kryptovaluta än bitcoin kan på ett trovärdigt sätt hävda att den inte kontrolleras av någon, och därmed kan poängen med att använda den extremt komplexa struktur som ligger till grund för bitcoin ifrågasättas. Det är inte svårt eller originellt att kopiera bitcoins design, göra ett par mindre ändringar och presentera en något annorlunda kopia. Detta har redan gjorts tusentals gånger, och vi kan förvänta oss att fler och fler liknande kopior kommer ut på marknaden, vilket kommer att späda ut varumärket för alla andra altcoins. Digitala valutor, som inte är bitcoin, är sammantaget mjuka pengar. Inget enskilt altcoin kan leva på sina egna meriter. Det är omöjligt att avgöra vad de är tänkta att utföra, som inte bitcoin redan klarar av. Det är dock väldigt lätt att urskilja vad som skiljer dem från bitcoin då deras utbud och design lätt kan ändras, medan bitcoins monetära policy för alltid är huggen i sten.

Huruvida någon av dessa valutor kommer nå framgång i att erbjuda några efterfrågade tjänster som inte redan erbjuds av bitcoin, är en öppen fråga. Men det är helt klart att de inte kan tävla med bitcoin om att vara digitala kontanter utan behov av tillit. Alla altcoins har valt att efterapa bitcoins egenskaper på ett eller annat sätt, men att låtsas lösa något nytt problem ingjuter inte något förtroende för att de skulle kunna uppnå något mer än att berika sina skapare. De tusentals imitationer som skapats ur Nakamotos design kan kanske anses vara den yttersta formen av smicker, men deras fortsatta misslyckanden att leverera något som inte Nakamoto redan levererar säger mycket om hur unik hans prestation är. De enda meningsfulla förändringarna av bitcoins design utfördes av de kompetenta, osjälviska och frivilliga programmerare som lagt åtskilliga timmar på att förbättra bitcoins kod. Många avsevärt mindre kompetenta kodare har blivit oerhört rika genom att ompaketera Nakamotos design och marknadsföra den med olika modeord, men de har alla misslyckats med att införa några nya funktioner som det funnits en verklig efterfrågan på. Tillväxten hos dessa altcoins kan bara förstås i ett sammanhang med lätta, statligt utgivna pengar som söker investeringar och skapar stora bubblor och massiva felinvesteringar.

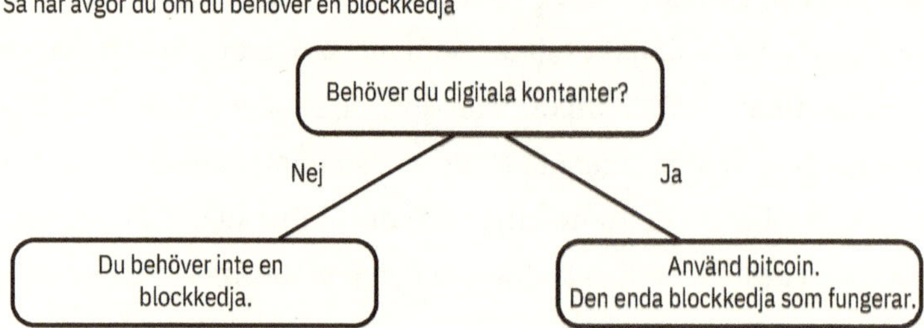

Figur 22: Beslutsschema: blockkedja.

Blockkedjeteknik

Detta avsnitt baseras till stor del på min avhandling: *Blockchain Technology: What Is It Good For?*[12]

Kombinationen av bitcoins häpnadsväckande prisökning och svårigheterna att förstå nätverkets teknikaliteter har skapat stor förvirring kring bitcoin. Mest förvirring råder kanske kring idén att transaktioner som placeras i block och kedjas samman för att skapa en liggare skulle lösa eller förbättra ekonomiska och sociala problem – eller rent av revolutionera dem. "Bitcoin är inte viktigt, men den underliggande blockkedjetekniken verkar lovande" är ett mantra som upprepats gång på gång mellan år 2014 och 2017 av bankchefer, journalister och politiker, vilka alla har en sak gemensamt: de förstår inte hur bitcoin fungerar. Se figur 22 för ett beslutsdiagram huruvida en blockkedjeteknologi är nödvändig.

Fixeringen vid blockkedjetekniken är ett utmärkt exempel på *cargo cult science*, vilket på svenska brukar kallas "lastdyrkan" eller "lastkult," en idé populariserad av fysikern Richard Feynman. Enligt historien etablerade den amerikanska militären landningsbanor på en ö i södra delen av Stilla havet för att underlätta militära operationer under andra världskriget, och med flygplanen kom gåvor till lokalbefolkningen som de uppskattade oerhört mycket. När kriget var över slutade flygplanen landa på ön, men lokalbefolkningen försökte få planen och dess last att komma tillbaka.

---

12 Publicerad i Banking and Finance Law Review, iss. 1, vol. 33.3, 2018

I sin desperation började de efterhärma beteendet hos de sedan länge försvunna soldaterna. Om de placerade en man i en hydda med en antenn på taket och tände en eld, som flygledarna brukade göra, skulle kanske flygplanen komma tillbaka och ge dem gåvor. Uppenbarligen fungerade inte strategin, eftersom förfarandet inte hade syftat till att trolla fram flygplan ur tomma intet. Det var bara en del i en teknisk process, som började med att flygplanen tillverkades och senare lyfte från dess flygbaser. Något som invånarna på söderhavsön inte hade någon som helst uppfattning om.

De som propagerar för att blockkedjetekniken i sig själv skulle kunna generera ekonomiska fördelar förstår, precis som öborna, inte den större process den är en del av. Mekanismen som fastställer äktheten och giltigheten hos bitcoins liggare är extremt komplex, men den har ett mycket tydligt syfte: att utfärda en valuta och flytta värde online utan att behöva lita på en tredje part. "Blockkedjeteknik," i den mån en sådan sak ens existerar, är inte ett effektivt, billigt eller snabbt sätt att utföra transaktioner online. Det är faktiskt en oerhört ineffektiv och långsam lösning jämfört med centraliserade alternativ. Den *enda* fördel den erbjuder är att den eliminerar behovet av att lita på en tredje part som mellanhand. En sådan teknik behövs bara när behovet av att undvika inblandning från en tredje part är av sådan vikt för slutanvändaren att det väger upp ineffektiviteten och den ökade kostnaden. Eftersom koden inte har någon kontroll över vad som händer utanför blockkedjan, är processen i vilken den flyttar nätverkets egna valuta den enda process där den faktiskt kan lyckas eliminera inblandning från en tredje part.

En jämförelse kan underlätta för oss att förstå hur ineffektivt bitcoin faktiskt är på att genomföra transaktioner. Om vi tar bort alla väsentliga funktioner, såsom decentralisering, proof-of-work, mining och tillitslöshet, och istället kör en centraliserad version av bitcoin, skulle den bara bestå av en algoritm för att generera nya mynt och en databas över vem som äger vilka mynt samt hantera ungefär 300 000 transaktioner per dag. Det är en enkel uppgift som vilken modern persondator som helst skulle kunna utföra. Faktum är att en helt vanlig laptop direkt från hyllan klarar av att hantera ungefär 14 000 transaktioner i sekunden, eller hela bitcoins dagliga transaktionsvolym på cirka 20 sekunder.[13] En vanlig laptop skulle hantera hela bitcoins årliga transaktionsvolym på lite mer än två timmar.

Problemet med att använda en persondator är dock att det krävs tillit till datorns ägare, säkerheten kring datorn samt att den är skyddad mot attacker. För att kunna köra en sådan enkel mjukvara utan att behöva lita på någon enskild part och att denne inte ändrar i transaktionshistoriken eller i valutans utgivningstakt har man hittills bara funnit ett möjligt sätt, och det är bitcoins decentraliserade peer-to-peer-nätverk med proof-of-work-verifiering. Detta är inte ett trivialt mjukvaruproblem, och det tog årtionden av försök från olika programmerare innan en design som bevisligen kunde uppnå detta upptäcktes. En bra laptop har idag en hashrate på ungefär 10 megahash per sekund, medan bitcoinnätverkets totala hashrate utför ungefär 20 exahash per sekund, motsvarande 2 biljoner laptops. Så med andra ord, för att ta bort behovet av tillit måste datorkraften som krävs för att köra en enkel mjukvara och för att upprätthålla valutans programvara ökas med en faktor om 2 biljoner. Det är inte valutan och dess transaktioner som kräver så mycket datorkraft. Datorkraften krävs för att göra hela systemet tillitslöst. För att en annan beräkningsprocess som använder blockkedjeteknik ska fungera behöver den uppfylla två kriterier:

För det första måste värdet av decentraliseringen överväga kostnaden. Om en process ändå kräver viss tillit från en tredje part, om än i en liten del av implementationen, kan den extra kostnaden en decentralisering innebär knappast rättfärdigas. För kontrakt som rör företag i den verkliga världen, vilka lyder under rättslig jurisdiktion, kommer det alltid finnas insyn från myndigheter avseende den verkliga implementationen av dessa kontrakt. Myndigheterna kan alltså fatta beslut utan att ta hänsyn till nätverkskonsensus, vilket gör den extra kostnaden för decentralisering meningslös. Detsamma gäller decentraliserade databaser hos finansiella institutioner,

---

13 Se Peter Geoghegans blogginlägg som förklarar hur han lyckades uppnå detta på sin persondator: "Towards 14 000 write transactions per second on my laptop." *Peter Geoghegans blogg,* 4 juni 2012, pgeoghegan.blogspot.com/2012/06/towards-14000-write-transactions-on-my.html.

som ändå förblir en betrodd tredje part i sina egna verksamheter sinsemellan eller med sina kunder.

För det andra måste den inledande processen i sig vara tillräckligt simpel för att den distribuerade liggaren ska kunna köras på många noder utan att blockkedjan blir för stor för att distribueras. Eftersom processen upprepas konstant kommer blockkedjan växa och göra det svårare för distribuerade noder att själva hålla en full kopia av kedjan. Detta innebär till slut att bara ett fåtal kraftiga datorer kan hantera blockkedjan och därmed blir decentraliseringen obsolet. Notera distinktionen mellan noder som håller en kopia av blockkedjan och dedikerade miners som löser proof-of-work, vilket avhandlades i kapitel 8. Miners måste offra enormt mycket datorkraft för att tillföra transaktioner i den gemensamma liggaren, medan noder knappt förbrukar någon ström alls för att hålla en kopia av liggaren i vilken de verifierar att transaktionerna är giltiga. Därför kan en nod vara en vanlig dator, medan en enskild miner har datorkraft motsvarande hundratals vanliga datorer. Om hanteringen av själva liggaren blir allt för komplex skulle noder behöva bestå av stora serverhallar istället för persondatorer och därmed försvinner möjligheten till decentralisering.

Bitcoins blockkedja har en storleksgräns på en megabyte per block, vilket har begränsat hur snabbt kedjan vuxit. Denna begränsning låter enkla datorer underhålla och driva en nod. Om blockstorleken skulle öka eller om blockkedjan skulle användas för mer sofistikerade processer, som förespråkas av blockkedje-entusiaster, skulle den bli alltför stor för att hanteras av individuella datorer. Att centralisera nätverket kring ett fåtal stora noder, ägda och drivna av stora institutioner, underminerar hela poängen med decentralisering.

Tillitslösa digitala kontanter har hittills varit den enda framgångsrika implementationen av blockkedjeteknik just för att det är en ren och tekniskt enkel process att utföra, vilket innebär att dess liggare växer tämligen långsamt i storlek. Detta innebär att det på de flesta platser i världen är möjligt att vara medlem och användare i nätverket genom att använda en helt vanlig dator med internetuppkoppling. Förutsägbar kontrollerad inflation kräver också väldigt lite datorkraft, men det är, som förklarades i kapitel 8, en process vars decentralisering och tillitslöshet erbjuder enormt värde för slutanvändaren. Idag kontrolleras alla andra slags pengar av olika parter som kan öka utbudet för att dra nytta av den ökande efterfrågan. Detta är sant för fiatvalutor och oädla metaller, men också för guld, vilket hålls i stora kvantiteter av centralbanker som ständigt är redo att sälja för att hålla nere priset och hindra att fiatvalutor ersätts av guld. Bitcoin har, för första gången sedan världen klev av guldstandarden, gjort sunda pengar lättillgängliga för alla i världen som vill ha dem. Denna högst osannolika kombination av små datatransaktioner och enorm ekonomisk betydelse, är orsaken till att det har varit rimligt att låta nätverkets datorkraft växa till att bli det största nätverket i historien. Det har sedan bitcoins skapelse år 2009 visat sig omöjligt att hitta ett enda alternativt användningsområde värdefullt nog för att rättfärdiga en distribution över tusentals noder, samtidigt som det varit tillräckligt lättdrivet för att tillåta en sådan decentralisering.

Kontentan av denna analys är att det är osannolikt att protokollförändringar som ökar blockkedjans storlek blir accepterade. Dels på grund av bitcoins oföränderlighet, men också eftersom detta skulle hindra många nodoperatörer från att driva sina egna noder. Eftersom det är nod-operatörerna själva som bestämmer vilken programvara de ska köra är det ett ganska säkert antagande att de kommer fortsätta köra nuvarande programvara, som innebär att deras bitcoin förblir intakta. Alla försök att uppgradera bitcoins programvara kommer i praktiken bara leda till ytterligare ett värdelöst altcoin bland hundratals andra.

Den andra slutsatsen är att inga tillämpningar av så kallad "blockkedjeteknik" som utges vara revolutionerande bank- eller databasteknologier någonsin kommer bli något annat än i bästa fall prototyper. De kommer aldrig bli verklighet eftersom de alltid kommer vara högst ineffektiva lösningar för de tredjeparter som är tänkta att använda dem inom sina verksamheter. Det är fullständigt otänkbart att en teknik som är specifikt utvecklad för att eliminera mellanhänder skulle kunna uppfylla ett meningsfullt syfte för de mellanhänder som den är skapad för att ersätta.

Det finns många enklare och mindre besvärliga sätt att bokföra transaktioner på, men det här är den enda metoden som eliminerar behovet av att lita på en tredje part. En transaktion bokförs på blockkedjan eftersom många miners tävlar om att verifiera den för att göra en vinst. Ändå är ingen av dem oumbärlig, och ingen av dem behöver heller litas på för att transaktionen ska lyckas. Bedrägliga beteenden upptäcks och förkastas omedelbart av andra nätverksmedlemmar, som har starka incitament att säkerhetsställa nätverkets integritet. Med andra ord baseras bitcoins system helt och hållet på besvärliga och kostsamma verifieringar för att helt kunna eliminera behovet av tillit eller ansvar mellan samtliga parter: alltså 100 % verifiering och 0 % tillit.

Att helt ta bort behovet av att lita på en tredje part är, till skillnad mot vad som ofta förespråkas i bitcoinsammanhang, inte alltid rätt väg att gå i vare sig näringslivet eller i livet som helhet. När du väl förstår alla mekanismer rörande bitcoins funktion, står det klart att det innebär en avvägning att gå över till ett system som inte är beroende av tillit till tredjeparter. Fördelarna innebär självbestämmande över protokollet, censurbeständighet och en oföränderlighet i penningmängdens tillväxttakt och i de tekniska parametrarna. Nackdelen är den mycket större datorkraft som krävs för att utföra samma jobb. Det finns ingen anledning, förutom av naiv futuristisk hype, att tro att denna avvägning är rimlig i särskilt många fall. Det kan mycket väl vara så att det enda rimliga användningsområdet är för att hantera globala, homogena, överstatliga och sunda pengar. Till detta finns två viktiga anledningar. För det första kan de överdrivna kostnaderna för att driva systemet återtas genom att delar av den globala valutamarknaden, värd cirka 80 biljoner dollar, långsamt tas över. För det andra ligger det, som förklarats tidigare, i sunda pengars natur att ingen människa kan kontrollera dem. Därför är en förutsägbar och oföränderlig algoritm särskilt lämpad för denna uppgift. Efter att ha tänkt på den här frågan under flera år har jag inte kunnat komma på ett enda område där en liknande process omedelbart varit så viktig att den motiverat den extra kostnad det innebär att ta bort mellanhänderna, samtidigt som det varit glasklart att eliminerandet av all mänsklig inblandning vore en enorm fördel.

Här kan en analogi om automobilen vara lärorik. År 1885, när Karl Benz installerade en förbränningsmotor på en vagn för att konstruera det första autonomt drivna fordonet, var det uttalade målet att ta bort hästarna från vagnen och låta folk slippa hästavföring överallt. Benz försökte inte göra hästarna snabbare. Att montera en tung metallmotor på en häst skulle inte göra den snabbare, det skulle göra den långsammare, utan att för den delen minska mängden avföring hästen producerar. På liknande sätt, som förklarades i kapitel 8, eliminerar den enorma datorkraft som krävs för att bitcoins nätverk ska fungera behovet av att lita på tredjeparter för att bearbeta betalningar eller för att bestämma penningmängden. Om tredjeparterna ändå finns kvar vore all datorkraft bara ett meningslöst slöseri av elektricitet.

Bara tiden kan utvisa huruvida denna modell kommer fortsätta att växa i popularitet och anammande. Det är möjligt att bitcoin kommer växa och ersätta många betalningsförmedlare. Det finns också en möjlighet att bitcoin stagnerar eller till och med fallerar och försvinner. Något som däremot inte kan hända är att bitcoin skulle gynna de mellanhänder det är skapat för att ersätta.

Blockkedjan är en extremt kostsam och ineffektiv teknologi att använda för alla betrodda tredjeparter som genomför betalningar, handel eller registerföring. En blockkedja som inte är bitcoin kombinerar det värsta från två världar: den kostsamma och besvärliga strukturen hos blockkedjan samt säkerhetsrisken med betrodda tredjeparter. Det är inte konstigt att det fortfarande, flera år efter dess födelse, inte finns något område förutom bitcoin där blockkedjetekniken slagit igenom i en framgångsrik och marknadsfärdig kommersiell tillämpning.

Istället har ett överflöd av hype, konferenser och högprofilerade diskussioner brutit ut i media, regeringar, bland akademier, företag och i World Economic Forum, rörande blockkedjeteknikens potential. Många miljoner dollar har investerats i riskkapital, forskning och marknadsföring av regeringar och institutioner som blivit förblindade av hypen, utan att några faktiska resultat har kunnat påvisas.

Blockkedjekonsulter har byggt prototyper för aktiehandel, tillgångsregister, röstning och slutgiltiga betalningslösningar för banker, men de har aldrig tagits i kommersiellt bruk eftersom det finns billigare och enklare metoder som förlitar sig på etablerade databaser och mjukvarustackar, som är kompletta plattformar som redan gör detta, vilket Vermonts ledning nyligen konstaterade.[14]

Samtidigt har inte banker någon vidare imponerande meritlista vad gäller att införa och dra nytta av tekniska framsteg i sin verksamhet. När JPMorgan Chases VD, Jamie Dimon, talade om blockkedjeteknik i Davos i januari 2016 hade deras eget system, "Open Financial Exchange", legat nere i två månader. Det är ett system från 1997 som erbjuder alla parter inom systemet en central databas med kundinformation.

Bitcoins nätverk däremot föddes ur blockkedjeteknikens design två månader efter att Nakamoto först presenterade teknologin. Till denna dag har bitcoin fungerat utan avbrott och vuxit till att ha ett värde överstigande 150 miljarder dollar. Blockkedjan var lösningen på problemet med elektroniska kontanter. Eftersom det visade sig fungera växte nätverket snabbt medan Nakamoto arbetade anonymt och bara kommunicerade kortfattat via mail under ungefär två år. Det krävdes inga investeringar, riskkapital, konferenser eller marknadsföring.

Följande redogörelse förklarar varför det är högst tveksamt att det skulle finnas en "blockkedjeteknik" som kan användas för att lösa alla möjliga problem. Blockkedjestrukturen är snarare en integrerad del av bitcoins funktion. Andra lösningar som läggs på en blockkedja kan liknas vid testnät, men att dessa snarare är copycats ligger betydligt närmare sanningen. Termen blockkedjeteknik används dock för att förenkla resonemanget. I nästa del av det här kapitlet undersöks de mest omtalade användningsområdena för blockkedjeteknik, medan sektionen därpå identifierar de främsta anledningarna till varför det är en olämplig lösning på dessa problem.

---

14 Higgins, Stan. "Vermont Says Blockchain Record-Keeping System Too Costly." *Coindesk.com,* 20 jan. 2016, coindesk.com/report-blockchain-record-keeping-system-too-costly-for-vermont

Potentiella tillämpningar av blockkedjeteknik

En översikt över startups och forskningsprojekt relaterade till blockkedje-
teknik visar att potentiella tillämpningar av blockkedjeteknik kan delas in i
tre huvudområden.

Digitala betalningar

Nuvarande kommersiella mekanismer som används för att slutföra betal-
ningar förlitar sig på att centraliserade liggare registrerar alla transaktioner
och underhåller kontosaldon. Kortfattat kan sägas att information om en
transaktion sänds från de inblandade parterna till en mellanhand, som kon-
trollerar giltigheten och att saldot på båda kontona därefter justeras. På en
blockkedja sänds informationen till nätverkets alla noder, vilket innebär
många fler sändningar med mer datorkraft och tid. Transaktionen blir också
en del av blockkedjan och kopieras till alla användares datorer. Detta är
en långsammare och mer kostsam process jämfört med centraliserad bok-
föring, och är en del av förklaringen till varför Visa och MasterCard kan
genomföra flera tusen transaktioner per sekund medan bitcoin i bästa fall
klarar av fyra. Bitcoin har inte en blockkedja för att genomföra snabbare
och billigare transaktioner, utan för att det tar bort behovet av att blanda
in och lita på en tredje part. Transaktioner genomförs och slutförs för att
miners tävlar om att verifiera dem, och ändå krävs ingen tillit till någon
enskild nätverksdeltagare. Det är fullständigt orimligt att tro att mellan-
händerna skulle kunna prestera bättre genom att använda en teknik som
offrar effektivitet och snabbhet för att ta bort just mellanhänderna själva.
För valutor som kontrolleras av en central part kommer det alltid vara
effektivare att bokföra transaktioner centralt. Det är tydligt att betalningar
på en blockkedja måste ske med blockkedjans egen decentraliserade valuta
och inte med andra, centraliserade valutor.

Kontrakt

Kontrakt upprättas för närvarande av advokater, tolkas av domstolar och verkställs av rättsväsendet. Kryptografiska system för smarta kontrakt som ethereum kodar in kontrakt på en blockkedja för att de ska bli självuppfyllande, utan möjlighet till överklagande eller ändring och utom räckhåll för domstolar och polis. "Kod är lag" är ett motto som används av programmerare som skriver smarta kontrakt. Problemet med detta koncept är att språket som används av advokater för att upprätta kontrakt förstås av många fler än kodspråket som används vid upprättandet av smarta kontrakt. Det finns förmodligen bara ett par hundra människor i världen som har den tekniska expertisen att helt förstå implikationerna av ett smart kontrakt, och även de kan råka förbise uppenbara buggar i programmet. Även när fler personer lär sig att förstå de nödvändiga programmeringsspråk som krävs för att driva dessa kontrakt kommer det fåtal som är mest skickliga per definition ha ett övertag gentemot de övriga. De som är bäst på att koda kommer alltid ha ett strategiskt övertag över alla andra.

Detta blev uppenbart när den första implementationen av smarta kontrakt, The Decentralized Autonomous Organization (DAO), gjordes på ethereums blockkedja. Efter att mer än 150 miljoner dollar investerats i detta smarta kontrakt lyckades en angripare köra koden på ett sätt som flyttade ungefär en tredjedel av DAO:s tillgångar till angriparens egna konto. Det vore felaktigt att beskriva denna attack som en stöld, eftersom alla insättare hade accepterat att deras pengar skulle kontrolleras av koden och inget annat, och det enda angriparen gjorde var att köra koden. I eftermälet av denna attack skapade ethereums utvecklare en ny version av ethereum, där detta obekväma missöde aldrig skett. Detta godtyckliga mänskliga ingripande strider mot målet att göra kod till lag och ifrågasätter hela poängen med smarta kontrakt.

Ethereum är i termer av datorkraft den näst största blockkedjan efter bitcoin. Bitcoins blockkedja kan inte rullas tillbaka och ändras, men eftersom ethereums blockkedja kan det innebär det att alla blockkedjor som är mindre än bitcoin i praktiken är centraliserade databaser under kontroll av deras operatörer. Det visade sig att kod inte riktigt är lag, eftersom operatörerna av kontrakten kan åsidosätta vad kontraktet är tänkt att utföra. Smarta kontrakt har inte ersatt domstolar med kod, men de har ersatt domstolar med mjukvaruutvecklare som saknar erfarenhet och kunskap, och som inte har något ansvar vid skiljeförfarande i tvister. Det återstår att se huruvida domstolar och advokater kommer fortsätta stå utanför medan ramarna för sådana tekniska lösningar utforskas vidare.

DAO var den första och hittills enda sofistikerade tillämpningen av ett smart kontrakt på en blockkedja, och erfarenheten tyder på att bredare användning ligger långt fram i tiden, om det någonsin inträffar. Alla andra tillämpningar existerar än så länge bara i form av prototyper. Kanske kommer sådana avtal bli vanligare i en hypotetisk framtid, där kod är mer förutsägbar och tillförlitlig och kodkunskapen är mycket mer utbredd. Men om driften av sådana kontrakt bara innebär ökade krav på datorkraft och ändå kan ändras, forkas eller åsidosättas av blockkedjans egna grundare tillför de inget annat än skapandet av nya modeord och publicitet. En betydligt mer sannolik framtid för smarta kontrakt är att de kommer finnas på säkra, centraliserade datorer som hanteras av betrodda tredjeparter som har makten att åsidosätta kontrakten. På så vis kan smarta kontrakt vara möjliga att ändras och kräver mindre datorkraft, men möjligheterna att attackera kontrakten minskas. För blockkedjor som faktiskt används och fungerar kommer efterfrågan förmodligen bara röra enkla kontrakt vars kod lätt kan verifieras och förstås. Den enda rimliga anledningen till att använda sådana kontrakt på en blockkedja istället för på ett centraliserat datorsystem är om kontraktet på något sätt använder sig av blockkedjans valuta. I alla andra fall efterlevs och övervakas kontrakten bättre utan den extra börda ett system med en distribuerad blockkedja innebär. De enda meningsfulla tillämpningarna som nu finns av kontrakt på blockkedja är enkla tidsstyrda betalningar och multisignaturlösningar, vilka utförs med blockkedjans egna valuta, mestadels på bitcoins nätverk.

Databas och registerhantering

En blockkedja är en pålitlig och manipuleringssäker databas och fungerar som tillgångsregister, men endast för blockkedjans egna valuta och bara om valutan är tillräckligt värdefull för att nätverket ska ha tillräckligt mycket datorkraft för att motstå attacker. För alla andra tillgångar, fysiska eller digitala, är blockkedjan inte pålitligare än de som ansvarar för att upprätta kopplingen mellan tillgången och vad den refererar till på blockkedjan. Det finns inga vinster med att använda en blockkedja här vad gäller effektivitet eller transparens, eftersom blockkedjan inte är pålitligare än den part som ges tillstånd att lägga till information på den. Att introducera en blockkedja för den part som underhåller och ansvarar för en databas kommer bara göra processen långsammare utan att säkerheten eller motståndet mot manipulering ökar, eftersom proof-of-work saknas. Det kommer fortfarande att krävas tillit till tredjeparter som förmedlar information, medan datorkraften och tiden som krävs för att driva databasen ökar. En blockkedja som säkras med en kryptovaluta skulle kunna användas som en notarieservice, där kontrakt eller dokument hashas till ett block med transaktioner. På så sätt kan alla parter få tillgång till kontraktet och vara säkra på att den visade versionen är den som hashades vid en viss tid. En sådan service kan erbjuda en marknad för att utnyttja ett begränsat blockutrymme, men är ogenomförbart på en blockkedja som saknar egen valuta.

De ekonomiska nackdelarna med blockkedjeteknik

Efter att ha undersökt de tidigare potentiella tillämpningarna av blockkedjeteknik kan fem huvudsakliga hinder för bredare användning identifieras.

1. **Redundans**

   Att ha alla transaktioner registrerade hos alla nätverkets medlemmar är en väldigt kostsam process som ger ett överflöd av information. Syftet med denna redundans är att ta bort förmedlingen av information, vilket sker när alla nätverksdeltagare har all historik nedladdad.

För en mellanhand, må den vara ekonomisk eller juridisk, finns det ingen logik i att lägga till denna extra redundans och ändå förbli en mellanhand. Det finns ingen anledning för en bank att vilja dela alla sina transaktioner med alla andra banker. Det finns heller ingen anledning för en bank att vilja spendera betydande resurser på elektricitet och datorkraft för att registrera transaktioner mellan andra finansiella institutioner. Denna redundans erbjuder bara ökade kostnader utan någon tänkbar nytta.

2. Skalning

Ett distribuerat nätverk där alla noder registrerar alla transaktioner kommer se sin gemensamma liggare växa exponentiellt i förhållande till antalet nätverksmedlemmar. Lagrings- och beräkningsbördan kommer vara mycket större för medlemmarna i ett distribuerat nätverk än i ett centraliserat nätverk av samma storlek. Blockkedjor kommer alltid möta denna barriär för effektiv skalning, och det förklarar varför bitcoinutvecklare söker efter skalningslösningar utanför själva blockkedjan. Betalningar kan istället slutföras i ett andra lager, som via Lightning Network, eller utanför blockkedjan via en mellanhand. Det finns en tydlig avvägning mellan skalning och decentralisering. Om en blockkedja ska kunna rymma större volymer av transaktioner måste blocken göras större, vilket skulle resultera i högre kostnader för att delta i nätverket och därmed innebära färre noder. Detta gör att nätverket skulle tendera mot mer centralisering. Det mest kostnadseffektiva sättet att hantera stora transaktionsvolymer är att centralisera allt till en enda nod.

3. Efterlevnad av regelverket

Blockkedjor med egen valuta, som bitcoin, existerar oberoende av lagen. Det finns bokstavligt talat ingenting en statlig myndighet kan göra för att ändra eller påverka deras funktion. Till och med Federal Reserves ordförande har sagt att de inte har någon befogenhet alls att reglera bitcoin.[15] Ungefär var tionde minut släpps ett nytt block innehållandes alla transaktioner som bekräftats under dessa tio minuter, och inget annat. Transaktioner kommer slutföras om de är giltiga. Omvänt kommer de inte slutföras om de är ogiltiga, och det finns inget som någon tillsynsmyndighet kan göra för att hindra konsensus hos nätverkets datorkraft. Att använda blockkedjeteknik i kraftigt reglerade branscher som juridik och finans, med andra valutor än bitcoin, kommer resultera i regulatoriska problem och juridiska komplikationer. Rådande regelverk skapades för en infrastruktur som skiljer sig mycket från den kring blockkedjor. Reglerna kan inte enkelt anpassas för att passa driften av blockkedjor med den fullständiga transparensen av att alla register distribueras mellan alla nätverkets medlemmar. Dessutom agerar en blockkedja online över flera jurisdiktioner med olika regulatoriska regelverk, vilket gör det svårt att säkerställa att alla regler efterföljs.

4. Oåterkallelighet

När betalningar, kontrakt eller databaser hanteras av mellanhänder kan mänskliga fel eller felaktig programvara lätt åtgärdas genom att överklaga till mellanhanden. Med blockkedjor är saker och ting oändligt mycket mer komplicerade. När ett block väl bekräftats och nya block börjat läggas till finns det bara ett sätt att återställa någon av dessa transaktioner. Nämligen genom att minst 51 % av nätverkets datorkraft enas om att rulla tillbaka historiken i nätverket. Det krävs också att alla dessa noder är överens om att samtidigt flytta till en ändrad kedja och hoppas på att de övriga 49 procenten följer med istället för att driva ett eget nätverk. Ju större nätverket är, desto svårare är det att återställa en transaktion som gjorts av misstag. Blockkedjetekniken är trots allt tänkt att efterlikna transaktioner av kontanter online, vilket innefattar oåterkalleligheten hos kontanta transaktio-

---

15 Russolillo, S. "Yellen on Bitcoin: Fed Doesn't Have Authority to Regulate It in Any-Way." *Wall Street Journal,* 27 feb. 2014

ner men ingen av fördelarna som ges när en godkänd mellanhand kan ingripa och rätta till eventuella oavsiktliga fel. Mänskliga och programmässiga felaktigheter uppstår hela tiden inom banksektorn, och om blockkedjor används innebär det bara att dessa felaktigheter blir mer kostsamma att lösa. Incidenten med DAO avslöjade just hur kostsam och utdragen en sådan reversering skulle vara på en block-kedja, innebärandes veckor av kodning och PR-kampanjer för få nätverkets medlemmar att gå med på att anta den nya programvaran. Och trots allt detta fortsatte den gamla kedjan att existera och tog bort ansenligt värde och hashpower från det nya nätverket. Denna förlust skapade en situation där två register innehållandes tidigare transaktioner existerade samtidigt. Ett där DAO-attacken lyckades, och ett annat där den inte lyckades.

Om det näst största nätverket, i datorkraft räknat, kan få sin block-kedja ändrad när transaktionerna inte sker på ett sätt som passar utvecklarna är det naivt att tro att någon annan mindre blockkedja verkligen skulle vara reglerad enbart av datorkraft. När valutainne-havet, datorkraften och programmeringskunskaperna centraliseras kring en grupp människor som de facto är kollegor i ett privat företag motverkar detta själva syftet med att implementera denna utarbetade struktur.

Att rulla tillbaka bitcoins kedja på detta sätt är extremt opraktiskt och osannolikt. Anledningarna diskuterades i kapitel 9, men den främsta orsaken är att ingen part kan delta i nätverket utan att acceptera de rådande konsensusreglerna. Att ekosystemets olika medlemmar har motstridiga intressen har alltid inneburit att nätverket bara kunnat växa genom frivilliga bidrag från sådana som är villiga att acceptera konsensusreglerna. Bitcoins regler är konstanta, medan användarna kan komma och gå. För alla andra blockkedjeprojekt som uppstått genom att imitera bitcoins design har det alltid funnits en enskild grupp som varit ansvariga för systemets regelverk och därmed haft möjligheten att ändra reglerna. Medan bitcoin växte fram genom mänskliga handlingar kring etablerade konsensusregler har alla andra blockkedjeprojekt vuxit fram genom aktiv mänsklig design och ledning. Bitcoin har förtjänat sitt rykte av att vara oföränderligt efter att i åratal motstått försök till ändring. Detta kan inget annat blockkedjeprojekt stoltsera med.

En ändringsbar blockkedja är en funktionellt meningslös övning i teknisk sofistik: den använder en komplex och kostsam metod för att slutföra betalningar, för att ta bort behovet av mellanhänder och fastställa oföränderlighet, men ger sedan en mellanhand makten att åsidosätta oföränderligheten. Bäst fungerande, nuvarande praxis inom dessa områden innebär reversibilitet och övervakning av juridiska tillsynsmyndigheter, men använder billigare, snabbare och mer effektiva metoder.

5. Säkerhet

Säkerheten hos en blockkedjebaserad databas är helt beroende av att datorkraft offras för proof-of-work och för att transaktioner ska verifieras. Blockkedjeteknik förstås bäst som att elektricitet konverteras till verifierbara och obestridliga register över ägandeskap och transaktioner. För att ett sådant system ska vara säkert måste de användare som offrar datorkraften kompenseras med betalsystemets egna valuta, så att deras incitament ska stämma överens med vad som är bäst för nätverket. Skulle de istället få betalt i någon annan valuta skulle blockkedjan bara vara ett privat register som upprätthålls av den som betalar för datorkraften. Säkerheten i ett sådant system är helt beroende av hur säkerheten ser ut hos den centrala part som finansierar miningen. I och med den transparenta liggaren som delas med alla deltagare möjliggörs många möjliga säkerhetsluckor. Ett öppet decentraliserat system, baserat på verifiering genom spenderandet av datorkraft är däremot säkrare ju öppnare systemet är och desto flera användare som spenderar datorkraft på verifieringar. Ett centraliserat system som förlitar sig på en enda säkerhetspunkt blir mindre tillförlitligt, då ett stort antal medlemmar kan lägga till data på blockkedjan eftersom varje extra medlem är ett potentiellt säkerhetshot.

Blockkedjeteknik som en mekanism för att skapa elektroniska kontanter

Den hittills enda lyckade kommersialiseringen av blockkedjeteknik är i formen av elektroniska kontanter, det vill säga bitcoin. De mest omtalade användningsområdena för blockkedjeteknik – betalningar, kontrakt och registrering av tillgångar – fungerar bara i den mening att de använder sig av blockkedjans decentraliserade valuta. Ingen av de blockkedjor som saknar egen valuta har gått vidare från prototypstadiet till kommersiella tillämpningar, eftersom de inte kan konkurrera med rådande och bäst fungerande praxis på marknaden. Bitcoins design har varit fritt tillgänglig online i över ett decennium. Utvecklare kan kopiera och förbättra den för att introducera nya kommersiella produkter, men inga sådana produkter har dykt upp.

Marknaden har visat att proof-of-work och redundans av transaktionsregistrering genom att noderna har all information lagrad bara kan motiveras för att skapa elektroniska kontanter och ett betalningsnätverk utan inblandning av mellanhänder. För att kommunicera transaktioner och ägandeskap av elektroniska kontanter krävs väldigt små mängder data. Andra användningsområden, som massbetalningar eller kontrakt, kräver större mängd data och blir därmed svåra att hantera på en blockkedja. Blockkedjan erbjuder inte en konkurrenskraftig lösning för ändamål där mellanhänder är inblandade. Det kan inte finnas någon bredare användning av blockkedjeteknik inom verksamheter som förlitar sig på mellanhänder, eftersom bara närvaron av mellanhänder innebär att alla kostnader förknippade med en blockkedja blir onödiga. Användandet av blockkedjeteknik är bara kommersiellt gångbart om verksamheten förlitar sig på dess egenskaper som elektroniska kontanter, och bara om användandet av digitala kontanter innebär ekonomiska fördelar gentemot användandet av vanliga valutor och betalningskanaler.

God ingenjörsvetenskap grundar sig i ett tydligt problem och försök att hitta en optimal lösning. En optimal lösning både löser problemet och innehåller per definition inte några irrelevanta eller överflödiga funktioner heller. Det som motiverade bitcoins skapare var att skapa "elektroniska peer-to-peer-kontanter", och han byggde en design för just det ändamålet. Det finns ingen anledning, förutom av okunskap om dess mekanik, att förvänta sig att den skulle vara lämpad för några andra ändamål. Efter nio år och miljontals användare kan med säkerhet konstateras att hans design lyckades skapa digitala kontanter – och icke förvånande – inget annat. Dessa elektroniska kontanter har kommersiella och digitala användningsområden, men det är inte meningsfullt att diskutera blockkedjeteknik som en teknologisk innovation i sig med flera användningsområden. Blockkedjan är bara en kugge i maskineriet för att skapa elektroniska peer-to-peer-kontanter med en förutsägbar inflation.

TACK

I arbetet med denna bok har jag fått betydande hjälp av bitcoinutvecklaren David Harding, som väglett mig med teknisk expertis. Han har en beundransvärd förmåga att enkelt kunna förklara komplexa tekniska ämnen.

Jag är väldigt tacksam för min utgivare Wiley, som trott på min bok och som förmådde mig att göra konsekventa förbättringar av boken. Jag vill särskilt tacka Bill Falloon och hela teamet hos Wiley som arbetat professionellt och effektivt. Jag vill också tacka Rachael Churchill för den noggranna och snabba korrekturläsningen.

Tidiga utkast av boken lästes av flera vänner som gav fantastisk feedback, vilket jag är väldigt tacksam för. Ett särskilt tack till Ahmad Ammous, Stefano Bertolo, Afshin Bigdeli, Andrea Bortolameazzi, Michael Byrne, Napoleon Cole, Adolfo Contreras, Rani Geha, Benjamin Geva, Michael Hartl, Alan Krassowski, Russell Lamberti, Parker Lewis, Alex Millar, Joshua Matettore, Daniel Oliver, Thomas Schellen, Valentin Schmit, Omar Shams, Jimmy Song, Luis Torras och Hachem Yassine.

Denna bok är ett resultat av en flera år lång inlärningsprocess, där jag har haft förmånen att få lära mig av några av de klokaste och mest pålästa människorna som finns. I synnerhet tackar jag följande personer för deras arbete som hjälpt mig att förstå bitcoin: Tuur Demeester, Ryan Dickherber, Pete Dushenski, Michel Fahed, Akin Fernandez, Viktor Geller, Michael Goldstein, Konrad Graf, Stacy Herbert, Max Keiser, Pontus Lindblom, Mircea Popescu, Pierre Rochard, Peter Šurda, Nick Szabo, Kyle Torpey och Curtis Yarvin.

Jag har också fått stor hjälp med forskningen, datainsamlingen och redigeringen av boken av mina väldigt duktiga forskningsassistenter, Rebecca Daher, Ghida Hajj Diab, Maghy Farah, Sadim Sbeity och Racha Khayat, och jag är oerhört tacksam för deras insatser. Professor George Hall tillhandahöll data från sin egen forskning, vilket jag också är tacksam för.

Till den nya utgåvan från 2021 har jag fått kloka och skarpsinniga kommentarer från Ross Ulbricht, David Killion och Angelino Demset, samt en noggrann korrekturläsning av Alexander Bradbury, vilket har förbättrat boken ytterligare.

Slutligen: Varken bitcoin eller denna bok hade varit möjlig utan det outtröttliga och frivilliga arbete som människor världen över lägger på utveckling och upprätthållande av bitcoins protokoll. Jag är tacksam för deras osjälviskhet samt hängivenhet till projektet.

OM DEN SVENSKA UTGÅVAN

Bitcoinstandarden är utan att överdriva en av världshistoriens viktigaste böcker. På drygt 300 sidor sammanfattar Saifedean Ammous kunskap som till och med de allra flesta högutbildade ekonomer saknar. Genom att avsätta tid åt att läsa denna bok kan du få ett försprång in i framtiden. Historien upprepar sig sällan exakt, men den rimmar ofta. Genom att studera historien kan vi förutse framtiden.

Pengar är centralt i nästan all mänsklig interaktion och pengar löser problemet med bristen på sammanfallande önskningar, som innebär att två personer kan byta varor eller tjänster med varandra via ett stabilt och pålitligt bytesmedel som är allmänt accepterat av stora delar av befolkningen.

Med tiden har dock pengarna "gått sönder" och det vi trodde att pengar var gäller inte längre. Istället fick vi politiskt styrd inflation. Inflation är ingen naturlag. Inflation är ett sofistikerat bedrägeri som stjäl tid från alla de som valt att spara pengar. Centralbanker världen över, Sveriges inkluderad, har ett inflationsmål om 2 % årligen. Med den matematiken har pengarnas värde halverats på 36 år. Skulle inflationen vara 9 % tar det bara 8 år för pengarnas köpkraft att halveras. Det är stöld av tid.

Bitcoinstandarden är det första riktiga och seriösa tryckta verket som förklarar vad bitcoin är, och varför det behövs, på ett begripligt sätt. Därför är det av största vikt att boken finns på svenska för att sänka tröskeln till att förstå bitcoin. Vi har tillsammans lagt många månaders arbetstid på översättningen och vi har vänt, vridit och förfinat varje mening för att presentera författarens ord på begriplig svenska.

Vi hoppas du har nytta av boken och att du efter att du har läst den berättar för en vän hur pengar faktiskt fungerar; att vinstdrivande privata banker skapar pengar ur tomma intet och lånar ut dem till oss vanliga människor mot ränta. Den skatt vi betalar fördelar politikerna till projekt och insatser som de hoppas vi ska gilla så de kan bli omvalda. Utan politiskt beslutad inflation och med en återgång till sunda pengar skulle demokratin stärkas.

Det har varit ett privilegium att få arbeta med ett så hängivet team, som på sin fritid valt bort andra aktiviteter för att utan självklar ersättning översätta denna bok till svenska. Den typen av engagemang hittas nog bara inom bitcoin och det är en av bitcoins värdepropositioner: nätverket och användarna gynnas lika mycket när det går bra för bitcoin. I fiat-världen gäller det att vara närmast sedelpressen, och med så kallade *shitcoins* gäller det att sälja sin position till nya spekulanter för att själv tjäna något innan kollapsen kommer. Många ser tvärtom bitcoin som en nödutgång från det skuldmättade fiat-systemet.

Tack till hela teamet för gott samarbete: Stellan, Rickard, Linnea Rosenbaum, Linus J, Mattias Börjesson, Knut Svanholm och William Tango som jobbat med översättningen.

Ett stort tack till eldsjälarna på bitcoinförlaget Konsensus Network som tog initiativet till översättningen.

Björn Tisjö

Redakör för den svenska utgåvan

Alvesta

31 oktober 2022

LITTERATUR

Ahamed, Liaquat. *Lords of Finance: The Bankers Who Broke the World.* Penguin Press, 2009.

Ammous, Saifedean. ”Blockchain Technology: What Is It Good For?”: *Banking and Finance Law Review* 1.33.3 (2018).

Anderson, William. *Dollar or Dinar?* Mises Institute. 4 mars 2003. mises.org/library/dollar-or-dinar.

Barzun, Jacques. *From Dawn to Decadence: 500 Years of Cultural Life, 1500 to the Present.* HarperCollins, 2000.

Bly, Nellie. *Around the World in Seventy-Two Days.* Pictorial Weeklies, 1890.

Brown, Malcolm och Shirley Seaton. *Christmas Truce: The Western Front, December 1914.* PanMacmillan, 2014.

Buchanan, James M. och Gordon Tullock. *The Calculus of Consent: Logical Foundations of Constitutional Democracy.* University of Michigan Press, 1962.

Bunch, Bryan och Alexander Hellemans. *The History of Science and Technology: A Brower's Guide to the Great Discoveries, Inventions, and the People Who Made Them, from the Dawn of Time to Today.* Houghton Mifflin Harcourt, 2014.

Böhm-Bawerk, Eugen von. *Capital and Interest*. MacMillan och Co., 1890.

CIA World Factbook. www.cia.gov/the-world-factbook/.

Coase, Ronald. "The Nature of the Firm". *Economica* 4.16 (1937), s. 386–405.

Courtois, Stéphane m. fl. *The Black Book of Communism: Crimes, Terror, Repression*. Harvard University Press, 1997.

Davidson, James och William Rees-Mogg. *The Sovereign Individual: Mastering the Transition to the Information Age*. Simon & Schuster, 1999.

Deflation: Making Sure 'It' Doesn't Happen Here. Bemærkninger af guvernør Ben S. Bernanke til National Economists Club, Washington, D.C. 21 nov. 2002.

Diamond, D. W. och P. H. Dybvig. "Bank Runs, Deposit Insurance, and Liquidity". *Journal of Political Economy* 91.3 (1983), s. 401–419.

Facts and Figures. Visa, Inc., nov. 2015.

Fekete, Antal. *Whither Gold?* Winner of the 1996 International Currency Prize, Sponsored by Bank Lips. 1997. www.professorfekete.com/articles/AEFWhitherGold.pdf.

Felix, David. *Keynes: A Critical Life*. ABC-Clio, 1999, s. 112.

Ferguson, Adam. *An Essay on the History of Civil Society*. T. Cadell, 1782.

Finney, Hal. *Bitcoin Bank*. BitcoinTalk Forum. 30 dec. 2010. bitcointalk.org/index.php?topic=2500.msg34211#msg34211.

Fisher, Irving. "Fisher Sees Stocks Permanently High". *New York Times* (16 okt. 1929), s. 8.

Friedman, Milton och Anna Schwartz. *The Monetary History of the United States*. Tabel 10. Princeton University Press, 1963, s. 206.

Galbraith, John Kenneth. *The Great Crash, 1929*. Findes også på dansk under titlen *Det store krak*. Houghton Mifflin Harcourt, 1997, s. 133.

Geoghegan, Peter. *Towards 14,000 write transactions per second on my laptop*. Peter Geoghegan's blog. 4 juni 2012. pgeoghegan.blogspot.com/2012/06/towards-14000-write-transactions-on-my.html.

Gilder, George. *The Scandal of Money: Why Wall Street Recovers but the Economy Never Does.* Regnery, 2016.

Glubb, John. *The Fate of Empires and Search for Survival.* William Blackwood och Sons, 1978.

Graf, Konrad. *On the Origins of Bitcoin: Stages of Monetary Evolution.* Konrad S. Graf. 2013. www.konradsgraf.com.

Grant, James. *The Forgotten Depression: 1921: The Crash that Cured Itself.* Simon & Schuster, 2014.

Greaves, Bettina Bien. *Ludwig von Mises on Money and Inflation: A Synthesis of Several Lectures.* Ludwig von Mises Institute, 2010, s. 32.

Halévy, Élie och May Wallas. ”The Age of Tyrannies”. *Economica.* New Series 8.29 (febr. 1941), s. 77–93.

Hall, George. ”Exchange Rates and Casualties During the First World War”. *Journal of Monetary Economics* 51.8 (nov. 2004), s. 1711–1742.

Hanke, Steve och Charles Bushnell. ”Venezuela Enters the Record Book: The 57th Entry in the Hanke-Krus World Hyperinflation Table”. *Studies in Applied Economics* 69 (dec. 2016).

Hayek, Friedrich. *Monetary Theory and the Trade Cycle.* Sentry Press, 1933.

— *Monetary Nationalism and International Stability.* Longmans, Green och Company, 1937.

— ”The Use of Knowledge in Society”. *The American Economic Review* 35.4 (sept. 1945), s. 519–530.

— ”The Intellectuals and Socialism”. *The University of Chicago Law Review* 16.3 (1949), s. 417–433.

— *Denationalisation of Money: The Argument Refined.* Institute of Economic Affairs, 1976.

— *Monetary Policy, the Gold Standard, Deficits, Inflation, and John Maynard Keynes.* Interview af James U. Blanchard III, Freiburg Universitet, Tyskland. Libertarianism, 1984. www.libertarianism.org/media/video-collection/interview-f-hayek.

Hayek, Friedrich. *A Tiger by the Tail*. 3. Udarbejdet af Sudha Shenoy. Institute of Economic Affairs och Ludwig von Mises Institute, 2009, s. 126.

Hazlitt, Henry. *The Failure of the New Economics"*. Van Nostrand, 1959, s. 277.

Higgins, Stan. *Vermont Says Blockchain Record-Keeping System Too Costly*. Coindesk.com. 20 jan. 2016. www.coindesk.com/report-blockchain-record-keeping-system-too-costly-for-vermont.

Higgs, Robert. *World War II and the Triumph of Keynesianism*. Independent Institute. 2001. www.independent.org/publications/article.asp?id=317.

His Majesty O'Keefe. Filmen har Burt Lancaster i hovedrollen og blev udgivet i Danmark under titlen Copraøens konge. 1954.

Holroyd, Michael. *Lytton Strachey: The New Biography*. Vol. I. Heinemann, 1994, s. 80.

Hoppe, Hans-Hermann. "How Is Fiat Money Possible?": *Review of Austrian Economis* 7.2 (1994).

— *Democracy: The God That Failed*. Transaction Publishers, 2001.

Huebner, Jonathan. "A Possible Declining Trend for Worldwide Innovation". *Technological Forecasting and Social Change* 72.8 (okt. 2005), s. 980–986.

Human Development Report 2005: International Cooperation at a Crossroads: Aid, Trade and Security in an Unequal World. United Nations Development Program, 2005. hdr.undp.org/en/content/human-development-report-2005.

Jastram, Roy. *The Golden Constant: The English and Amerian Experience 1560–2007*. Edward Elgar, 2009.

Kent, R. "The Edict of Diocletian Fixing Maximum Prices". *University of Pennsylvania Law Review* 69 (1920), s. 35.

Keynes, J. M. *A Tract on Monetary Reform*. Macmillan och Co., 1923, s. 80.

— "The End of Laissez-Faire". *Essays in Persuasion*. The Royal Economic Society, 1931, s. 272–295.

— *The General Theory of Employment, Money, and Interest*. 1951.

— *Essays in Persuasion*. W. W. Norton, 1963.

Khaldun, Ibn och Abd Alrahman. *The Muqaddimah*. 1377.

Klingman, Lawrence Lewis och Gerald Green. *His Majesty O'Keefe*. Scribner, 1950.

Koning, J. P. *Orphaned Currency: Odd Case of Somali Shillings*. Moneneyss: The Blog of J. P. Koning. 1 mars 2013. jpkoning.blogspot.com/2013/03/orphaned-currency-odd-case-of-somali.html.

Kontzer, Tony. "Inside Visa's Data Center". *Network Computing* (29 maj 2013). www.networkcomputing.com/networking/inside-visas-data-center/1599285558.

Kremer, Michael. "Population Growth and Technological Change: One Million B.C. to 1990". *Quarterly of Journal of Economics* 108.3 (1993), s. 681–716.

Krugman, Paul. "Secular Stagnation, Coalmines, Bubbles, and Larry Summers". *New York Times* (16 nov. 2003).

Levy, David och Sandra Peart. "Soviet Growth and American Textbooks: An Endogenous Past". *Journal of Economic Behavior & Organization* 1–2.78 (april 2011), s. 110–125.

Lips, Ferdinand. *Gold Wars: The Battle Against Sound Money as Seen from a Swiss Perspective*. Foundation for the Advancement of Monetary Education, 2001.

Luscombe, David och Jonathan Riley-Smith. *The New Cambridge Medieval History: Volume 4, C. 1024–1198*. Cambridge University Press, 2008, s. 255.

Mallery, Otto. *Economic Union and Durable Peace*. Harper och Brothers, 1943, s. 10.

Matonis, John. "Bitcoin Obliterates 'The State Theory of Money'". *Forbes* (3 april 2013). www.forbes.com/sites/jonmatonis/2013/04/03/bitcoin-obliterates-the-state-theory-of-money/#6b93e45f4b6d.

May, Timothy C. *Crypto Anarchy and Virtual Communities*. Satoshi Nakamoto Institute. 1994. nakamotoinstitute.org/virtual-communities/.

McConnell, Campbell, Stanley Brue och Sean Flynn. *Economics: Principles, Problems, and Policies*. McGraw-Hill, 2009, s. 535.

Mencken, H. L. *A Carnival of Buncombe*. Redigeret af Malcolm Moos. Johns Hopkins Press, 1956, s. 325.

Menger, Carl. "On the Origins of Money". Oversat af C. A. Foley. *Economic Journal* 2 (1892).

Merkle, Ralph. "DAOs, Democracy and Governance". *Cryonics* 37.4 (juli 2016), s. 28–40. www.alcor.org.

Mischel, Walter, Ebbe Ebbesen och Antonette Raskoff Zeiss. "Cognitive and Attentional Mechanisms in Delay of Gratification". *Journal of Personality and Social Psychology* 21.2 (1972), s. 204–218.

Mises, Ludwig von. *Socialism: An Economic and Sociological Analysis*. Ludwig von Mises Institute, 1922.

— *The Theory of Money and Credit*. 2. Foundation for Economic Education, 1971, s. 414–416.

— *Human Action: The Scholar's Edition*. Ludwig von Mises Institute, 1998.

Nakamoto, Satoshi. *Re: Bitcoin P2P e-cash paper*. Modtaget af The Cryptography Mailing List. 31 okt. 2008.

— BitcoinTalk Forum. 17 juni 2010. bitcointalk.org/index.php?topic=195.msg1611#msg1611.

— *Re: I had a few other things on my mind (as always)...* Modtaget af Mike Hearn. 23 april 2011.

New Liberty Standard. newlibertystandard.wikifoundry.com.

Officer, Lawrence H. och Samuel H. Williamson. *The Price of Gold, 1257–Present*. MeasuringWorth. 2017. www.measuringworth.com/gold/.

Philippon, Thomas och Ariell Reshef. "An International Look at the Growth of Modern Finance". *Journal of Economic Perspectives* 27.2 (2013), s. 73–96.

Popper, Nathaniel. *Digital Gold: Bitcoin and the Inside Story of the Misfits and Millionaires Trying to Reinvent Money*. HarperCollins, 2015.

Proceedings and Documents of the United Nations Monetary and Financial Conference. Vol. 1. Department of State, 1944.

Reserve Statistics. World Gold Council. www.gold.org/goldhub/data/monthly-central-bank-statistics.

Rooney, Ben. "Copper spikes after Chile quake". *CNN Money* (1 mars 2010). money.cnn.com/2010/03/01/markets/copper/.

Rothbard, Murray. *Man, Economy, and State, with Power and Market*. Ludwig von Mises Institute, 1962, s. 367–450.

— "The Austrian Theory of Money". *The Foundations of Modern Austrian Economics* (1976). Utg. av Edwin Dolan, s. 160–184.

— "A Conversation with Murray Rothbard". *Austrian Economics Newsletter by Mises Institute* 11.2 (juni 1990).

— "The End of Socialism and the Calculation Debate Revisited". *Review of Austrian Economics* 5.2 (1991).

— *The Ethics of Liberty*. New York University Press, 1998, s. 43.

— *America's Great Depression*. 5. Ludwig von Mises Institute, 2000.

— *Economic Depressions: Their Cause and Cure*. Ludwig von Mises Institute, 2009.

Rudolph, Barbara. "Big Bill for a Bullion Binge". *TIME* (29 aug. 1988).

Ruoti, Scott m. fl. "SoK: Blockchain Technology and Its Potential Use Cases". *arXiv* (2019). arxiv.org/abs/1909.12454.

Russolillo, S. "Yellen on Bitcoin: Fed Doesn't Have Authority to Regulate It in Any Way". *Wall Street Journal* (27 febr. 2014). blogs.wsj.com/moneybeat/2014/02/27/yellen-on-bitcoin-fed-doesnt-have-authority-to-regulate-it-in-any-way/.

Salerno, Joseph. *Money: Sound and Unsound*. Ludwig von Mises Institute, 2010, s. xiv–xv.

Samuelson, Paul. "Full Employment After the War". *Postwar Economic Problems*. Utg. av Seymour Harris. McGraw-Hill, 1943, s. 27–53.

— *Economics: An Introductory Analysis*. McGraw-Hill, 1948.

Saunders, Frances Stonor. *The Cultural Cold War: The CIA and the World of Arts and Letters*. The New Press, 2000.

Schuettinger, Robert och Eamonn Butler. *Forty Centuries of Price and Wage Controls: How Not to Fight Inflation*. Heritage Foundation, 1978.

Simon, Julian. *The Ultimate Resource*. Princeton University Press, 1981.

Skousen, Mark. "The Perseverance of Paul Samuelson's Economics". *Journal of Economic Perspectives* 11.2 (1997).

Smith, Vernon. *Rationality in Economics*. Cambridge University Press, 2008.

Steil, Benn. *The Battle of Bretton Woods: John Maynard Keynes, Harry Dexter White, and the Making of a New World Order*. Princeton University Press, 2013.

Stein, Mara Lemos. "The Morning Risk Report: Terrorism Financing Via Bitcoin May Be Exaggerated". *Wall Street Journal* (2017).

Stevenson, Betsy och Justin Wolfers. "The Paradox of Declining Female Happiness". *American Economic Journal: Economic Policy* 1.2 (2009), s. 190–225.

Sutton, Antony. *Wall Street and the Bolshevik Revolution*. Crown Publishing Group, 1974.

Symonds, John Addington. *The Sonnets of Michael Angelo Buonarroti*. Smith Elder & Co., 1904.

Szabo, Nick. *Trusted Third Parties Are Security Holes*. Satoshi Nakamoto Institute. 2001. nakamotoinstitute.org/trusted-third-parties.

— *Shelling Out: The Origins of Money*. Satoshi Nakamoto Institute. 2002. nakamotoinstitute.org/shelling-out/.

Taylor, Simon. *The True Meaning of 'In the Long Run We Are All Dead'*. Simon Taylor: Behind Blue Eyes. 5 maj 2013. www.simontaylorsblog.com/2013/05/05/the-true-meaning-of-in-the-long-run-we-are-all-dead/.

The Regulation of OTC Derivates. Vidneforklaring af formand Alan Greenspan for Udvalget for Bank- og Finansielle Tjenester, Repræsentanternes Hus i USA. 24 juli 1998.

Thiel, Peter och Blake Masters. *Zero to One: Notes on Startups, or How to Build the Future*. Crown Business, 2014.

Torpey, Kyle. "Here's What Goldbugs Miss About Bitcoin's 'Intrinsic Value'". *Forbes Digital Money* (27 okt. 2017). www.forbes.com/sites/ktorpey/2017/10/27/heres-what-gold-bugs-miss-about-bitcoins-intrinsic-value/.

Triennial Central Bank Survey: Foreign Exchange Turnover in April 2016. Basel, Schweiz: Bank of International Settlements, 2016.

Vaillant, George. *Triumphs of Experience: The Men of the Harvard Grant Study*. Harvard University Press, 2012.

Bitcoinresurser online

bitcoin.org: Den ursprungliga domänen Nakamoto använde för att introducera bitcoins white paper och distribuera koden. Sidan drivs vidare av entusiaster är en viktig informationskälla för bitcoin.

nakamotoinstitute.org: Satoshi Nakamoto Institute innehåller främst referenslitteratur om kryptografi och har fokus på bitcoins historia. Den innehåller också ett arkiv över Nakamotos samlade skrifter, inklusive bitcoins white paper, de e-mail han skickade och hans foruminlägg.

saifedean.com: Författarens utbildningsplattform där han undervisar om bitcoin, traditionell ekonomi samt den österrikiska ekonomiska skolan.

konsensus.network: Förlaget bakom denna bok. Där hittar du mer bitcoinrelaterade böcker och annan litteratur.

www.lopp.net/bitcoin-information.html: En omfattande sida som regelbundet uppdateras med bitcoinresurser och relaterad information som drivs av Jameson Lopp.

bitcoinstandarden.se: Länkar och källor till mer bitcoinrelaterad information på svenska.

info@konsensus.network: Dina frågor och kommentarer är välkomna.

FIGURER

TABELLER

SAKREGISTER